Falk spirallo

REISEFÜHRER

TOSKANA

Falk Verlag

Inhalt

Das Magazin 5

✦ Die toskanische Idylle
✦ Paradies der Auswanderer
✦ Die Toskana im Film
✦ Wie man ein Fresko malt ✦ Exzentrische Künstler
✦ Der Schiefe Turm ✦ Essen, trinken und fröhlich sein
✦ Ein Tag auf der Rennbahn
✦ Wundersames und Seltsames aus der Toskana
✦ Highlights auf eine Blick ✦ Wussten Sie das?

Erster Überblick 35

✦ Ankunft
✦ Unterwegs in der Toskana
✦ Übernachten
✦ Essen und Trinken
✦ Einkaufen
✦ Ausgehen

Florenz 49

In zwei Tagen
Nicht verpassen! ✦ Galleria dell' Accademia ✦ Cappelle Medicee ✦ Santa Maria Novella ✦ Piazza del Duomo ✦ Museo Nazionale del Bargello ✦ Piazza della Signoria ✦ Santa Croce ✦ Galleria degli Uffizi
Nach Lust und Laune! ✦ Zwölf weitere Adressen zum Entdecke
Wohin zum ... ✦ Übernachten? ✦ Essen und Trinken? ✦ Einkaufen? ✦ Ausgehen?

Zentrale Toskana 87

In vier Tagen
Nicht verpassen!
✦ Siena ✦ San Gimignano
✦ Arezzo ✦ Cortona
Nach Lust und Laune!
✦ Vier weitere Adressen zum Entdecken
Wohin zum ... ✦ Übernachten? ✦ Essen und Trinken? ✦ Einkaufen? ✦ Ausgehen?

Südliche Toskana 125

In zwei Tagen

Nicht verpassen!

✦ Abbazia di Monte Oliveto Maggiore ✦ Pienza
✦ Montepulciano ✦ Montalcino und Sant'Antimo

Nach Lust und Laune!

✦ Sieben weitere Adressen zum Entdecken

Wohin zum ... ✦ Übernachten?
✦ Essen und Trinken? ✦ Einkaufen? ✦ Ausgehen?

Nördliche Toskana 151

In drei Tagen

Nicht verpassen!

✦ Lucca ✦ Pisa

Nach Lust und Laune!

✦ Fünf weitere Adressen zum Entdecken

Wohin zum ... ✦ Übernachten?
✦ Essen und Trinken? ✦ Einkaufen? ✦ Ausgehen?

Spaziergänge & Touren 177

✦ **1** Siena
✦ **2** Chianti
✦ **3** Südliche Toskana

Praktisches 187

✦ Reisevorbereitungen ✦ Reisezeit
✦ Das Wichtigste vor Ort

Reiseatlas 195

Register 205

Autor: Tim Jepson
Gesamtproduktion: Duncan Baird Publishers, London, England

ISBN 3-8279-0177-4

Unsere Autoren haben nach bestem Wissen recherchiert. Trotzdem schleichen sich manchmal Fehler ein, für die der Verlag keine Haftung übernehmen kann. Hinweise, Verbesserungsvorschläge und Korrekturen sind jederzeit willkommen.
Spirallo Reiseführer, Falk Verlag, Postfach 3151,
D-73751 Ostfildern, E-Mail: spirallo@mairs.de

Deutsche Ausgabe: CLP • Carlo Lauer & Partner, Aschheim
Übersetzung: Jürgen Scheunemann, Berlin

Herausgegeben von AA Publishing, einem Unternehmen
der Automobile Association Developments Limited, Millstream,
Maidenhead Road, Windsor, Berkshire, SL4 5DG.
Handelsregister Nr. 1878835.

Farbauszug: Leo Reprographics
Druck und Bindung: Leo Paper Products, China

A01747

Das Magazin

Die toskanische

Man kann sich kaum einen Ort vorstellen, an dem man den Freuden des Lebens leichter und vollendeter frönen kann als in der Toskana: Welche andere europäische Region nennt große Kunst, eine herrliche Landschaft, beste Speisen und Weine, idyllische Villen, historische Dörfer und Städte ihr Eigen?

Michelangelo, einer der größten Maler und Bildhauer der Kunstgeschichte, stammt aus der Toskana

Mit Florenz verfügt die Toskana über Europas Kunsthauptstadt. Überall auf der Welt würde diese Stadt ihre Rivalen in den Schatten stellen. In der Toskana sind jedoch selbst kleinere Städte wie Siena, Lucca und Pisa – von den Dörfern Pienza, Montalcino und San Gimignano ganz zu schweigen – so großartig, dass sie anderen Ländern als Kunst-Mekka gereichen würden.

Dasselbe gilt für die Landschaft, vor allem die zeitlose, idyllische Ländlichkeit, für die die Toskana berühmt ist: mit Zypressen bedeckte Hügel, silbergraue Olivenbäume, sonnenumspielte Weinberge, Klatschmohnfelder, elegante Renaissance-Villen, italienische Gärten und abgeschiedene Bauernhäuser.

Auch hier sind die uns bekannten Bilder aber nur ein erster Eindruck, denn die Toskana ist reich an weniger bekannten, genauso hinreißenden Landschaften. Im Norden beispielsweise liegen

Idylle

Der Toskaner Galileo Galilei gilt wegen seiner Experimente aus dem 16. Jahrhundert als Begründer der modernen Wissenschaft und Astronomie

die Alpi Apuane – Berge von fast alpiner Pracht. In ihrer Nähe liegt das Hochland Orecchiella mit seinen einsamen Bergkuppen und dichtem Wald. Das Herz der Region ist das Chianti, ein hügeliges Weinanbaugebiet. Östlich davon liegen die naturbelassenen Plateaus von Mugello, Pratomagno und Casentino. Sie stehen dem Chianti landschaftlich in nichts nach und warten noch darauf, entdeckt zu werden.

So wie die Landschaften, so sind auch viele Menschen aus der Toskana berühmt. Einige der größten Schriftsteller und Künstler der letzten 1000 Jahre stammen aus dieser Ecke Italiens. Einzigartige Genies wie Michelangelo und Leonardo da Vinci gehören dazu; Wissenschaftler wie Galileo Galilei; Dichter und Schriftsteller wie Dante, Machiavelli, Boccaccio und Petrarca; Bildhauer wie Donatello; und eine Reihe unübertroffener Maler wie Botticelli, Giotto, Piero della Francesca, Uccello, Fra Angelico ...

Diesen Namen muss man weitere aus der langen, über 3000 Jahre währenden Geschichte der Toskana hinzufügen. Sie handelt von den etruskischen Gräbern im Süden, den römischen Ruinen Luccas und Volterras und von der wechselhaften, durch Handel und Kunst bestimmten Geschichte der mittelalterlichen Stadtstaaten. Der klingende Name der Medici, die mit ihrer Bankdynastie erst Florenz und dann die ganze Toskana für rund 300 Jahre beherrschten, fällt einem sofort ein.

Das Beste der Toskana in Kunst, Landschaft und Kultur zu betrachten heißt, das Beste von Italien zu sehen. Und doch ist in dieser Gegend das Beste nur der Anfang. Es gibt so viel zu sehen, dass selbst das angeblich Zweitbeste der Erwähnung verdient.

Paradies der Auswanderer

Eine Mischung aus Zufall und kultureller Vitalität ebnete den Weg für ein Quartett mittelalterlicher Schriftsteller – Dante, Boccaccio, Petrarca und Machiavelli. In jüngerer Zeit war es eher die Anziehungskraft der Kunst, der Sonne und anderer hedonistischer Freuden, die ausländische Poeten, Künstler, Regisseure und Außenseiter in das »Paradies der Auswanderer« zog.

Jeder drückt es anders aus, aber sie meinen doch alle dasselbe: Italien, besonders die Toskana, verfügt über das gewisse Etwas, das dem kühlen Norden fehlt. Die Skandinavier nennen es die »Sehnsucht nach den Feigen«. Der englische Poet Percy Bysshe Shelley sehnte sich nach einem »Becher voll warmen Südens«, und Lord Byron, stets mit Blick auf das romantische Potenzial eines Ortes, meinte: »Was wir Liebeleien nennen und Götter als Sünde strafen, ist dort, wo das Klima warm ist, gang und gäbe.«

Petrarca wurde in Arezzo geboren und machte den Dialekt der Toskana populär

Auf Schritt und Tritt wandelt man in der Toskana auf den Spuren von Romanciers, Malern und all jenen, die den Sirenenrufen der Kunst, Geschichte, Schönheit, Wissenschaften, des Klimas, der Landschaft und Romantik nach Süden folgten. Fast scheint es leichter, jene Literaten aufzuzählen, die die Toskana *nicht* besuchten, als die Namen all jener, die hier waren.

Shelley war typisch für den Gentleman-Touristen des 18. und 19. Jahrhunderts, für die Leben und Bildung ohne eine Kulturodyssee durch die Städte Italiens unvollständig geblieben wäre. 1818 kam der Dichter, um »den Schatten der ersten Ehe, den Leiden der Menschheit und den Nebeln und Regen unseres Landes zu entfliehen«. Bevor er vier Jahre später starb, hatte er noch Florenz gesehen, eine Stadt »so herrlich auf den ersten Blick«. Viele, nicht alle, Exilanten sahen in der Toskana und seiner Hauptstadt einen fast perfekten Zufluchtsort.

Früher betrachtete man die Sehenswürdigkeiten mit einem anderen Blick. Die Uffizien zum Beispiel gelten heute als Europas wertvollste Sammlung der Renaissance-Malerei, wurden damals aber wegen ihrer Skulpturen besucht. Edward Gibbon, Autor von *Aufstieg und Fall des Römischen Reiches*, besuchte die Skulpturen zwölfmal, bevor er auch nur ein Gemälde würdigte. Shelley gab sich gar nicht erst mit den Bildern ab.

Auch der Sinn fürs Pittoreske war damals anders. Heute ist San Gimignano ob seiner Schönheit und der mittelalterlichen Türme das meistbesuchte Dorf Italiens. 1905 dagegen tauchte es unter dem Namen »Monteriano« in E. M. Forsters Roman *Wo Engel nicht zu schreiten wagen* auf und stand für Schmutz, Krankheit und Armut im ländlichen Italien.

»Ein lichter Ort für schwermütige Charaktere«

Der englische Dichter Percy Bysshe Shelley fand in der Toskana seine zweite Heimat

Toskana: Für und Wider

»... der verzauberndste Ort, den ich in der Welt kenne.« – Matthew Arnold, 1879

»Ein lichter Ort für schwermütige Charaktere.« – Sir Harold Acton, 1960

»Solch öde, langweilige Hügel.« – William Beckford, 1783

»... das freundlichste Antlitz auf unserem Planeten, bezaubernd anzusehen, höchst befriedigend für Aug' und Seele.« – Mark Twain, 1892

»... ein verpesteter Ort voller selbstgefälliger Hügel mit Villen übersät. Museen und Kirchen, die so oft beschrieben und abfotografiert wurden, dass man sie schon nicht mehr sehen will, bevor man sie auch nur erreicht hat.« – Violet Trefusis, 1921

Ein toskanisches Quartett

Dante Alighieri

Der 1265 in Florenz geborene Dante Alighieri stieg bis in die höchsten Ämter seiner Heimatstadt auf. Im Jahr 1302 wurde er allerdings verbannt. Danach führte er bis zu seinem Tode ein unstetes Wanderleben und zog ziellos von Stadt zu Stadt. Er starb 1321 in Ravenna, wo er auch begraben liegt. Als sein Meisterwerk gilt die epische Dichtung *La Divina Commedia (Die göttliche Komödie)*, die den toskanischen Dialekt literarisch salonfähig machte. Dieser Dialekt entwickelte sich zu dem Italienisch, das heute gesprochen wird.

Dante Alighieri, Italiens größter Dichter des Mittelalters

Francesco Petrarca

Francesco Petrarca wurde 1304 in Arezzo geboren und starb 1375. Als Reisender und Diplomat lebte er am päpstlichen Hof in Avignon, wo er wohl Laura de Noves traf, die die romantische Inspiration für seine Canzoniere lieferte – diese gehören zu den edelsten Sonetten, die je verfasst wurden. Wie Dante vor ihm oder sein Zeitgenosse Boccaccio, schrieb er oft in italienischer Sprache. Er gehörte aber auch zu jener Vorhut von Schriftstellern, die das Altgriechisch und Latein als literarische Sprachen wiederbeleben wollten. Damit war er Teil jener Entwicklung, die den Weg in die Renaissance ebnete.

Petrarcas große Liebe und Inspiration, »Laura«, war verheiratet und seinen Avancen nicht aufgeschlossen; sie wies den Dichter zurück

Toskanischer Tag

Die Engländer Thomas Gray und Horace Walpole, die die Region 1741 bereisten, schenkten den Sehenswürdigkeiten keine Beachtung. Gray beschrieb ihren Tagesablauf folgendermaßen: »Wir stehen um zwölf auf, frühstücken bis drei, lunchen bis vier, ruhen bis sechs, trinken Erfrischungen bis acht, wandeln bis um zehn auf der Brücke [Ponte Vecchio], dinieren bis zwei und schlafen wieder bis zwölf.«

Boccaccio war das Vorbild des englischen Dichters Chaucer

Giovanni Boccaccio

Giovanni Boccaccio (1313–75) wurde wahrscheinlich in Paris geboren. Er ließ sich 1340 in Florenz nieder. Hier traf er auf Petrarca, mit dem ihn der Wunsch verband, Griechisch und Latein als literarische Sprachen wiederzubeleben. Sein berühmtestes Werk ist *Il Decamerone (Das Decamerone)*, das er nach der Pest von 1348 in italienischer Sprache verfasste. Es besteht aus 100 Geschichten und handelt von zehn Personen, die innerhalb von zehn Tagen versuchen, der pestverseuchten Stadt Florenz zu entfliehen.

Nicolò Machiavelli

Der Name Nicolò Machiavelli (1469–1527) besitzt einen düsteren Klang. Der Begriff »machiavellistisch« impliziert Hinterhalt und Verrat. Die Franzosen prägten ihn, um alles Italienische anzuschwärzen. Machiavelli selbst war florentinischer Diplomat, Politiker und Bürokrat. Sein Buch *Il Principe (Der Fürst)* war ein Meisterwerk politischer Analyse, das Politik- und Geschichtswissenschaft mit dem Studium der menschlichen Natur verband.

Machiavellis politische Schriften entstanden aus einer genauen Beobachtung von Cesare Borgia

Die Toskana im Film

Die Toskana hat vielleicht keine großartigen Regisseure wie Federico Fellini, Bernardo Bertolucci oder Luchino Visconti hervorgebracht. Dafür diente ihre herrliche Landschaft und ihre historischen Städte so manchem bekannten Film als Kulisse.

Seit es Kinofilme gibt, diente die Toskana italienischen und internationalen Produktionen als Kulisse.

Die Filme, die die derzeitige Liebe der Filmindustrie zu der Region auslösten, waren Merchant Ivorys *Zimmer mit Aussicht* von 1985, gefilmt in und um Florenz, und Andrej Tarkowskijs *Nostalghia* (1983). Seitdem sind etliche Filme in der Toskana gedreht worden, darunter Kenneth Branaghs Shakespeare-Adaption *Viel Lärm um nichts* (1993), Bernardo Bertoluccis *Stealing Beauty* (1995), Antony Minghellas Melodram *Der englische Patient* (1996), Jane Campions *Portrait of a Lady* (1996) und Franco Zeffirellis *Tee mit Mussolini* (1998). Florenz war jüngst auch die Kulisse für *Hannibal* (2001), den zweiten Teil des Psychothrillers *Das Schweigen der Lämmer.*

Liv Tyler in *Stealing Beauty*, der in der Toskana spielt

Anthony Hopkins flaniert in *Hannibal*, der Fortsetzung von *Das Schweigen der Lämmer*, durch die Straßen von Florenz

Wie man ein Fresko malt

Im Mittelalter war es nicht einfach, ein Maler in der Toskana zu sein. Man brauchte Talent und Inspiration, musste die Maltechniken beherrschen und schnell arbeiten können. Der Maler musste auch die Grenzen seines Mediums erkennen, Angestellte dirigieren und Auftraggeber zufrieden stellen. Vor allem durfte er nicht vom Gerüst fallen.

Die meisten toskanischen Malereien des 13. Jahrhunderts und auch danach waren Fresken. Man malte sie auf feuchten bzw. frischen *(fresco)* Kalkputz. Die Ölmalerei, die mehr Farben und Effekte ermöglichte, kam im 15. Jahrhundert auf, wurde aber erst im 16. Jahrhundert wirklich beherrscht.

Der mittelalterliche Maler der Toskana musste also mit einem eigenwilligen Medium vorlieb nehmen.

Ein Druck von Albrecht Dürer zeigt italienische Freskenmaler bei der Arbeit

Vier große florentinische Fresken-Zyklen

Palazzo Medici Riccardi, Cappella dei Magi, *Die Reise der Drei Weisen* von Benozzo Gozzoli (➤ 71).

Santa Croce, Cappella Bardi und Cappella Peruzzi, *Szenen aus dem Leben des hl. Franziskus, hl. Johannes und Johannes des Täufers* von Giotto (➤ 66).

Santa Maria del Carmine, Cappella Brancacci, *Szenen aus dem Leben des hl. Peter* von Masaccio, Masolino de Panicale und Filippino Lippi (➤ 74).

Santa Maria Novella, Kanzelfresken von Domenico Ghirlandaio über das Leben der Jungfrau Maria und Johannes des Täufers (➤ 57).

Oben: *Die Reise der Drei Weisen* von Benozzo Gozzoli

***Der Tod des hl. Franziskus* als Teil von Giottos großartigem Fresko in Santa Croce in Florenz**

Um ein Fresko zu malen, braucht man erst einmal eine Wand, am besten in einer Kirche, Villa oder in einem Palast. Geld von einem Mäzen, von der Kirche oder einem reichen Bankier ist ebenfalls hilfreich. Einige Assistenten für die Kleinarbeit sind vonnöten, um das Gerüst aufzubauen, auf dem der Maler steht. Doch es ist Vorsicht geboten – Michelangelo verletzte sich bei einem Sturz vom Gerüst in der Sixtinischen Kapelle in Rom. Der toskanische Maler Barna da Siena hat einen solchen Sturz nicht überlebt.

Die Assistenten tragen dann die erste Schicht Putz auf, die

Francescas *Legende vom wahren Kreuz* in der Kirche San Francesco von Arezzo

... und vier große toskanische Fresken-Zyklen

Arezzo, San Francesco, *Die Legende des wahren Kreuzes* von Piero della Francesca (➤ 109).

Monte Oliveto Maggiore, *Szenen aus dem Leben des hl. Benedikt* von Sodorna und Luca Signorelli (➤ 130).

San Gimignano, Collegiata, *Szenen aus dem Alten und dem Neuen Testament* von Bartolo di Fredi und Lippo Memmi (➤ 104).

Siena, Palazzo Pubblico, *Allegorien einer guten und schlechten Herrschaft* von A. Lorenzetti (➤ 94).

***Allegorien einer guten und schlechten Herrschaft* von Lorenzetti**

so genannte *arichio* oder *ariciato* aus Kalk und Sand. Nun geht's los! Der Anfänger malt oder ritzt einen Entwurf auf die Oberfläche. Ein Meister wie Giotto konnte es allerdings auch ohne Entwurf.

Beim nächsten Arbeitsvorgang entsteht eine Zeichnung aus einem rötlichen, erdfarbenen Farbstoff, *Sinopia* mit Namen, der nach der antiken griechischen Stadt Sinope in Kleinasien benannt war. Von dort kam der angeblich qualitativ beste Farbstoff.

In zahlreichen toskanischen Kirchen sind besagte Entwürfe bei Restaurierungsarbeiten ans Tageslicht gebracht worden.

Aber – und das ist sehr wichtig – ohne feuchten Kalkputz funktioniert die Freskenmalerei nicht. Man kann daher täglich nur eine kleine Fläche bemalen, bevor der Kalk trocknet. Man muss also sein Tagewerk genau einteilen – *giornate*, wie der Italiener zu sagen pflegt (*giorno*: Tag). Jeden Morgen oder Abend weist man die Assistenten an, eine feine Schicht von Putz *(intonaco)* auf das *arichio* des anstehenden Tagewerks aufzutragen. Jetzt muss es schnell gehen. Man sollte genau wissen, was man malen möchte. Ein Fehler oder zu lange gezögert, und schon muss das getrocknete *intonaco* abgeschlagen und neu aufgetragen werden.

Kunsthistoriker werden später feststellen, wie schnell man gearbeitet hat. Denn am Ende eines Tages muss man die Kanten des *intonaco* glätten, damit sie nicht bröckeln und man einen glatten Anknüpfungspunkt für den nächsten Tag hat. Daran kann man die einzelnen *giornate* eines Freskos und die Erstellungsdauer erkennen. Die meisten toskanischen Künstler brauchten für das Malen einer Figur in der Regel zwei Tage – einen Tag für den Körper, einen für Kopf und Schultern. Masaccio dagegen vollendete seine *Vertreibung aus dem Paradies* in der Brancacci-Kapelle in nur vier Tagen (➤ 74).

Zukünftige Betrachter können auch die Farbwahl bewerten, und zwar ganz genau, denn bei der Freskenmalerei lassen sich Farben schlecht mischen. Durch die eingeschränkte Farbpalette kann man Licht- und Schatteneffekte kaum erreichen. Mogeln fällt auch auf: Schlechte oder untaugliche Farbpigmente verblassen oder verändern sich im Laufe der Zeit. Farbe auf einer trockenen Wand hält gar nicht erst.

Damit ist man aber in bester Gesellschaft. Kein geringerer als Leonardo da Vinci, frustriert von den wenigen Möglichkeiten der Fresken, malte den Großteil seines heute fast zerstörten *Abendmahls* in Mailand auf trockenem Putz mit selbst gemischten Pigmenten – mit verheerendem Ergebnis.

Wie ein Fresko funktioniert

Die Langlebigkeit eines Freskos ergibt sich aus einer chemischen Reaktion. Unerlässlich sind die Trocknungs- und Fixierungsfähigkeiten des Gipses in seiner Mischung aus Kalk, Wasser und Sand. Beim Trocknen absorbiert der Gips Kohlendioxid aus der Luft und wandelt den Kalk (Kalziumhydroxid) in Kalziumcarbonat um. Dieser kristallisiert um die Sandpartikel und bindet sie so an die Wand. Wenn man vorher pulverisierte und wasserlösliche Farbstoffe in den feuchten Gips gemischt hat, fixiert der Kristallisationsprozess auch die Farbpartikel und macht sie widerstandsfähig gegen Wasser. Danach kann nur noch das Abbröckeln des Gipses oder das Ausbleichen des Farbstoffes das Fresko in seinem Erscheinungsbild verändern.

EXZENTRISCHE KÜNSTLER

Exzentrik unter Künstlern ist keine Erscheinung der Moderne. Die Toskana hatte ihren Anteil an unkonventionellen Künstlern. Drei von ihnen seien hier vorgestellt.

Jacopo Pontormo (1494–1556) war ein seltsamer, sensibler und einsamer Künstler. Er verbrachte den größten Teil seiner Karriere in einem Dachzimmer, das nur über eine Leiter erreichbar war, die er gerne hinter sich hochzog. Er hatte eine morbide Furcht vor dem Tod, aber man sagte, er lagere in seinem Haus Leichen als Modelle für seine Arbeit. Seine Werke kann man in der Kirche Santa Felicita in Florenz bewundern.

Eremit und Hypochonder: der Renaissance-Künstler Jacopo Pontormo

Sodoma ist der Spitzname von Antonio Bazzi (1477–1549), den er sich einhandelte, nachdem sein Kritiker Giorgio Vasari behauptete, »er war stets von jungen Männern umgeben, deren Anwesenheit er sehr genoss«. Sodoma brüstete sich, drei Ehefrauen und 30 Kinder gehabt zu haben. Er hielt sich eine Menagerie mit »Dachsen, Affen, Wildkatzen, Zwergeseln, Pferden, um sie Rennen laufen zu lassen. Dazu Elstern, Zwerghühner, Schildkröten, indische Tauben ...« und einen sprechenden Raben.

Paolo Uccello (1396–1475) war ein Maler, der sich leidenschaftlich mit perspektivischen Maltechniken beschäftigte. Oft grübelte er Wochen über einem bestimmten Problem, was ihn in den Wahnsinn trieb und beinahe ruinierte. 1469 schrieb er: »Ich bin alt, schwach und arbeitslos, und meine Frau ist krank.« Beispiele seiner Arbeit sind in Florenz in den Uffizien, im Duomo und in Santa Maria Novelle zu besichtigen.

Paolo Uccello, dessen Sucht nach Perfektion ihn in den Wahnsinn trieb

Der Schiefe Turm

Am 7. Januar 1990 wurde der Zugang zum Schiefen Turm von Pisa gesperrt. Die Schieflage, die 1173 einsetzte, hatte bedrohliche Ausmaße angenommen. Ohne Schutzmaßnahmen würde der Turm in 25 Jahren einstürzen, meinten Wissenschaftler. Wie konnte es dazu kommen und was wurde unternommen, um eines der berühmtesten Bauwerke Europas zu retten?

Die Schuld an der Neigung des Turmes tragen die Stadtoberen aus dem 12. Jahrhundert. Sie ließen den Turm, der als Glockenturm für die nahe Kathedrale gedacht war, auf weichem Untergrund, der aus marinem Schwemmsand bestand, erbauen. Der Untergrund im südlichen Bauabschnitt bestand aus weicherem Material als im nördlichen; die Neigung des Turmes setzte bereits 1173 ein, noch vor Vollendung der Bauarbeiten.

Noch während der Bauarbeiten versuchten die mittelalterlichen Baumeister, die Schräglage zu korrigieren, denn im Jahre 1284 wich der Turm bereits um 94 Zentimeter von der Senkrechten ab. Man verwendete dünnere Bauteile aus Marmor und baute senkrecht weiter. Als der Turm 1350 fertig gestellt wurde, betrug die Schräglage bereits 145 Zentimeter. Als der Turm 1990 für Besucher gesperrt wurde, wich er bereits 4,5 Meter (5,5 Grad) von der Vertikalen ab und die Abweichung nahm weiter zu. Computerberechnungen zufolge würde der Turm bei einer Abweichung von über 5,44 Grad von der Senkrechten einstürzen.

Die Sperrung des Turmes war einfach, die Maßnahmen zur Rettung des 16 000 Tonnen schweren Bauwerks dagegen nicht. Rund 16 italienische Regierungsausschüsse haben sich schon daran versucht und nichts zu Stande gebracht. Zahlreiche internationale Experten haben gefragt oder ungefragt ihre Meinung geäußert: Japaner schlugen vor, einen neuen Turm zu bauen, Russen wollten den Sockel erneuern und Chinesen einen Turm als Stütze daneben stellen.

Zeitgleich zur Expertendiskussion wurde an einer Stützkonstruktion gebaut. Im Jahr 1993 wurden am nördlichen Fundament 800 Tonnen Bleigewichte angebracht, um eine weitere Neigung zu stoppen. Die Schräglage konnte um 15 Millimeter korrigiert werden.

Die Maßnahmen, die zur geplanten Wiedereröffnung des Turmes im Jahr 2002 führen sollten, wurden 1998 initiiert. Als Erstes wurden Stahlseile um den Turm geschlungen, die man in Zementblöcken verankerte. Als Zweites wurden gewaltige Erdmengen auf der Nordseite ausgehoben. Der Turm richtete sich daraufhin langsam auf. Nach fünf Monaten nahm er den Neigungswinkel ein, den er 1890 hatte. Nach drei Jahren hatte sich der Turm um 14 Zentimeter gen Vertikale gerichtet. Mittlerweile wurde der Turm um rund 40 Zentimeter aufgerichtet. Das Ausmaß dieser »Korrektur« wird allerdings von einem ungeübten Auge kaum wahrgenommen – der Schiefe Turm wird daher seinem Namen treu bleiben – , das Bauwerk aber konnte vor dem Einsturz bewahrt werden. Das sagen zumindest die Wissenschaftler.

Nur in wenigen anderen Regionen der Welt wird das Essen so als Fest begangen wie in der Toskana. Ein Urlaub hier lässt sich allein durch eine Mahlzeit *al fresco*, einen perfekten *espresso*, ein Glas robusten Chianti oder ein Eis rechtfertigen.

Essen, Trinken un

Jeder Italiener hält die Küche seiner Region natürlich für die beste des Landes und zieht auch schon mal über die Gastronomie seiner Landsleute her.

Toskaner werden beispielsweise gern *mangiafagioli* – »Bohnenesser« – geschimpft, um die angeblich eintönige Küche zu charakterisieren.

Bohnen kommen in der Tat in der toskanischen Kochkunst vor. *Paste e fagioli* ist ein rustikales Gericht der Region. Auch ist es wahr, dass die toskanische Küche ihre Wurzeln in ländlichen Traditionen hat. Man darf aber *einfach* nicht mit *langweilig* gleichsetzen. Die toskanische Küche kann auf komplizierte Kniffe verzichten, weil ihre Zutaten so hervorragend sind. Schinken, Salami und Käse zum Beispiel sind exquisit und kommen als Vorspeise (*antipasti*) oder Snacks auf den Tisch ebenso wie *crostini*, kleine Toast-

Oben: Ein Glas Wein *al fresco* in Montepulciano genießen

Links: Ein toskanischer Metzgerladen

scheiben mit Olivenöl, Pastete oder anderen würzigen Aufstrichen. Wichtig ist auch das feine Olivenöl (➤ 24), die verschiedenen Brote (oft ungesalzen) und – unverzichtbar – die Erträge aus dem Wald, vom Feld, vom Bauernhof oder aus dem Meer.

Frischobst, Pilze, Kräuter, Hülsenfrüchte und Gemüse sind obligatorisch für die toskanische Küche. Sie stammen fast ausschließlich aus einheimischem Anbau und werden nur als Frischware verkauft bzw. verarbeitet. Im Frühling gibt es Spargel und Kirschen, danach reifen Aprikosen und Pfirsiche, im Spätsommer und im Herbst werden Feigen, Weintrauben sowie die ersten Pilze, Trüffeln und Kastanien geerntet.

Die Zutaten werden auf einfache Weise zubereitet und gekocht, dabei behalten sie ihren Geschmack und ihre Frische.

Eine *gelateria* (Eisdiele) – unverzichtbar im toskanischen Leben

Toskaner lieben herzhafte Suppen, vor allem *minestrone* (mit Schinken und Gemüse), *papa al pomodoro* (Brot in einer fetten Sauce gekocht und vermengt mit passierten Tomaten) und *ribollita* (»aufgewärmt«), eine eingedickte Gemüsesuppe, die immer wieder aufgewärmt wird und mehrere Tage haltbar ist. Zwei typische Pasta-Gerichte sind *pappadelle alla lepre* (breite Nudeln in Hasensauce)

fröhlich sein

Einheimischer Käse auf dem Mercato Centrale in Florenz

und *pici*, Nudeln aus Mehl und Wasser (ohne Ei). Wildgerichte wie *cinghiale* (Wildschwein) sind während der Saison erhältlich. Das bekannteste toskanische Fleischgericht ist *bistecca alla Fiorentina* (florentinisches Steak). Salate, Tomaten und sonstige Gemüse werden zum Hauptgericht serviert.

Bei Desserts kommt die toskanische Küche nicht ganz so gut weg. Einige lokale Spezialitäten sollte man aber auf alle Fälle probieren, wie das *panforte* aus Siena, ein Gewürzkuchen mit Zimt und Nelken, kandierten Früchten und Nüssen nach einem Rezept aus dem 13. Jahrhundert. Wer in der Toskana nach nicht allzu süßen Leckereien sucht, kann auf jeden Fall auf das einheimische Eis zurückgreifen. Die Käsesorten sind herausragend, besonders der Schafskäse *(pecorino)* aus der Region um Pienza.

Was Frankreich Florenz verdankt

1534 heiratete Katharina von Medici Henri Valois, den späteren französischen König Henri II. Als sie nach Frankreich übersiedelte, bestand sie darauf, ihre florentinischen Köche mitzunehmen. Bis heute hält sich die Behauptung, die florentinische Küche bilde die Grundlage der französischen Küche. Wem das weit hergeholt erscheint, der betrachte einmal »klassische französische« Gerichte wie *vol au vents* (*turbanate di sfoglia* in Florenz) und *canard à l'orange* (Ente in Orangensauce), der eine Variation des florentinischen *papero alla melarancia* ist. Man schreibt Katharina auch zu, die Franzosen an Servietten und Gabeln gewöhnt zu haben.

Oben und rechts: Die Weingüter um das Dorf San Gimignano werfen reiche Erträge ab

Toskanische Weine

Die Toskana bringt eine Reihe von guten Weinen hervor, die alle auf der Sangiovese-Traube und ihren Ablegern basieren. Sie stehen meist für gute Qualität. Das Klassifizierungsschema »DOC« *(Denominazione di Origine Controllata)* oder »DOCG« bürgt heute aber nicht mehr immer für Qualität. Daher verzichten manche Winzer auf diese Attribute und produzieren erstklassige Weine unter dem bescheidenen Namen Vino da Tavola (Tafelwein).

Chianti: Es gibt eine Vielzahl guter und schlechter Chiantiweine. Gute tragen auf den Flaschen den *Gallo Nero* (Schwarzer Hahn). Fontodi, Felsina und Isole e Olena besitzen auch einen guten Ruf.

Super-Toskaner: Unter diesem Oberbegriff versteht man hochpreisige Rotweine, die aus einer Kombination traditioneller und neuartiger Techniken unter Verwendung neuer Traubenmischungen produziert werden. Zu den Top-Namen zählen Sassicaia, Querciagrande, Olmaia, Tignanello, Cepparello und die Weine aus Carmignano.

Montalcino: Dieser Ort ist für zwei namhafte Rotweine bekannt: den teuren Brunello di Montalcino und den preiswerteren, aber jüngeren Cousin des Brunello, Rosso di Montalcino. Das renom-

Einer der vielen toskanischen Rotweine aus den Weinbergen um Pienza

Die drei Vorteile der Toskana auf einen Blick: die florentinische Architektur, exzellenter Kaffee und sommerliches Wetter

mierte Weingut Il Poggione produziert einen hervorragenden Brunello und Rosso.

Vino Nobile: Dieser so genannte »König der Weine« aus der Umgebung von Montepulciano ist voller und kräftiger als der Chianti. Bekannte Hersteller sind Avignonesi, Poliziano, Fattoria del Cerro und Cantucci.

Vernaccia: Dieser Wein soll Michelangelos Lieblingswein gewesen sein. Heute wird er zumeist als billiges Gesöff feilgeboten. Gute Jahrgänge werden von Teruzzi e Puthod, Panizzi und Falchini hergestellt.

Getränke für den ganzen Tag

Morgens: Zum Frühstück nimmt man *cappuccino* oder *caffè latte* und vielleicht frisch gepressten oder abgefüllten Fruchtsaft (*spremuta* oder *succo di frutta*).

Mittags: Als Erfrischungen in der Mittagshitze gibt es kalten Milchkaffee (*caffè latte freddo*), Eistee mit Zitrone (*tè freddo*), »lemon soda« (Bitterlemon), *granita* (gestoßenes Eis mit Kaffee oder Fruchtsirup) und *frappé* oder *frullati* (Milchshakes mit frischen Früchten und Eiscreme).

Früher Abend: Beliebte Aperitifs sind Campari Soda, der fertig gemischt in einer dreieckigen Flasche zu haben ist (man muss nach *un Campari bitter* fragen); Cynar, ein Getränk auf Artischockenbasis, und der antialkoholische Crodino. Gin und Tonic wird schlicht und einfach *gin tonic* genannt. Eis heißt *ghiaccio* und eine Scheibe Zitrone *un spicchio di limone*.

Nach dem Abendessen: Beliebt ist der Grappa, ein klarer Schnaps, und der dunkle, herbe *amaro* (übersetzt: »bitter«) – Averna ist eine gute Marke. Süße Drinks sind Limoncello (auf Zitronenbasis), Amaretto (ein Mandellikör) und Sambuca (ein Anisgetränk). Beliebt ist auch Vin Santo, ein Dessertwein

Olivenöl

Die toskanische Küche kann man sich ohne Olivenöl kaum vorstellen und die Landschaft ohne die Olivenhaine schon gar nicht. Seit neuestem wird um den Olivenanbau und die Herstellung des Öls eine Mystik aufgebaut, wie wir sie von der Kunst des Kelterns kennen

Fest steht, dass die besten Oliven auf Bäumen wachsen, die mindestens 50 Jahre alt sind, und dass Haine nicht an der Küste liegen sollten, wo sie schwankenden Temperaturen und Feuchtigkeit ausgesetzt sind. Die Bäume dürfen aber auch nicht auf Bergen gepflanz werden, denn Temperaturen unter –8 °C vertragen sie nicht Zahllose Olivenbäume Mittelitaliens gingen im berüchtigter Winter von 1985 ein, als die Temperaturen auf bis zu –20° C fielen.

In der Regel erntet man Oliven von Ende Oktober bis Januar. Um die Bäume werden grüne Netze gespannt, und Arbeiter, die durch die Haine gehen, schütteln mit langen Stäben die Äste, damit die Oliven herunterfallen. Auf kleineren Gütern pflückt man die Oliven zu Beginn der Saison per Hand, damit diese nicht beschädigt werden. Druckstellen würden dem Öl einen bitteren Geschmack geben. Um die beste Qualität zu erreichen, müssen Oliven spätestens 36 Stunden nach dem Pflücken zu Öl gepresst werden.

Öl aus industrieller Produktion, also jenes, das man in Supermärkten erhält, wird in der Herstellung mild gemacht. Das Klassifizierungsmerkmal »vergine« oder »extra vergine« besitzt heute nicht mehr seine frühere Bedeutung. Ein Öl muss weniger als 0,1 Prozent Säure besitzen, um die Bezeichnung »extra vergine« zu erhalten. Aber geringe Säure ergibt noch lange kein volles Aroma. Minimale Unterschiede im Säuregehalt kann man geschmacklich nicht erkennen.

Qualitativ gutes Speiseöl ist vor allem von kleineren Herstellern erhältlich, die aber aufwändige und teurere Methoden anwenden. Zuerst werden die Oliven gewaschen, mit Mahlsteinen zu einem Brei verarbeitet, leicht erhitzt, um das Öl auszulassen, geknetet und dann auf gewebten Matten ausgelegt. Diese Matten werden in einer Presse gestapelt und ausgedrückt. Die daraus entstandene Flüssigkeit wird zentrifugiert, um das Öl herauszuschleudern. Die zurückbleibende Paste, *sansa*, kann z. B. als Treibstoff oder anderweitig verwendet werden.

Auch kleinere Hersteller verwenden heutzutage mehr und mehr moderne Geräte und haben so die Möglichkeit, durchgehend zu produzieren. Dabei werden Oliven und Paste in sterilen, erwärmbaren Stahlcontainern bearbeitet. Diese sind leichter zu reinigen. Einige der besten Öle werden mittlerweile aus fein zerhackten Oliven gewonnen, die ganze Frucht also nicht mehr gepresst.

Tipps zum Olivenöl

- Olivenöl ist empfindlich und verträgt keine extremen Temperaturen und Licht.
- Dunkelgrünes Speiseöl ist nicht unbedingt besser als hellgrünes.
- Speiseöl wird mit dem Alter nicht besser. Es sollte innerhalb eines Jahres verbraucht werden.
- Speiseöl verdirbt leicht. Man sollte es nicht in Flaschen und Gefäße füllen, die nicht rein sind.
- »Kaltgepresst« ist nur eine Bezeichnung und steht nicht zwangsläufig für Qualität.
- Toskanisches Speiseöl aus Lucca und von der Küste schmeckt leicht und süßlich; Speiseöl aus dem Bergland besitzt ein kräftigeres, nach Pfeffer schmeckendes Aroma.
- Viele Güter empfangen Besucher. Man sollte sich bei der lokalen Touristeninformation erkundigen.

Unten rechts: Der Zweig eines silberblättrigen Olivenbaums ...

Unten links: ... köstliche, pralle Oliven in einem Geschäft

Sienas Palio

Ein Tag auf der

Der Palio wird wegen der großen Gefahr für Ross und Reiter oft hart kritisiert

Sienas Palio gilt seit Jahrhunderten als harter Wettkampf

Den Palio nur als eine »Sportveranstaltung« zu bezeichnen, wäre einseitig und nicht korrekt, um das Spektakel, die Tradition und die historischen Hintergründe des populärsten Festes der Toskana zu beschreiben.

Das Rennen, das seit 700 Jahren beinahe ununterbrochen stattfindet, wird von Vertretern aus Sienas *contrade* (Stadtvierteln) ausgetragen. Die Einteilung der Stadtviertel wurde im 13. Jahrhundert vorgenommen. Damals waren es 42, heute sind es 17. Aber die alten Verbindungen und Animositäten sind so stark wie ehedem. Jede *contrada* hat eine eigene Kirche, eine Taufquelle, ein Gemeinschaftshaus, Flaggen, *alfiere* (Fahnenschwenker) und *tamborini*

Zweimal im Jahr wird Sienas Piazza del Campo zum Schauplatz eines Rennens – auf ungesattelten Pferden. Der Preis ist bescheiden, das Rennen kurz. Trotzdem ist der Palio einer der am härtest umkämpften Wettkämpfe Europas.

Rennbahn

(Trommler). Der eigenen *contrada* ist man stets loyal verpflichtet. Jahrhundertealte Fehden und längst vergessene Kränkungen werden rechtzeitig zum Palio wieder wachgerufen, wenn zehn *contrade* als Rennteilnehmer ausgelost werden.

Einst wurde das Rennen in den Straßen der Stadt ausgetragen, aber seit 1656 wurde das Rennen auf drei Runden auf dem *campo* beschränkt. Der Siegerpreis ist allerdings der gleiche geblieben – das bestickte Banner *(pallium)*, das dem Rennen seinen Namen gibt. Der Wettbewerb ist der hl. Maria gewidmet und wird zu ihren Ehren ausgetragen – am 2. Juli und am 16. August.

Die Vorbereitungen zum Palio beginnen bereits mehrere Monate davor. Streiche und Gemeinheiten sind während dieser Zeit allgemein üblich, aber wenige Tage vor dem Rennen werden Pferde und Reiter wie ein Augapfel gehütet. Jeder Reiter hofft auch auf einen Segen von oben und führt sein Pferd durch die Kirche seiner *contrada*.

Knappen in mittelalterlichem Kostüm schreiten die Bahn vor dem Rennen ab. Die Fernsehsender übertragen das Spektakel, und der Campo in Siena ist überfüllt. Das Rennen ist hektisch und gefährlich. Nach jedem Palio folgt die obligatorische Forderung, das Rennen endlich abzuschaffen. Die einzige Spielregel besagt, dass sich die Reiter nicht gegenseitig behindern dürfen.

Die siegreiche *contrada* feiert ihren Sieg mit einem riesigen Bankett und genießt wochenlang den Triumph.

Ein junger Trommler in der Tracht seiner *contrada*

Wundersames und Seltsames aus der Toskana

Mumifizierte Heilige: Die schrumpelige, aber vollständige Leiche der hl. Zita aus dem 13. Jahrhundert, Schutzheilige der Zimmermädchen, ist in der Kirche San Frediano in Lucca zu sehen.

Fässerrollen: eines der eigenartigsten Feste der Toskana anlässlich des Bavio delle Botti. Bei diesem Wettbewerb im Fässerrollen, am letzten Sonntag im August, treten die acht Stadtviertel von Montepulciano gegeneinander an (➤ 134).

Heiligen-Relikte: Einige der am meisten verehrten Relikte werden im Florenzer Museo dell'Opera del Duomo (➤ 61) aufbewahrt. Darunter befinden sich angeblich echte Nägel des Wahren Kreuzes, der Kiefer des hl. Hieronymus, ein Finger von Johannes dem Täufer, der Arm vom hl. Philipp und einer der Pfeile, der im Martyrium des hl. Sebastian verwendet wurde.

Der dampfende Platz: Zu den kuriosen Sehenswürdigkeiten der Toskana zählt der Platz im Dorf Bagno Vignoni – eigentlich kein Platz, sondern eine Thermalquelle, eingefasst in ein Renaissance-Becken. An kühleren Tagen steigt der Dampf gen Himmel.

Turm-Baum: Eine Steineiche hat sich einen ausgefallenen

Ein Wettkämpfer beim Fässerrollen anlässlich des Bravio delle Botti in Montepulciano

Manchmal kann man ihn besichtigen (Tel. 0564 895 122 für Öffnungszeiten).

Gespenstische Gräber: Entlang der Straße zwischen den hübschen Dörfern Sorano und Sovana im Süden der Toskana sieht man Tausende kleiner Nischengräber, die in den Fels gehauen wurden. Diese Gräber stammen aus etruskischer Zeit und sind über 2000 Jahre alt (➤ 145).

Geneigt, aber nicht gekippt: An den Anblick des Schiefen Turms von Pisa hat man sich mittlerweile so sehr gewöhnt, dass man vergisst, wie wundersam es ist, dass ein Turm von dieser Höhe und solch einem Standort ausgesucht. Sie steht trotzig auf dem 44 Meter hohen Torre Guinigi in Lucca (➤ 156).

Die dampfende Quelle in Bagno Vignoni

Tarot-Garten: Die auffälligsten Skulpturen der Toskana stehen in dem von Gaudí inspirierten Giardino dei Tarocchi bzw. Tarot-Garten. Er liegt nahe dem Dörfchen Pescia Fiorentina zwischen Chiarone und Capalbio im Südwesten der Region. Die Bildhauerin Niki de Saint Phalle legte ihn 1976 an. Er besteht mittlerweile aus mehr als 20 riesigen Skulpturen, die den wichtigsten Tarot-Karten nachgebildet sind. Man kann den Garten von der Straße aus sehen.

Auf einem mittelalterlichen Turm in Lucca grünt eine Steineiche – als sei die Landschaft auf den Kopf gestellt

Gewicht überhaupt noch stehen kann. Die Abweichung von der Vertikale beträgt fünf Meter. Man bemüht sich, eine extremere Schräglage zu verhindern (➤ 18).

Der See liegt 15 Kilometer westlich von Castelnuovo di Garfagnana (➤ 170).

Das versunkene Dorf: Im Lago di Vagli in der Gegend der Alpi Apuane liegt das versunkene Dorf Fabbriche di Careggine, das überflutet wurde, als ein Stausee angelegt wurde. Wirklich gespenstisch: Das Dorf taucht alle zehn Jahre wieder auf, wenn der See für Wartungszwecke entleert wird. Der nächste Termin ist 2004. Der Kirchturm ragt ohnehin aus dem Wasser heraus.

Kopflos: Man kann eine Reliquie der hl. Katharina, Schutzpatronin Italiens, in der Kirche San Domenico in Siena besichtigen – ihren Kopf (➤ 100). Zahlreiche Körperteile der hl. Katharina liegen als Reliquien in ganz Italien verstreut.

Körper aus Wachs: Die makaberste Ausstellung von Florenz befindet sich im Museo di Zoologica La Specola am Palazzo Pitti (Via Romana 17, Tel. 055 228 8251, Do–Di 9–13 Uhr, So geschl., mittel). Sie hat die menschliche Anatomie zum Gegenstand, zahlreiche Aspekte des Körpers wurden in Wachs nachgebildet, darunter Arme, Augen, Schädel, Organe und auch ganze Körper im Längs- oder Querschnitt. Jedes noch so kleine Detail bis hin zur kleinsten Kapillare ist exakt und sorgfältig dargestellt.

Das Dorf Fabbriche di Careggine kommt zum Vorschein, wenn das Wasser des Stausees abgelassen wird

Die Reliquie der hl. Katharina in San Domenico in Siena

Highlights auf einen Blick

Aussichtspunkte

In Florenz steigt man für den besten Blick auf die Stadt auf den Campanile oder die Kathedrale (➤ 61), oder man geht zur San Miniato al Monte, wenn man zudem die Hügel der Toskana sehen will (➤ 75). In Siena bietet der Torre del Mangia (➤ 93) einen Blick über den Campo und darüber hinaus, oder man sucht die Santa Mari dei Servi auf, um einen weiten Blick auf das Umland zu bekommen. Das Museo dell'Opera del Duomo in Siena gestattet versteckte kleine Einblicke (➤ 97). Vom Torre Grossa bzw. Torre di Guinigi genießt man einen herrlichen Blick auf San Gimignano bzw. Lucca (➤ 156 und 102). Ausblicke auf die Südtoskana erhält man von der Fortezza in Montalcino (➤ 138), von der Fortezza Medicea in Cortona (➤ 111), von der Stadtmauer in Pienza (➤ 132) oder vom Monte Amiata (➤ 144).

Klöster

Unter den vielen Klöstern der Toskana ragen zwei hervor: Sant'Antimo (➤ 140) und Monte Oliveto Maggiore (➤ 130).

Oben: Sienas spektakulärer Campo, der schönste mittelalterliche Platz der Toskana

Unten: Der friedliche Anblick des Klosters Sant'Antimo

Panoramastrecken

Zu den landschaftlich schönen Straßen – und derer sind viele – gehört die Straße Nr. 222, die **Chiantigiana**, zwischen Florenz und Siena (➤ 184); die **Straße Nr. 68 von Colle di Val d'Elsa und Volterra** (➤ 115); die Bergstraßen in den **Alpi Apuane und Orecchiella** (➤ 170); die **Straße Nr. 63** von Montecatini Terme nach San Marcello Pistoiese; die **Straße Nr. 46** von San Quirico d'Orcia nach Pienza (➤ 132); und die Straßen **Nr. 70, 71 und 556** in der Gegend von Casentino in der nordwestlichen Toskana zwischen Arezzo (➤ 108), Dicomano und Pontassieve.

Märkte

Hier braucht man nicht lange nachzudenken: Der **Mercato Centrale in Florenz** ist Europas größter überdachter Markt für Lebensmittel mit allen Spezialitäten der Toskana.

Plätze

An erster Stelle steht der **Campo in Siena** (➤ 92), wo der Palio stattfindet. Dicht gefolgt vom Campo dei Miracoli oder der Piazza del Duomo in Pisa, wo der Schiefe Turm und der Dom stehen (➤ 164). Die **Piazza Grande in Arezzo** (➤ 108) fesselt durch ihre steile Abschüssigkeit, während der gleichnamige Platz in Montepulciano durch die vielen Straßencafés besticht (➤ 135). Die **Piazza di San Michele in Foro in Lucca** verdankt ihre Schönheit der Kirche gleichen Namens in ihrer Mitte (➤ 156). Der kleine Hauptplatz von **Bagno Vignoni** ist eigentlich gar keiner, sondern eine natürliche Thermalquelle (➤ 142).

Eis

Vivoli in Florenz hat schon seit Jahren das beste Eis der Toskana; manche würden sogar sagen – von ganz Italien (➤ 81).

Abendspaziergänge

Die ruhigen Straßen fast jeder toskanischen Stadt im Berg- oder Hügelland laden zu Spaziergängen bei Sonnenuntergang ein. Besonders einprägsam ist die Promenade entlang der Stadtmauer an der **Piazza Dante in Pienza** (➤ 132); auch die **Passeggiata del Prato in Cortona** (➤ 111); und entlang dem **Giardino di Boboli in Florenz** (➤ 74).

Der Giardino di Boboli in Florenz lädt zu einem ruhigen Spaziergang ein

Strände

Die **Marina di Alberese** ist noch kaum überlaufen: Man erreicht sie von Rispecia aus, 6,5 Kilometer südlich von Grosseto. Der nahe gelegene Strand im **Parco Naturale della Maremma** ist auch hervorragend, man erreicht ihn aber nur per Bus von Alberese aus, acht Kilometer südwestlich von Rispecia. Nördlich von Grosseto führen einige Wege zu den Stränden unweit der Küstenstraße nach Castiglione della Pescaia. Im Norden besitzt **Viareggio** den schönsten Strand (➤ 168); weiter südlich liegen Punta Ala und Sandstreifen am Tombolo di Gianella und di Feniglia nahe Orbetello.

Der beliebte und schicke Strand von Viareggio

• Der Schriftsteller Carlo Lorenzini wurde 1826 in Florenz geboren. Er ist weniger bekannt als seine Schöpfung – Pinocchio.

• Die große florentinische Flut von 1966 tötete 39 Menschen, machte 14 000 Familien obdachlos, zerstörte 15 000 Autos und mehr als 1,5 Millionen Bücher und Manuskripte. An einigen Stellen lag der Wasserspiegel sechs Meter über der Straße.

• Das Symbol derer von Medici – sechs oder mehr Bälle auf einem Schild – taucht immer noch auf Gebäuden oder Kunstwerken in der Toskana auf, aber niemand kennt mehr die ursprüngliche Bedeutung.

Pinocchio-Puppen in einem toskanischen Straßenstand

Wussten Sie das?

• Zwei antike Säulen flankieren die östlichen Türen zur Taufkapelle in Florenz. Ihre blanke Oberfläche deckte angeblich Verrat auf, weshalb die Bürger Pisas sie mit Absicht ruinierten, bevor sie sie Florenz schenkten.

• Eine Regel im mittelalterlichen Florenz verlangte, dass man dreimal laut warnend rufen sollte, bevor man den Inhalt des Nachttopfes auf die Straße kippte.

• Bis 1750 begann der florentinische Kalender mit dem 25. März, Mariä Verkündigung und Fleischwerdung Jesu.

• Die mittelalterlichen Ratsmitglieder von Florenz, die Priori, erfreuten sich der Dienste eines professionellen Witzeerzählers, des Buffone.

• Michelangelo behauptete, seine Fähigkeiten als Bildhauer mit der Muttermilch eingesogen zu haben.

• Pistoia besitzt die *cintola* (Gürtel) der Jungfrau Maria. Er wird fünf Mal im Jahr präsentiert.

• Zwei der berühmtesten »mittelalterlichen« Kirchenfassaden von Florenz – vom Duomo und von der Santa Croce – stammen aus dem 19. Jahrhundert.

• Galileo ließ Bälle verschiedenen Gewichts vom Schiefen Turm in Pisa fallen, um Aristoteles' Lehre von der Beschleunigung fallender Körper zu widerlegen.

• Die Rivalität zwischen den toskanischen Städten verdeutlicht ein Sprichwort: »Lieber einen Toten in der Familie als einen Pisaner in der Tür«. Der Spruch stammt aus Lucca.

• Florenz war zwischen 1865 und 1871 die Hauptstadt Italiens.

Erster Überblick

Ankunft

Mit dem Flugzeug

Man hat vier Möglichkeiten, den Toskana-Urlaub per Flugzeug anzutreten:

- **Rom** besitzt die meisten internationalen Verbindungen. Dafür braucht man aber drei Autostunden, um von dort nach Pisa oder Florenz zu kommen (den Süden der Toskana erreicht man etwas schneller).
- **Pisa** wird von etlichen europäischen Linien- und Charterflügen angeflogen. Nach Florenz braucht man mit dem Zug eine Stunde. Auch für Siena, Chianti, den Westen und den Norden der Region liegt Pisa günstig.
- **Bologna** liegt in der Region Emilia-Romagna, nördlich der Toskana, und hat einen internationalen Flughafen. Nach Florenz per Bahn oder Auto braucht man etwa 80 Minuten. Die Reise ist aber etwas kompliziert, auf jeden Fall ungünstiger als von Pisa aus.
- **Florenz** besitzt einen kleinen Flughafen und wäre der ideale Ankunftsort für die Hauptstadt der Toskana und das östliche Hinterland. Da der Flughafen klein ist, wird er von nur wenigen kleinen internationalen Fluggesellschaften angeflogen.

Von Rom

Der Flughafen von Rom heißt offiziell Leonardo da Vinci (Tel. 06 65 951), aber ist allgemein unter dem Namen **Fiumicino** bekannt.

- Schalter für **Autovermietungen** sind zu Fuß von der Hauptankunftshalle zu erreichen. Zum Bahnhof für Züge in die Innenstadt (➤ 38) geht man durch eine Unterführung oder den überdachten Gang über den Parkplatz vor dem Hauptterminal entlang. Der Weg ist ausgeschildert.
- **Mit dem Auto vom Flughafen** kommend, folgt man erst der Beschilderung nach Rom auf der Straße zwischen dem Flughafen und den Vororten. Nach elf Kilometern achte man auf die Ausschilderung nach Firenze (Florenz) und den Grande Raccordo Anulare (GRA), die Ringautobahn Roms. Man muss aufpassen, denn die Abfahrt kommt unvermittelt. Dann fahren Sie für ungefähr 35–45 Minuten auf dem GRA im Uhrzeigersinn bis zur Abfahrt 10 (Firenze-A1). Von dort aus sind es noch 240 Kilometer auf der gebührenpflichtigen Autostrada A1 nach Florenz.
  Wenn Sie in den Westen der Toskana wollen, dann müssen Sie die Autostrada früher verlassen und der Beschilderung nach Civitavecchia und der SS1 Via Aurelia folgen, der Hauptverbindungsstraße an der Westküste nach Grosseto und Pisa.
- Für **Züge vom Flughafen Rom** nach Florenz, Pisa oder Arezzo nimmt man zuerst den **Flughafen-Shuttlezug nach Termini**, Roms Hauptbahnhof. Der Shuttlezug fährt im Halbstundentakt und braucht dafür 30 Minuten. Fahrkarten erhält man am Schalter rechts in der Bahnhofshalle mit Blick auf die Bahnsteige. Man kann hier gleich die Tickets für die Weiterfahrt kaufen, was langes Warten in Termini erspart.
- **Züge nach Florenz** verkehren beinahe stündlich von Termini. Der schnellste Zug braucht für die Fahrt weniger als zwei Stunden, der langsamste bis zu vier. Für den InterCity und Eurostar werden Zuschläge erhoben. Bitte vergessen Sie nicht, das Ticket vor der Fahrt zu entwerten (➤ 40).

Von Pisa

Pisas **Flughafen Galileo Galilei** (Tel. 050 500707; www.pisa-airport.com) liegt 95 Kilometer westlich von Florenz. Er wird von etlichen europäischen **Linien-** und

Charterflügen angesteuert. In der Ankunftshalle befindet sich eine Touristeninformation, ein Schalter für FS-Züge (siehe unten) und für **Autovermietungen** in der Nähe der Zollabfertigung.

- **Mit dem Zug:** Eine **direkte Zugverbindung** führt von Pisa Aeroporto nach Florenz. Man braucht etwas über eine Stunde. Die meisten Züge halten in Empoli, wo man nach Siena umsteigen kann. Die Züge fahren stündlich zwischen 8.49 und 0.49 Uhr. Fahrkarten gibt es am Schalter auf der anderen Seite der Ankunftshalle (quasi gegenüber vom Zoll) auf halber Höhe der Halle rechts, nahe den Bahnsteigen.
- Je nach Ankunftszeit empfiehlt es sich, für die Fahrt (ca. 10 Minuten) zum Hauptbahnhof im Zentrum von Pisa ein **Taxi** zu nehmen. Von Pisa Centrale fahren noch mehr Züge nach Empoli, Florenz, Lucca und zu anderen Städten der Toskana.
- **Rückfahrt:** Am Flughafen-Terminal im Bahnhof Santa Maria Novella von Florenz (nahe Gleis 5) können Zugreisende zum Flughafen Pisa bereits einchecken.
  Man sollte sich vorher informieren, welche Fluglinien diesen Service anbieten. Taschen müssen mindestens eine halbe Stunde vor Abfahrt des Zuges eingecheckt werden, der wiederum 30 Minuten vor Abflug am Flughafen eintreffen muss. Achten Sie darauf, den Zug zum **Bahnhof Pisa Aeroporto** zu nehmen, nicht nur zum Bahnhof Pisa Centrale.

Von Florenz

Der Flughafen von Florenz heißt offiziell Amerigo Vespucci (Tel. 055 315874 oder 055 373498; www.safnet.it), wird aber auch **Peretola** genannt. Er liegt nur vier Kilometer nordwestlich des Stadtzentrums und wird von einigen **Linien- und Charterflügen** direkt angeflogen. In der kleinen Ankunftshalle befinden sich eine Touristeninformation (Tel. 055 315 874, tägl. 8.30–22.30 Uhr) und einige Schalter für **Mietwagen**.

- **Mit dem Taxi** (in Florenz weiße Taxis) in die Innenstadt zu fahren, gilt zwar als teuerste Variante, ist dafür aber die bequemste. Bei leichtem Verkehr braucht man 15 Minuten. Taxis warten vor der Ankunfts- und der daneben liegenden Abflughalle. Man sollte **13–15 €** einkalkulieren. Der Preis erhöht sich für Gepäckstücke, Fahrten an Sonn- und Feiertagen sowie Fahrten zwischen 22 und 6 Uhr.
- **Bus nach Florenz:** Die hellblauen **SITA-Busse** (Tel. 055 478 2231) verkehren etwa stündlich zwischen 8.15 und 23 Uhr vom Platz vor der Ankunftshalle. Nehmen Sie den Bus mit der Aufschrift »Navetta per centro città«. Tickets gibt es im Bus. Die Busse kommen am **Zentralen Busbahnhof** in der Via di Santa Caterina da Siena an, nur wenige Minuten vom Bahnhof Santa Maria Novella entfernt.
  Sie können aber auch den billigeren, dafür nicht ganz so bequemen **ATAF Florenz Stadtbus Nr. 62** nehmen. Er verkehrt zwischen 6 und 22.20 Uhr alle 20 Minuten vom Eingang des Flughafens (zwei Gehminuten) und den Haltestellen östlich des Bahnhofs aus. Tickets gibt es am Automaten unweit des Ausgangs der Ankunftshalle. Dort hängt auch eine Karte, die den Weg zur Bushaltestelle genau beschreibt. Der Kiosk in der Abflughalle verkauft ebenfalls Tickets.
- **Mit dem Auto in die Toskana:** Der Peretola-Flughafen liegt an einem zehn Kilometer langen Zubringer der A11 gen Westen, die die Verbindung zum Autobahnkreuz A11-A1, zwischen Prato und Florenz, darstellt. Von dort führen Straßenverbindungen in den Norden, Westen und Süden der Toskana.

Von Bologna

Bolognas **Flughafen Guglielmo Marconi** (Tel. 051 647 96 15; www.bologna-airport.it) liegt 105 Kilometer nordöstlich von Florenz. Hier treffen **Linienflüge** verschiedener Fluggesellschaften ein, darunter Alitalia, Air France, British Airways, SAS, Lufthansa und natürlich auch **Charterflüge**.
Alle größeren **Mietwagen-Firmen** besitzen Schalter im Terminal A (Ankunftshalle).

- **Mit dem Auto von Bologna:** Als Hauptstrecke in die Toskana bietet sich die Autostrada A1 an, die die A11 (Lucca – Florenz) zwischen Prato und Florenz kreuzt. Beachten Sie bitte, dass die A1, die durch die Apenninen von Bologna nach Florenz führt, eine **stark befahrene Strecke** ist, mit zahlreichen Kurven und Tunnels.
- **Mit dem Zug von Bologna:** Um nach Bologna Centrale, dem Hauptbahnhof, zu kommen, nimmt man vom Flughafen ein Taxi oder den »Aerobus«-**Shuttle**. Der Aerobus fährt etwa alle 20 Minuten zwischen 7.45 bis 23.45 Uhr unweit des Terminal A ab. Die Fahrt zum Bahnhof dauert rund 25 Minuten. Von Bologna Centrale verkehren schnelle und regelmäßige Züge (2–3 pro Stunde) nach Florenz. Die Fahrt dauert eine gute Stunde. Die Fahrkarten müssen vor Fahrtantritt entwertet werden (➤ 40).

Ankunft mit dem Zug

- Florenz ist ein **Knotenpunkt für Züge** aus ganz Europa und hat direkte Verbindungen nach Paris, Frankfurt und Ostende. Der Hauptbahnhof, Santa Maria Novella, liegt nahe der Innenstadt der toskanischen Hauptstadt nur wenige Gehminuten von der Piazza del Duomo (➤ 59) und Piazza della Signoria (➤ 64).
- Einige der **internationalen Zugverbindungen** nach Rom führen über die Hauptstrecke entlang der Küste und halten in Pisa.
- Mehr Information über **italienische Zugverbindungen** gibt die staatliche Bahn, die Ferrovie dello Stato, oder FS (Tel. 848 888088; www.fs-on-line.com; tägl. geöff. 7–21 Uhr).

Unterwegs in der Toskana

Am besten erkundet man die Toskana mit dem Auto. Aber auch mit Bus und Bahn kommt man zu fast allen Sehenswürdigkeiten der Region. Autos kann man an den Flughäfen in Pisa, Florenz, Rom und Bologna mieten (➤ 36). Internationale und lokale Autovermietungen sind auch in den meisten Städten zu finden. Dort zu fahren und zu parken kann allerdings problematisch werden. Das gilt besonders für Siena und Florenz, wo die Innenstädte für den Autoverkehr gesperrt sind.

Mit dem Auto

Um in Italien Auto zu fahren, braucht man einen **gültigen Führerschein**. Führerscheine aus EU-Staaten werden anerkannt. Führerscheine anderer Länder müssen in italienischer Übersetzung vorliegen. Übersetzungen besorgen die staatliche italienische Touristeninformation oder die Autoclubs der Heimatländer. Wer sein Auto aus dem Ausland einführt, sollte den **Fahrzeugschein** und einen **Versicherungsnachweis** bei sich haben.

- **Autovermietung:** Um in Italien ein Auto zu mieten, muss man über 21 Jahre alt sein und einen gültigen Führerschein haben (siehe oben). Es ist meist

preiswerter, ein Auto bei der Buchung des Fluges gleich mitzumieten. Reiseveranstalter oder -büros informieren über solche Buchungskombinationen. Man kann Autos schon im Voraus über die Internetseiten oder zentralen Telefonnummern der großen Anbieter buchen. Von der Toskana aus erkundigt man sich am besten bei der Touristeninformation oder schaut in die *Pagine Gialle* (Gelben Seiten) unter *Autonoleggio* (Autovermietung).

Straßenverkehrsregeln

- In Italien herrscht **Rechtsverkehr**. Bei fehlenden Vorfahrtsschildern gilt rechts vor links.
- Straßenschilder sind blau, auf den Autobahnen (*autostrade*) aber grün.
- Anschnallen auf den Vorder- und Rücksitzen ist **gesetzliche Pflicht**.
- Wenn nicht anders angegeben, liegt die **Geschwindigkeitsbegrenzung** in geschlossenen Ortschaften bei 50 km/h, 90 km/h auf Fernstraßen, die als *nazionale* (N) oder *strada statale* (SS) ausgewiesen sind, und bei 110 km/h auf mehrspurigen Autostraßen (*superstrade*) sowie 130 km/h auf Autobahnen (*autostrade*).
- In den ländlichen Gegenden der Toskana trifft man schon mal auf **Schotterpisten**, genannt *strade bianche* (weiße Straßen). Sie sind auf Straßenkarten eingezeichnet und durchaus befahrbar.
- **Benzin** heißt *benzina*, Diesel *gasolio*. Tankstellen sind täglich von 13–15.30 Uhr geöffnet, etliche sind sonntags geschlossen. Tankstellen an Schnellstraßen und Autobahnen haben durchgängig und täglich geöffnet. Kleinere Tankstellen auf dem Land akzeptieren manchmal keine Kreditkarten. Viele Tankstellen verfügen über Tankautomaten, die Euro-Banknoten annehmen.
- Als beste Toskana-**Karte** gilt die grüne Karte des Touring Club Italia im Maßstab von 1:200 000. Der für die Toskana relevante Kartenteil besitzt die Nr. D39. Die Karte ist erhältlich in toskanischen Buchläden oder in guten Fachhandlungen im Ausland.
- Es ist schwierig, in toskanischen Städten einen **Parkplatz** *(parcheggio)* zu finden. Dies gilt besonders für Siena und Florenz. **Parkscheinautomaten** *(parcometro)* sind eher selten. Es empfiehlt sich daher, in den Vororten zu parken und mit dem Bus in die Innenstadt zu fahren oder einen Tagesausflug mit der Bahn nach Florenz zu unternehmen. Gepäck und Wertgegenstände sollte man tunlichst nicht im Auto lassen.
- Sollte das Auto einmal liegen bleiben, dann schalten Sie das Warnblinklicht ein und stellen das Warndreieck etwa 50 Meter hinter den Wagen. Vom nächsten Telefon aus ruft man den **Pannendienst** (Tel. 116) und gibt den Standort sowie die Automarke und das Kennzeichen durch. Etliche Autovermietungen geben eigene Pannennummern an. Diese sollte man bei der Anmietung erfragen.
- Im Falle eines **Unfalls** stellt man ebenfalls das Warndreieck auf. Die Notrufnummern lauten: Notruf 113, Polizei 113 und Pannendienst 116. Sie sollten am Unfallort keine irgendwie gearteten Bezichtigungen abgeben. Bitten Sie Unfallzeugen, vor Ort zu bleiben, und tauschen Sie mit den Unfallbeteiligten Namen, Adressen und Versicherungsdetails aus. Der Polizei schildern Sie den Unfallhergang.

Mit dem Zug

Züge sind **schnelle und verlässliche Verbindungen** zwischen etlichen toskanischen Städten. Verbindungen nach Süden vom Bahnhof Santa Maria Novella in Florenz führen nach Arezzo und Cortona, mit Anschluss von Arezzo nach Poppi und Stia im Herzen des Casentino. Verbindungen nach Westen erreichen Prato, Pistoia, Lucca und Viareggio. Von Lucca aus führt eine Panoramastrecke gen Norden durch die Garfagnana nach Aulla. Die Eisenbahnlinie von Florenz in westliche Richtung geht nach Empoli (und Pisa) und dann gen Süden nach

Siena; sie führt weiter durch die schöne Landschaft nach Buonconvento und Grosseto nahe der Küste. Italiens wichtige Nord-Süd-Verbindung an der Westküste, von Rom nach Genua, verläuft entlang der toskanischen Küste und verbindet Pisa mit einigen kleineren Städten.

- In Italien gibt es verschiedene Zugtypen. Die schnellsten sind **InterCity** und **Eurostar**. Für Letzteren sollte man sich eine Reservierung besorgen *(una prenotazione)*. In der Regel kann man Plätze bis kurz vor der Abfahrt buchen. Beide Züge verkehren nur auf den Hauptstrecken, wie Florenz–Rom, Rom–Bologna oder Rom–Pisa–Genua. Langsamere Züge, die in kleineren Städten halten, heißen *espressi* (ES), *diretti* (Dir), *regionali* (Reg) oder *interregionali* (IR).
- **Fahrkarten** *(biglietti)* kann man an den Bahnhöfen, in manchen Reisebüros und – für die Kurzstrecken wie Florenz–Siena – auch an Zeitungskiosken kaufen. Man reist erster *(prima)* oder zweiter *(seconda)* Klasse. Eine einfache Fahrt heißt *andato*, Hin- und Rückfahrt *andato e ritorno*.
- Für die Hochgeschwindigkeitszüge wie den InterCity (IC) oder Eurostar (siehe oben) benötigt man neben der Fahrkarte einen **Zuschlag** *(supplemento)*. Bezahlen Sie ihn gleich zusammen mit der Fahrkarte, denn im Zug ist er teurer als am Schalter.
- Welchen Zug man auch nimmt, man muss die **Fahrkarte** vor der Fahrt **entwerten**. Die Entwerter sind meist gelb und stehen am Bahnsteig oder in der Bahnhofshalle. Eine Fahrt mit nicht entwertetem Ticket führt bei einer Kontrolle zu einer sofortigen **Geldstrafe**.
- Auch Touristen können in den Genuss einer Fahrpreisermäßigung kommen, wenn sie Inhaber einer **BahnCard**-ähnlichen Karte sind, die man bei der italienischen Bahn erstehen kann. Allerdings lohnt sie für die kurzen Strecken innerhalb der Toskana nicht.
- Die **Fahrpläne** sind eingeteilt in *arrivi* (Ankunft) und *partenze* (Abfahrt). Erstere sind meist in Weiß, letztere in Gelb. Von großem Nutzen kann der *pozzorario*, ein Taschenfahrplan, sein, der an jedem Zeitungskiosk erhältlich ist.

Mit dem Bus

Stadtbusse heißen ***autobus***, Überlandbusse ***pullman*** oder ***corriere***. Sie verbinden die wichtigsten Städte wie Florenz, Pisa, Lucca und Siena miteinander sowie auch kleinere Städte und entlegenere Ortschaften. Der Service ist zuverlässig und preiswert. Kleinere Orte werden allerdings relativ selten angefahren. Allerdings ist eine Zugfahrt (siehe oben) meist schneller.

- **Stadtbusse:** Die meisten toskanischen Städte lassen sich auf Grund ihrer geringen Größe gut zu Fuß erschließen. Lediglich in Florenz ist ein Stadtbus hilfreich. Die orangefarbenen Stadtbusse gehören der **ATAF** (Tel. 055 565 0222, tägl. 7–20 Uhr; www.ataf.net). Fahrscheine sollte man sich vor einer Busfahrt besorgen. Erhältlich sind sie an Kiosken, in Gaststätten, die mit einem ATAF-Symbol gekennzeichnet sind, an Fahrscheinautomaten oder im ATAF-Büro, das unweit des Osteingangs des Bahnhofs Santa Maria Novella liegt. Die Karten sind je nach Preis eine oder drei Stunden nach Entwertung im Bus gültig. Praktisch sind auch **24-Stunden-Karten**. Mit kleinen **Elektrobussen**, die vier Stadtrundfahrten (A, B, C und D) anbieten, kann man die Stadt sehr gut erkunden.
- **Überlandbusse:** Die Städte verfügen selten über einen richtigen Busbahnhof; Florenz ist hier eine Ausnahme. Dafür halten die Busse einfach am Hauptplatz oder am Bahnhof eines Ortes. Erkundigen Sie sich am besten vorher bei der Touristeninformation. Die Fahrscheine kauft man in der Regel vor der Fahrt. In den größeren Städten wie Siena oder Lucca gibt es extra Fahrkartenschalter. Fahrscheine sind ansonsten an Kiosken, an Bahnhöfen oder in den Cafés nahe der Haltestelle erhältlich. Die Überlandbusse sind meistens in Blau gehalten.

Touristeninformation

Arezzo

- Piazza della Repubblica 22, Tel. 0575 377 678, Mai–Sept. Mo–Sa 9–13, 15–19 Uhr, So 9–13 Uhr

Cortona

- Via Nazionale 42, Tel. 0575 630 352, Mo–Sa 8.30–12.30, 15–18 Uhr

Florenz

- Via Cavour 1r, Tel. 055 290 832/290 833, Mo–Sa 8.15–19.15 Uhr, So 8.30–18.30 Uhr
- Borgo Santa Croce 29r, Tel. 055 234 0444, Mai–Sept. tägl. 9–19 Uhr, Okt.–April 9–14 Uhr
- Piazza della Stazione 4, Tel. 055 212 245, Mo–Sa 8.30–17.30 Uhr, So 8.30–13.30 Uhr

Lucca

- Porta di San Donato, Piazza San Donato, abgehend von der Piazzale Guiseppe Verdi, Tel. 0583 419689, tägl. 9–19 Uhr

Montepulciano

- Via Gracciano del Corso 26, Tel. 0578 717 242, Mo–Sa 9.30–12.30, 15–18 Uhr (Juni–Sept. 15–19 Uhr)

Pienza

- Palazzo Comunale, bei der Piazza Pio II., Corso Rossellino 59, Tel. 0577 749 071, Mo–Sa 9.30–13, 15–18.30 Uhr

Pisa

- Piazza della Stazione, Tel. 050 42 291, Mai–Sept. Mo–Sa 8–20 Uhr, So 9–18 Uhr, Okt.–April Mo–Sa 9–18 Uhr, So 10–16.30 Uhr
- Campo dei Miracoli, Tel. 050 560 464, Öffnungszeiten wie oben

San Gimignano

- Piazza del Duomo 1, Tel. 0577 940008, März–Okt. tägl. 9–13, 15–19 Uhr, Nov.–April 9–13, 14–18 Uhr

Siena

- Campo an der Piazza del Campo 56, Tel. 0577 280 0551, Mo–Fr 8.30–13, 15–19 Uhr, Sa 8.30–13 Uhr, Mitte März–Mitte Nov. Mo–Sa 8.30–19.30 Uhr

Eintrittspreise

Der Euro wird im Januar 2002 eingeführt (1000 Lira = 0,52 Euro). In der Übergangsphase zum Euro (➤ 189) bis Ende Februar 2002 gelten italienische Lira und Euro parallel. Eintrittsgelder für Museen und Sehenswürdigkeiten werden durch folgende Preiskategorien angezeigt:

Preiswert: unter 2,5 Euro

Mittel: 2,5–5 Euro

Teuer: über 5 Euro

Übernachten

Toskanische Städte und Dörfer verfügen generell über eine breite Palette an Unterbringungsmöglichkeiten. In Florenz und Siena sind sie teurer als im Rest Italiens. In den Touristenzentren ist eine Vorreservierung dringend angeraten, besonders zwischen Juni und September. Auf dem Land sind Unterkünfte relativ leicht zu finden, etwa auf Bauernhöfen oder im Rahmen des *agriturismo*. Etliche Hotels vor allem in kleineren Städten schließen für die Monate Januar, Februar und August.

Hotelklassifikation

- Italienische Hotels *(albergo)* werden mit **einem bis fünf Sternen** bewertet. Die alte Klassifikation *pensione (locanda)* für ein kleines Hotel (manche mit Restaurant) gibt es nicht mehr. Es gibt aber noch Hotels mit einem Stern, die sich *pensione* nennen.
- Die Bewertung richtet sich nach der **Ausstattung** eines Hotel, weniger nach Zustand, Qualität, Service oder anderem. Ein-Sterne-Hotels sind preisgünstig. Hier muss man sich schon mal ein Badezimmer teilen, nur wenige Zimmer verfügen über ein eigenes Bad. Zimmer in Zwei-Sterne-Hotels haben ein eigenes Bad. Zimmer in Drei-Sterne-Hotels sind auch mit Telefon und TV-Geräten ausgestattet. Die meisten Vier-Sterne-Hotels sind durchweg teurer und von hoher Qualität. Fünf-Sterne-Hotels, von denen es einige in der Toskana gibt, brillieren mit luxuriöser Ausstattung und erstklassigem Service.

Agriturismo

- *Agriturismo* nennt sich in Italien der **Urlaub auf dem Lande**. Diese Form des Fremdenverkehrs findet immer mehr Anhänger. In der Toskana verfügt man mittlerweile über eine breite Palette an agritouristischen Unterkünften. Die Unterbringung erfolgt auf Bauernhöfen, Gutshäusern oder Weingütern. Die renovierten bzw. umgebauten Räume oder Ferienwohnungen liegen manchmal etwas abseits des bäuerlichen Betriebes. Zu den Freizeitangeboten gehört u. a. Reiten, manche Unterkünfte verfügen sogar über Swimmingpools.
- Die Preise sind vergleichsweise günstig. Obwohl die Räume meist einfach sind, sind sie gepflegt und modern eingerichtet. In der Hauptsaison werden Zimmer erst ab einem **Mindestaufenthalt** von zwei Tagen vermietet. Ein längerer Aufenthalt wird oft mit einem Preisnachlass vergütet. Kleine Apartments eignen sich besonders für Familien.
- Für diesen ländlichen Tourismus wird nur zurückhaltend und behutsam geworben, Adressen sind bei den lokalen **Touristeninformationen** erhältlich. Oft hilft auch der Zufall. Hinweisschilder sind meistens mit einem gelben Zeichen ausgewiesen.

Lage

- Einen besonderen Reiz stellen Unterkünfte im **Zentrum** *(centro)* dar. Man wohnt in unmittelbarer Nähe zu den Sehenswürdigkeiten und vielleicht inmitten eines mittelalterlichen oder Renaissance-Stadtteils. Hotels in den **Vororten** *(la periferia)* besitzen ein geringeres Ambiente. Allerdings sollte man nicht vergessen, dass das Parken in größeren Städten wie Florenz oder Siena ein Problem werden kann. Dies ist in den Außenbereichen nicht der Fall. Manche Hotels verfügen über eigene, allerdings eher kleine Parkplätze *(parcheggio privato)*.
- In **Florenz** finden sich die meisten preisgünstigen Hotels in den Straßen östlich des Bahnhofs – Via Faenza, Via Nazionale und Via Fiume – und in den

Straßen um die Piazza della Libertà in der nordöstlichen Ecke der Innenstadt. Um von dort in die Innenstadt zu gelangen, ist man auf Taxi oder Bus angewiesen. Die Hotels in Bahnhofsnähe liegen zwar günstiger, aber wie in den meisten Städten sind Bahnhofsgegenden nicht sehr anheimelnd.

Lärm

- Lärm kann in toskanischen Städten sogar in den besseren Hotels ein Problem werden. Zimmer mit Blick auf den Innenhof bzw. -garten sind ratsam. Manche Hotels verfügen über doppelverglaste Fenster. Bei fehlender Klimaanlage sind solche Vorrichtungen besonders im Sommer ohne Nutzen.
- Besucher wundern sich oft über den Lärm, der selbst in den Dörfern herrscht. Kirchenglocken, stark frequentierte Plätze oder Hauptstraßen, bellende Hunde, Hahnenkrähen, Teenager auf ihren Vespas – das und vieles mehr können einem schon mal den Schlaf stören. Nehmen Sie sicherheitshalber Oropax mit.

Preise

- Preise von Hotelzimmern *(camera)* sind **gesetzlich festgelegt** und müssen in der Lobby eines Hotels und in den Zimmern **ausgehängt** werden.
- Preise innerhalb eines Hotels können **schwanken**. Man sollte verschiedene Zimmer anschauen und muss sich nicht mit dem ersten zufrieden geben.
- Preise beinhalten meist die **Mehrwertsteuer**, aber man sollte auf **mögliche Extrakosten** achten, die z. B. für ein überteuertes **Frühstück** *(prima colazione)* anfallen können. Manchmal ist es preisgünstiger, in einer nahe gelegenen Bar zu frühstücken. Frühstücksbüfetts werden zwar immer häufiger angeboten, aber meistens besteht das Frühstück in einem toskanischen Hotel immer noch aus Brötchen mit Marmelade und Kaffee.
- In manchen Hotels werden z. B. auch **Klimaanlage** *(aria condizionata)* oder ein Garagenstellplatz zusätzlich berechnet.

Preise
Die folgenden Preise beziehen sich auf durchschnittliche Kosten für ein Doppelzimmer.
€ unter 90 Euro **€€** 90–155 Euro **€€€** über 155 Euro

Buchungen

- Für Übernachtungen in Florenz und Siena sollte man ganzjährig unbedingt **im Voraus** buchen. Lediglich November, Januar und Februar sind etwas ruhiger. Zu Ostern und von Juni bis September ist am meisten los.
- Auch in kleineren Städten sollte man rechtzeitig buchen, wenn der Besuch mit **Feiertagen** oder einem **Fest** zusammenfällt.
- **Reservierungen** sollten telefonisch gemacht und dann per Fax oder E-Mail bestätigt werden. Man sollte auch erwägen, die Buchung ein paar Tage vor der Ankunft zu bestätigen. Ein Doppelzimmer mit zwei Betten heißt *una doppia*, mit Doppelbett *una matrimoniale*. Ein Einzelzimmer wird *una singola* genannt.
- Hoteliers sind verpflichtet, ihre Gäste **polizeilich zu melden**. Man legt beim Einchecken den Pass oder Personalausweis vor, der spätestens bei der Abreise zurückgegeben wird.
- Die **Abreisezeit** liegt zwischen 10 und 12 Uhr.

Villen und Apartments

- Unten aufgeführt, finden Sie einige ausgewählte Agenturen, die Villen, Apartments und Bauernhäuser zur Vermietung in ihrem Angebot führen.

Toskana Holiday GmbH. Vermittlung von Ferienwohnungen in der Toskana und Umbrien. Die Agentur hat mehr als 460 Villen im Angebot.
52048 Alberoro-Monte S. Savino (AR) Italien, Tel. 0039-0575-848215; www.toskana-holiday.de.
Ferien-privat. Urlaubsunterkünfte (Ferienhäuser, Apartments oder Ferienwohnungen) auf Weingütern in privater Atmosphäre in der Toskana.
Tel./Fax 040/402288, Mobiltelefon 0173/2334869; www.ferien-privat.de; E-Mail: info@ferien-privat.de.
Klassik Tour Toscana. Umfangreiches Angebot: www.toskana.com.klassik.

Preise
Die folgenden Preise beziehen sich auf ein Drei-Gänge-Menü mit Wein für eine Person: **€** unter 26 Euro **€€** 26–52 Euro **€€€** über 52 Euro

Essen und Trinken

Essen und Trinken in der Toskana kann ebenso wie die historischen Städte und die Landschaft (➤ 20) ein Erlebnis sein. Die Restaurants reichen von Gourmet-Tempeln, die im Michelin verzeichnet sind, bis zu kleinen, rustikalen *trattorias*, wo *la mamma* noch selbst kocht. In den größeren und kleineren Städten findet man auch eine breite Auswahl an Cafés und Bars, wo man einen *cappuccino* zum Frühstück, einen Snack zwischendurch oder Brot und Käse zu einem Glas Wein bekommt.

Restaurants

Die Unterschiede zwischen den verschiedenen Typen von Restaurants werden immer ungenauer. Ein Restaurant *(ristorante)* stand einmal für gehobene Küche bei entsprechendem Preis. Eine *trattoria* war einfach und günstig, eine *osteria* ebenso. Eine *pizzeria* war gänzlich unvornehm.

- Die ***trattoria*** im alten Stil verschwindet zumindest in den Städten mehr und mehr. Stattdessen entstehen modernere Restaurants mit jungen Betreibern und so genannter »jungen« Küche, die sich dann oft ***osteria*** nennen. Als ***ristorante*** bezeichnet sich mittlerweile so ziemlich jedes Lokal, in dem man etwas zu essen bekommen kann. Eine ***pizzeria*** ist nach wie vor auf reine Sättigung der Gäste ausgerichtet, doch bekommt man dort nun auch diverse Pasta-Gerichte, Salate und andere Hauptspeisen.
- Diese Veränderungen schlagen auch in den beliebten toskanischen Städten durch, wo der Touristenstrom viele neue Restaurants hervorgebracht hat. **Qualität** wird in den offensichtlichen »Touristenfallen« nicht immer groß geschrieben. Touristenmenüs lohnen das Geld oft nicht. Wo auch immer man sich aufhält, sollte man nicht von dem Aussehen eines Restaurants auf die Qualität des Essens schließen. Besonders in Florenz und Siena steht ein stilvolles Ambiente noch nicht für gute Küche. Dagegen kann ein bescheiden aussehendes Restaurant in der Stadt oder auf dem Land exzellentes Essen zu annehmbaren Preisen bieten.
- Eine ***enoteca*** ist ein Weinlokal. Hier bestellt man eine Flasche oder einen offenen Wein und bekommt kleine Mahlzeiten oder Snacks. Eine ***fiaschetteria*** oder ein *vinaio* ist auch ein Weinlokal, aber etwas einfacher im Stil. Sie waren einmal häufig anzutreffen, verschwinden aber auch zunehmend aus dem toskanischen Stadtbild. Das gilt allerdings nicht für die ***gelateria***, die Eisdiele. Sie ist in ganz Italien zu finden.

Öffnungszeiten

- **Bars** öffnen um 7 Uhr oder früher zum Frühstück (*colazione* oder *prima colazione*), das meist aus Kaffee (*cappuccino* oder *caffè latte*) und einem Croissant besteht *(brioche)*.
- **Mittagessen** *(pranzo)* beginnt um 12.30 und endet um 14 Uhr. Die meisten Restaurants sind noch etwas länger geöffnet.
- **Abendessen** *(cena)* beginnt gegen 20 Uhr, aber etliche Restaurants haben früher geöffnet, um Touristen, die nicht so spät essen möchten, zu bedienen. Die Bars, die tagsüber geöffnet haben, schließen häufig gegen 20 oder 21 Uhr. In den großen Städten bleiben manche Bars für Nachtschwärmer geöffnet. Eine *enoteca* hat ähnliche Öffnungszeiten wie eine Bar, manche schließen am Nachmittag.

Mahlzeiten

- Italienische Mahlzeiten beginnen mit einer **Vorspeise**, dem *antipasto* (wörtlich übersetzt: vor der Mahlzeit), gefolgt von einem **ersten Gang** *(il primo piatto)* mit Pasta, Suppe oder Reis.
- Der Haupt- bzw. **zweite Gang** *(il secondo piatto)* besteht aus Fleisch *(carne)* oder Fisch *(pesce)* mit Gemüse *(contorni)* oder Salat *(insalata)*. Beides wird meist getrennt voneinander serviert.
- **Desserts** heißen *dolci* und werdenn mit oder an Stelle von Früchten *(frutta)* und Käse *(formaggio)* serviert. Statt eines Desserts kann man sich auch ein Eis *(gelato)* aus der nächsten *gelateria* holen. Allenfalls in Nobelrestaurants sind die Desserts bemerkenswert.
- Zu den Mahlzeiten wird Brot *(pane)* und Mineralwasser *(acqua minerale)* gereicht, das mit auf der Rechnung auftaucht. Mineralwasser gibt es mit Kohlensäure *(gassata)* oder als stilles Wasser *(non gassata)*.
- **Nach dem Essen** trinkt man einen *grappa*, einen bitteren Digestif, z. B. einen *amaro*, einen *espresso* oder einen Kräutertee. Übrigens: Italiener bestellen nach dem Essen nie einen *cappuccino*.
- Man muss nicht jedes Mal alle Gänge essen. Als Mittagessen und in allen Restaurants, ausgenommen die Nobelrestaurants, ist es völlig akzeptabel, nur **Pasta und Salat** zu bestellen. In teuren und beliebten Restaurants wird dies besonders am Abend nicht gerne gesehen.

Cafés und Snacks

- In Cafés und Bars zahlt man **an der Theke**. Man bezahlt zuerst an einer separaten Kasse *(cassa)* und nimmt dann den Bon *(scontrino)* an die Bar mit und wiederholt dort die Bestellung. An der Bar selbst kann man nicht bezahlen.
- Wenn man **an einem Tisch sitzt**, nimmt ein Kellner die Bestellung auf. Es ist nicht üblich, erst zu bezahlen und sich dann an einen Tisch zu setzen. Ein Kellner würde einen aufscheuchen. An einem Tisch kann man für den Aufpreis aber so lange sitzen, wie man möchte.
- In Cafés und Bars bekommt man exzellente **Sandwiches** *(tramezzini)*, belegte Brötchen *(panini)* und manchmal kleine Mahlzeiten. In kleinen Läden und Bäckereien bekommt man **Pizza stückweise** *(pizza al taglio)*.

Menüs

- Restaurants, die ein so genanntes ***menù turistico*** (Touristenmenü) anbieten, sollte man meiden. Das Menü mag preiswert erscheinen, aber die Portionen sind oft klein, der Wein (falls im Preis inbegriffen) farblos, die Qualität der Speisen gering und die Küche eher phantasielos. Meist läuft es auf Nudeln mit Tomatensauce, Brathähnchen mit Salat und eine Beilage hinaus.
- In teuren Restaurants bietet ***un menù degustazione*** oder ***menù gastronomico*** einen gehaltvollen Querschnitt durch die Küche des Hauses. Dies ist eine gute Wahl, wenn man sich angesichts der reichen Karte nicht entscheiden kann.

Bezahlen und Trinkgeld

- Die **Rechnung** *(il conto)* sollte die einzelnen Posten aufweisen. Die Restaurants sind außerdem per Gesetz verpflichtet, eine Quittung auszustellen *(ricevuta)*.
- Bis vor kurzem berechneten Restaurants noch *pane e coperto* **(Brot und Gedeck)**, was aber sukzessive abgeschafft wird. Wenn es aber auf der Rechnung auftaucht, muss man es mitbezahlen.

Etikette und Rauchen

- Manche Touristen tragen legere Kleidung, aber die Italiener legen durchaus Wert auf eine angemessene Garderobe. Gehobene, aber nicht edle Garderobe – so lautet die Faustregel. In feinen Restaurants werden dann aber doch Jackett und Krawatte erwartet.
- Rauchen ist in italienischen Restaurants normal. Nur wenige Restaurants sind ausgewiesene Nichtraucherlokale oder haben entsprechend abgetrennte Bereiche *(non fumatori)*.

Einkaufen

Die Toskana bietet jede Menge Einkaufsmöglichkeiten. In der ganzen Region findet man eine breite Palette an Geschäften mit Spezialitäten, Wein oder Kunsthandwerk. In Florenz und Pisa gibt es viele Luxusgeschäfte, die Designer-Kleidung, feine Schuhe und Lederwaren, Schmuck, Stoffe, Keramik und Gemälde, Bilder, Drucke und Antiquitäten verkaufen.

Florenz

Wenn man aufs Einkaufen aus ist, ist Florenz der richtige Ort. Entsprechend dem Reichtum der Stadt, findet man hier Luxusgüter, vor allem Lederwaren sowie Schuhe und Kleidung von hoher Qualität. Dasselbe lässt sich über andere toskanische Städte sagen, besonders Lucca und Pisa. Allerdings bietet Florenz die größte Auswahl.

- Die wichtigsten **Designer-Läden** liegen im Westen der Stadt an der Via de' Tornabuoni und den umliegenden Straßen wie der Via della Vigna Nuova.
- **Lederwaren** gibt es in der ganzen Stadt, die besten liegen aber im Stadtteil Santa Croce.
- **Schmuckgeschäfte** liegen auf der Ponte Vecchio, wo sie seit dem 16. Jahrhundert angesiedelt sind. Auch in anderen großen Straßen finden sich Juweliere.
- **Kunsthandwerkstätten** und Läden mit deren Waren – von Möbeln bis zu marmoriertem Papier – findet man in der ganzen Stadt. Zahlreiche solcher Läden sind in Oltrarno angesiedelt, besonders auf und nahe der Via Maggio, und in der Via delle Porcellana im Westen der Stadt.
- Die Via Maggio und die umliegenden Straßen beherbergen zahlreiche **Antiquitätenläden** und kommerzielle **Kunstgalerien**. Andere sind in der ganzen Stadt verteilt.
- In der Innenstadt findet man viele Buchläden sowie Geschäfte mit Küchen- und Haushaltswaren im herausragenden italienischen Design. Von den dortigen **Kaufhäusern** ist das Coin das beste (➤ 83).

Toskana

Lebensmittel und Wein gibt es in der ganzen Region zu kaufen. Man sollte Importbestimmungen beachten, wenn man Fleisch und ähnliche Produkte mit nach Hause nehmen will.

- **Spezialitäten** der Region sind die Weine aus Chianti, Montalcino und Montepulciano, Speiseöl aus Lucca, Schafskäse aus Pienza *(pecorino)*, Honig aus Montalcino oder *panforte* aus Siena.
- **Kunsthandwerk:** Beachtenswert sind vor allem Alabastergefäße aus Volterra, Glaswaren aus Colle di Val d'Elsa oder Marmorgegenstände aus Carrara.

Märkte

In den Läden und Supermärkten sind gute Lebensmittel und Frischwaren *(alimentari)* erhältlich. Die beste Auswahl an Feinschmeckerkost und ein besonderes Einkaufserlebnis bieten die Märkte der jeweiligen Stadt.

- Der schönste Markt in **Florenz** ist der Mercato Centrale nahe San Lorenzo (➤ 84). Auf den Straßen nahe San Lorenzo werden außerdem allerlei Dinge verkauft, z. B. preiswerte Kleidung, Taschen und Souvenirs. Zu den weniger bekannten Märkten gehört Sant'Ambrogio nordöstlich von Santa Corce sowie der kleine Flohmarkt, Mercato dei Pulci, auf der Piazza dei Ciompi.
- Die kleineren Städte haben in der Regel Wochenmärkte, die neben Lebensmitteln auch andere Dinge anbieten. Der größte Wochenmarkt in Florenz ist jeden Dienstag (8–13 Uhr) am Parco della Casine nahe dem Arno westlich von der Innenstadt. Nur wenige Besucher verirren sich hierher, dabei sind die Preise für alle Produkte sehr günstig.

Öffnungszeiten

- Meistens haben Geschäfte in kleineren Städten dienstags bis samstags ab 8 oder 9 bis 13 Uhr geöffnet. Dann wieder ab 15.30 oder 16 bis 20 Uhr. Montagmorgen oder einen anderen halben Tag in der Woche sind viele Läden geschlossen.
- In Florenz setzt sich aber mehr und mehr eine **ganztägige Öffnungszeit** *(orario continuato)* durch. Das bedeutet dienstags bis samstags 9 oder 10 bis 19.30 oder 20 Uhr. Manche Läden, vor allem die Kaufhäuser, öffnen auch sonntags.

Kreditkarten

Die meisten größeren Geschäfte akzeptieren Kreditkarten, aber Bargeld ist in Italien immer noch das bevorzugte Zahlungsmittel. Man sollte sich erkundigen, bevor man etwas Größeres kauft. Käufer aus Nicht-EU-Ländern können etliche Waren steuerfrei einkaufen. Man achte auf die Zeichen für **steuerfreies Einkaufen**.

Ausgehen

Die Toskana bietet ein volles Unterhaltungsrepertoire: zum einen die Musik- und Kulturfestivals in Florenz und anderen großen Städten, zum anderen eine Fülle von Umzügen und ländlichen Festivitäten (*festa* oder *sagra*) in der ganzen Region anlässlich von Heiligenfesten oder historischen Ereignissen einer Stadt oder eines Dorfes. Ein Nachtleben mit Clubs, Bars und Live-Musik ist vornehmlich auf Florenz beschränkt. Andere größere Städte wie Pisa, Lucca und Siena haben auch etwas in dieser Richtung zu bieten. Touristen können leicht an den Festivitäten teilhaben. Kino- und Theaterbesuch lohnen sich nur mit Kenntnis der italienischen Sprache.

Information

Erste Anlaufstelle für Informationen zu Kulturveranstaltungen sollten das Internet (➤ 188) oder die lokalen Touristeninformationen sein.

- Touristeninformationen in größeren Städten wie Florenz und Siena (➤ 41) liefern generell auch Informationen zu **Festivals** etc. in der umliegenden Region. Dort erhalten Sie in der Regel Programme und Informationen über Kartenverkäufe. Hier erfährt man auch etwas über kleinere, unbekanntere Veranstaltungen. Die meisten *feste* oder *sagre* werden auf **Plakaten** angekündigt, die in den betreffenden Dörfern ausgehängt werden.
- Besucherinformationen bieten auch Hinweise zum **lokalen Nachtleben**. So erfährt man, wo ein neuer Club eröffnet, ein anderer schon wieder schließt oder nicht mehr länger angesagt ist.
- Alternativ kann man auch die **Zeitungsanzeigen** in den florentinischen Zeitungen oder der toskanischen Tageszeitung *La Nazione* studieren. In den verschiedenen Ankündigungen zu den jeweiligen Regionen findet sich eine Vielzahl von Veranstaltungen und Festivals. In Florenz erscheint monatlich der *Firenze Spettacolo*, eine Art Stadtmagazin. Selbst wenn man des Italienischen nicht mächtig ist, kann es auf Grund seiner übersichtichen Struktur sehr hilfreich sein. Das Magazin ist erhältlich an allen Kiosken sowie in Buchläden wie dem Feltrinelli (➤ 82).

Tickets
Karten für Veranstaltungen in Florenz bekommt man an den jeweiligen Veranstaltungsorten oder bei **Box Office**, der zentralen Vorverkaufsstelle der Stadt. Ableger finden sich auf der Via Alamanni 39 (Tel. 055 210804) und Chiasso dei Soldanieri 8r, bei der Via Porta Rossa und an der Ecke zur Via de'Tornabuoni (Tel. 055 219402).

Festivals

Die wichtigsten Festivals in Florenz und der Toskana werden unten detailliert aufgeführt. Daneben gibt es aber eine Reihe kleinerer Veranstaltungen, über die die lokalen Touristenbüros informieren. Zu **Ostern** finden Prozessionen und Gottesdienste statt.

- Die berühmteste Veranstaltung in der Toskana ist das Pferderennen **Palio** in Siena, das zweimal im Jahr stattfindet, am 2. Juli und 16. August (➤ 28).
- Der **Scoppio del Carro**, die »Explosion des Leiterwagens«, beendet die Ostersonntagszeremonie in Florenz. Ein Leiterwagen mit Blumen und Feuerwerk wird mittags durch eine mechanische »Taube« angesteckt, die vom Altar der Kathedrale auf den Platz davor »fliegt«.
- Das prestigereiche **Maggio-Musicale**-Festival für Kunst und Musik findet im Mai und Juni in Florenz statt. Es bietet Orchesterkonzerte, Tanz und Theateraufführungen.
- Das lebhafteste Stadtfest von Florenz ist das **Calcio Storico**, bestehend aus drei wilden Fußballspielen, die in mittelalterlichen Kostümen ausgetragen werden. Das erste findet am Tag nach dem Feiertag des hl. Johannes (➤ 190) statt, die Termine für die anderen beiden werden am Ostersonntag ausgelost. Gespielt wird auf der Piazza Santa Croce oder der Piazza della Signoria.
- Die wichtigsten Sommerveranstaltungen in **Pisa** sind die Regatta di San Ranieri mit einer farbenfrohen Prozession (16.–17. Juni) und das Gioco del Ponte, ein Schaukampf in Kostümen am dritten Sonntag im Juni.
- **Lucca** veranstaltet historische Festivitäten am dritten Sonntag im Juli (Festa di San Paolino) und am 14. September (Festa della Croce), wenn die Reliquie *Volto Santo* bei Fackellicht durch die Straßen getragen wird.
- **Arrezzos** Hauptattraktion ist ein mittelalterliches Turnier, der *Giostro del Saraceno*, der am ersten Sonntag im September ausgetragen wird.
- **Montepulciano** lädt am vorletzten Samstag im August zu einem Weinfest anlässlich der Weinlese für den Vino Nobile.

Florenz

Erste Orientierung 50
In zwei Tagen 52
Nicht verpassen! 54
Nach Lust und Laune! 71
Wohin zum ... 76

Erste Orientierung

Florenz ist eine der größten Kulturstädte Europas; sie steht unter dem Stern eines der geschichtlich aufregendsten Zeitalter schöpferischen Strebens, der Renaissance. In der Hauptstadt der Toskana locken zahlreiche prächtige Gemälde, Skulpturen und Architektur aus fast einem Jahrtausend.

Dass man die Höhepunkte der toskanischen Hauptstadt in nur zwei Tagen besichtigen kann, klingt unglaubwürdig, ist aber möglich. Am besten übernachten Sie in der Stadt; bedenken Sie dabei, Ihre Unterkunft im Zeitraum zwischen April und Oktober im Voraus zu buchen. Am besten reisen Sie mit dem Zug nach Florenz, die meisten der toskanischen Hauptreiseziele sind von dort aus ebenfalls mit der Bahn zu erreichen (➤ 40). Florenz ist vor allem eine Stadt der Kunst und Architektur. Einige der hervorragendsten Bauten finden Sie auf der Piazza del Duomo, einem der beiden Hauptplätze: Hier finden Sie die Kathedrale, die Taufkapelle und den Campanile (Glockenturm). Ganz in der Nähe davon befinden sich zwei der größten Museen der Stadt, das Museo dell'Opera del Duomo und das Museo Nazionale del Bargello. Nur ein paar Schritte

★ Nicht verpassen!

- **2 Galleria dell' Accademia** ➤ 54
- **5 Cappelle Medicee** ➤ 55
- **6 Santa Maria Novella** ➤ 57
- **7 Piazza del Duomo** ➤ 59
- **10 Museo Nazionale del Bargello** ➤ 62
- **13 Piazza della Signoria** ➤ 64
- **14 Santa Croce** ➤ 66
- **15 Galleria degli Uffizi** ➤ 68

Vorhergehende Seite: Der berühmte Dom von Florenz

Rechts: Der Arno und seine Brücken, darunter der berühmte Ponte Vecchio

Nach Lust und Laune!

1 Museo di San Marco ➤ 71
3 Palazzo Medici Riccardi ➤ 71
4 Mercato Centrale ➤ 71
8 Museo dell'Opera del Duomo ➤ 72
9 Museo di Firenze com'era ➤ 72
11 Orsanmichele ➤ 73
12 Santa Trinità ➤ 73
16 Ponte Vecchio ➤ 73
17 Cappella Brancacci ➤ 74
18 Giardino di Boboli ➤ 74
19 Palazzo Pitti ➤ 75
20 San Miniato al Monte ➤ 75

davon entfernt, liegt der zweite große Hauptplatz von Florenz, die Piazza della Signoria, die vom Palazzo Vecchio, dem ehemaligen Regierungssitz, beherrscht wird. Ganz in der Nähe liegt die Galleria degli Uffizi, die viele der bedeutendsten Renaissance-Gemälde der Welt beheimatet. Östlich der Piazza della Signoria steht Santa Croce, die eindrucksvollste der vielen Kirchen von Florenz. In der Gegend um Oltrarno, die über den berühmten Ponte Vecchio zu erreichen ist, befinden sich die Gemälde und Fresken des Palazzo Pitti und der Cappella Brancacci. Zwei Höhepunkte aus Michelangelos Schaffen, seine Davidsstatue in der Galleria dell'Accademia und eine Reihe von Skulpturen in den Cappelle Medicee, befinden sich nördlich des Flusses. Florenz bietet sich auch hervorragend zum Einkaufen an, von Designermode bis zu farbenprächtigen Märkten (➤ 82), außerdem gibt es tolle Bars, Cafés und Restaurants.

Die Höhepunkte von Florenz können in zwei Tagen besichtigt werden, beachten Sie jedoch die Öffnungszeiten der verschiedenen Sehenswürdigkeiten.

Florenz in zwei Tagen

Erster Tag

Vormittags

Besorgen Sie sich Eintrittskarten für die Galleria degli Uffizi für den nächsten Tag, bevor Sie das **Museo di San Marco** (➤ 71) besuchen (unten). Danach bietet sich ein Abstecher zur nahe gelegenen **Galleria dell'Accademia** (➤ 54) an, um Michelangelos berühmten *David* zu sehen. Setzen Sie ihre Besichtigung mit den meisterhaften Fresken von Benozzo Gozzoli im **Palazzo Medici Riccardi** (➤ 71) fort.

Mittags

Auf dem Weg zum Mercato Centrale empfiehlt sich eine Essenspause im **Zà-Zà** (➤ 80).

Nachmittags

Entdecken Sie den **Mercato Centrale** (➤ 71), bevor Sie die Gegend um die **Cappelle Medicee** und San Lorenzo (➤ 55) besuchen. Um den Tag ruhig ausklingen zu lassen, sollten Sie am Ende die Kirche **Santa Maria Novella** (➤ 57, links) besuchen.

Zweiter Tag

Vormittags

Nun führt Ihr Weg auf die **Piazza del Duomo** (➤ 59), wo Sie auf den Campanile oder die Domkuppel steigen sollten, beide bieten einen einzigartigen Ausblick. Danach können Sie den Dom besichtigen, der später als der Campanile oder die Domkuppel geöffnet wird. Die Taufkapelle (links) ist morgens geschlossen, Sie müssen also später wiederkommen. Weiter geht es zum **Museo dell'Opera del Duomo** (➤ 72) und dem **Museo Nazionale del Bargello** (➤ 62, rechts *Pitti Tondo* von Michelangelo).

Mittags

An der **Piazza della Signoria** (➤ 64) kann man gut zu Mittag essen (unten). Entweder im teuren **Rivoire** (➤ 81) oder in der preiswerteren **Cantinetta dei Verrazzano** (➤ 79).

Nachmittags

Sie sollten den Nachmittag vor allem der **Galleria degli Uffizi** (➤ 68) widmen. Planen Sie dennoch etwas Zeit für die Kirche **Santa Croce** (➤ 66) und die Cappella dei Pazzi ein, und verwöhnen Sie sich anschließend mit einem Eis bei **Vivoli** (➤ 81). **Baldovino** (➤ 78) oder **Cibreo** (➤ 79) sind empfehlenswert, um in der Nähe von Santa Croce zu Abend zu essen, eine Reservierung ist in beiden Fällen nötig.

2

Galleria dell'Accademia

Weit ab der Touristenpfade, versteckt im nördlichen Teil der Stadt, liegt die Galleria dell'Accademia oder einfach nur Accademia, wie sie in Florenz genannt wird. Dennoch ist der Besuch ein Muss. Hier erwartet Sie ein besonderer Kunstschatz – Michelangelos berühmter *David*.

Sobald Sie die Accademia betreten haben, werden Sie von Italiens berühmtester Skulptur willkommen geheißen – Michelangelos *David*. Sie wurde 1501 in Auftrag gegeben. Viele Künstler, darunter Leonardo da Vinci, hatten bereits versucht, diesen Marmorblock zu bearbeiten. Angeblich war das zerbrechliche Stück Stein aus den Bergen von Apua, nördlich von Pisa, für die Bildhauerei ungeeignet. Der damals 26-jährige Michelangelo wusste es besser und verwandelte zur großen Verblüffung seiner Zeitgenossen den Stein in gerade einmal drei Jahren in ein Meisterwerk. Nach Monaten zäher Auseinandersetzungen entschloss man sich, das Standbild auf der Piazza della Signoria aufzustellen. Dort blieb sie, bis man die Skulptur 1873 auf ihren heutigen Standort vesetzte. Die Statue war ursprünglich für eine Aufstellung unter freiem Himmel gedacht, sodass die Proportionen absichtlich verzerrt erscheinen: Die überlangen Arme und die übergroße Ausführung von Kopf und Händen sollten ihr gewaltiges Erscheinungsbild noch unterstreichen. Nicht versäumen sollte man auch Michelangelos Statuen des *heiligen Matthäus* (1504–48) und die unvollendeten *Vier Sklaven (oder Gefangenen)*, die ebenfalls in der Accademia stehen.

Michelangelos *David* heißt die Besucher in der Accademia willkommen

KLEINE PAUSE

Schauen Sie im **Caffé San Marco** an der Piazza San Marco (Tel. 055 215 833) nur wenige Gehminuten nördlich vorbei.

199 D5 · Via Ricasoli 60 · 055 238 8609 · Di–Fr 8.15–18.50 Uhr (Kassenschluss 18.05 Uhr) · teuer

5

Cappelle Medicee

In den Cappelle Medicee (Medici-Kapellen) befinden sich die Familiengrabstätten der Medici. Viele dieser mehrere Dutzend Gräber umfassenden Ruhestätten zeigen sich als entweder völlig belanglos oder allzu schwülstig ausgestaltet. Drei davon verdienen jedoch besondere Beachtung.

Die Kapellen teilen sich in drei Bereich auf; den ersten betritt man gleich nach Verlassen der Kassenhalle, eine niedere, düstere Gruft, die letzte Ruhestätte einiger unbedeutender Medici. Von hier aus führen Stufen zur **Cappella dei Principi**, einer tiefer gelegenen, mit buntem Marmor verkleideten Halle. Sie beherbergt sechs Gräber der letzten regierenden Großherzöge der 1743 ausgestorbenen Medici-Dynastie. Mit den Arbeiten an diesem Bauwerk wurde 1604 begonnen; es sollte sich als das kostspieligste Unterfangen herausstellen, das die Familie jemals in Auftrag gab. Als Gian Gastone, der letzte Großherzog, starb, war das Projekt immer noch nicht abgeschlossen. Der Höhepunkt ist zweifellos die von Michelangelo entworfene **Sagrestia Nuova** (Neue Sakristei): Drei Skulpturengruppen des Meisters befinden sich ebenfalls hier. Die Sakristei wurde 1520 von Papst Leo X., aus der Familie der Medici, als Grabstätte für Lorenzo den Prächtigen und seinen Bruder Giuliano in Auftrag gegeben. Die Gräber der beiden Männer wurden – Ironie des Schicksals – nie vollendet; so wurden sie zu Füßen von Michelangelos ebenfalls unvollendeter *Madonna mit Kind* (1521) beigesetzt. Noch ironischer ist die Tatsache, dass die einzigen vollendeten Grabmäler die der unfähigsten Medici-Herrscher sind: Lorenzo de'Medici (1533), Enkel

Die Medici

Die Medici beherrschten das Leben in der Toskana nahezu vier Jahrhunderte lang. Der Gründervater der Dynastie war Giovanni de Bicci de'Medici (1360–1429), der sich die Rechte an den Gewinn bringenden päpstlichen Konten sicherte. Sein Sohn Cosimo der Ältere (1389–1464) festigte die Stellung der Familie und wurde wie sein Enkel Lorenzo der Prächtige (1449–92) ein Kunstmäzen. Im 16. Jahrhundert stellte die Familie zwei Päpste. Der Florentiner Zweig der Medici wurde zu Großherzogen der Toskana geadelt.

Michelangelos *Nacht* auf Giulianos Grab

von Lorenzo dem Prächtigen, und Giuliano de'Medici, des dritten Sohnes von Lorenzo dem Prächtigen. Lorenzo wird als Mann des Denkens dargestellt, Giuliano als Mann der Tat.

In der Cappella dei Principi befinden sich die Gräber von sechs Großherzögen der Medici

KLEINE PAUSE

Am nahe gelegenen **Mercato Centrale** gibt es viele kleine Bars (➤ 71), im südlichen Teil ist das **Caffè Gilli** an der Piazza della Repubblica am besten. Ebenso empfehlenswert sind das **Zanobini** oder das **Casa del Vino** (➤ 81).

198 C4 · Piazza Madonna degli Aldobrandini 6 · 055 238 8602
Di–So sowie 2. und 4. Mo im Monat 8.15–17 Uhr; Feiertage 8.15–13.50 Uhr
1, 6, 17 bis Via Cavour · teuer

CAPPELLE MEDICEE: INSIDER-INFO

Top-Tipps: In den Medici-Kapellen kann es bei Hochbetrieb sehr eng werden, kommen Sie also so früh wie möglich. Oder bestellen Sie eine **Eintrittskarte im Voraus** (Tel. 055 294883).

- Achten Sie beim Besuch des Marktes auf **Taschendiebe**, die in den Straßen um San Lorenzo und in den Cappelle Medicee ihr Unwesen treiben.

Außerdem: Die Cappelle Medicee sind ein Teil der **Kirche San Lorenzo** aus dem 4. Jahrhundert. Sie war die frühere Pfarrkirche der Medici. Die jetzige Kirche wurde im 15. Jahrhundert von Brunelleschi entworfen.

6

Santa Maria Novella

Die zwei großen Kirchen von Florenz sitzen sich wie zwei Wächter zu beiden Seiten der Stadt gegenüber: die Franziskanerkirche Santa Croce im Osten und die Dominikanerkirche Santa Maria Novella im Westen. Santa Maria verfügt zwar nicht über so viele geweihte Gräber wie Santa Croce, dafür kann sich mit ihr kaum eine andere Kirche an Größe, Glanz, wundervollen Fresken oder anderen sehenswerten Kunstwerken messen.

Mit dem Bau der Kirche wurde 1246 begonnen, 1360 war sie beinahe vollendet. Nur die Fassade wurde nicht fertig gestellt, bis 1456 ein Textilhändler namens Giovanni Ruccellaia den Künstler Leon Battisti Alberti mit der Vollendung beauftragte. Den Namen des Förderers kann man zusammen mit seinem Wappen, dem auf hoher See wogenden »Schiff des Glücks«, an der Fassade erkennen. Das Sonnensymbol im Giebel stellt das Wahrzeichen der Dominikaner dar.

Wie das Auge getäuscht wird

Der gewaltige Innenraum wirkt durch einen **perspektivischen Trick** wesentlich größer, als er tatsächlich ist: Die Pfeiler des Mittelschiffs stehen in Richtung des Hochaltars zunehmend enger beieinander. Der geschickte Umgang mit räumlicher Per-

Die reich verzierte Fassade der Santa Maria Novella aus dem 15. Jahrhundert

spektive bringt teilweise auch das bekannteste Gemälde der Kirche, **Masaccios Trinità** (1427), an der linken (Nord-) Wand zwischen den zweiten und dritten Pfeilern, erst richtig zur Geltung. Es ist eines der ersten Renaissance-Gemälde, in dem die Technik der Perspektive künstlerisch und formal gelang.

Die dreidimensionale Wirkung von Massaccios *Trinità*

Weitere Kunstwerke

Weniger bedeutende, aber nicht minder eindrucksvolle Gemälde lassen sich in den Seitenkapellen auf beiden Seiten des Hochaltars finden. In der ersten Seitenkapelle rechts vom Altar sieht man einen Freskenzyklus von Filippino Lippi, der das ***Leben des hl. Philipps des Apostels*** darstellt (1489–1502). Das **Grab** (1491–95) von **Filippo Strozzi**, einem reichen Bankier, der die Fresken in Auftrag gegeben hatte, ist eine besonders fein gefertigte Arbeit von Benedetto da Maiano, die sich im hinteren Bereich der Kapelle befindet. Die Kanzel schmücken noch beeindruckendere **Fresken** (1485–90) des Künstlers Domenico Ghirlandaio. Die **Cappella Strozzi** auf der linken Seite der Kanzel ist mit Fresken (1500–07) von Nardo di Cione verziert.

KLEINE PAUSE

Für ein leichtes Mittagessen sollten Sie das **Belle Donne** (➤ 79) oder das **Caffè Amerini** (➤ 80) besuchen.

Santa Maria Novella
198 B4 · Piazza Santa Maria Novella · 055 215918 · Mo–Do, Sa 9.30–17.30 Uhr, Fr und So 13–17 Uhr · 1, 14, 17, 22, 23 · mittel

Museo di Santa Maria Novella
198 B4 · Piazza Santa Maria Novella · 055 282187 · Mo–Do, Sa–So 9–14 Uhr · 1, 14, 17, 22, 23 · preiswert (mit Carnet)

SANTA MARIA NOVELLA: INSIDER-INFO

Top-Tipp: Santa Maria liegt in der Nähe des Hauptbahnhofs. Gehen Sie also zu Beginn oder am Ende Ihrer Reise dorthin, falls Sie mit dem Zug reisen sollten.

Außerdem: Links von der Stirnseite Santa Marias befindet sich der Eingang zum Museo di Santa Maria Novella. Zu seinen Höhepunkten zählen ein Kreuzgang mit ausgebleichten Fresken von Paolo Uccello sowie die Cappellone degli Spagnoli, die mit überwältigenden Fresken in gewaltigen Ausmaßen (1367–69) von dem ansonsten wenig bekannten Andrea da Firenze ausgemalt wurde.

7

Piazza del Duomo

Die Piazza del Duomo bietet eine herrliche Bühne für den Duomo, die Taufkapelle und den Campanile, den Glockenturm des Doms. Zur östlichen Seite hin öffnet sie sich noch zum Museo dell'Opera del Duomo, einem Museum mit eindrucksvollen Gemälden und Skulpturen, die über Jahrhunderte aus den Hauptgebäuden der Piazza zusammengetragen wurden.

Der Duomo

Mit den Bauarbeiten zum majestätisch anmutenden und farbenprächtigen Duomo wurde 1296 begonnen. Er ersetzte eine frühere Kirche aus dem 7. Jahrhundert, die an der gleichen Stelle stand. Die Errichtung des Duomo erstreckte sich über einen langen Zeitraum: Filippo Brunelleschis Dom, ein Wunderwerk mittelalterlicher Baukunst, wurde erst in den späten Sechzigerjahren des 15. Jahrhunderts vollendet. Die reich verzierte Fassade wurde vor nicht allzu langer Zeit, im Jahre 1887, hinzugefügt. Der Höhepunkt eines jeden Besuches jedoch ist die

Die Kuppel des Doms von Florenz gilt als Wunderwerk mittelalterlicher Baukunst; bis heute sind noch viele der damaligen Bautechniken unbekannt

Domkuppel, deren Zugangsweg über einen gesonderten Eingang, auf der rechten (südlichen) Seite des Mittelschiffs, zu erreichen ist. Eng und bedrückend gestaltet sich der Aufstieg über die mehr als 400 Stufen, dafür wird man mit einem atemberaubenden Ausblick auf Florenz belohnt. Der Innenraum des Doms wirkt bei erster Betrachtung zunächst nüchtern, doch im Halbdunkel verbergen sich außergewöhnlich schöne Gemälde und Kunstwerke.

Die Taufkapelle

Die zweitgrößte Sehenswürdigkeit auf der Piazza del Duomo ist die **Taufkapelle** *(battisterio)*, das älteste erhaltene Gebäude in Florenz. Wann die Kapelle genau gebaut wurde, ist heute unbekannt; frühere Chronisten vermuten, dass es sich ursprünglich um einen römischen Marstempel aus dem 1. Jahrhundert handelte. Wahrscheinlich stammt die Taufkapelle aus dem 8. oder 9. Jahrhundert, ihre aufwändige Marmorfassade wurde zwischen 1059 und 1128 hinzugefügt. Die Höhepunkte der **Fassade** sind die drei Türgruppen. Die südlichen Pforten (1328–36) wurden von einem Bildhauer aus Pisa namens Andrea Pisano gestaltet; die nördlichen Pforten (1403–24) und die östlichen Pforten (1425–52) gestaltete der Florentiner Lorenzo Ghiberti.

Eindrucksvolle Mosaikbilder von Christus wachen über den Innenraum der Taufkapelle

Auch der **Innenraum** der Taufkapelle nimmt Besucher sofort gefangen. Wenn man den Blick entlang der recht kargen Wände – zwischen denen Granitsäulen, die vom alten römischen Kapitol Florenz' herbeigeschafft wurden – nach oben schweifen lässt, enthüllt sich ein prächtiges Mosaik aus dem 13. Jahrhundert, das Motive aus dem Leben Christi, Josefs und Johannes des Täufers zeigt. Rechts von der den Raum bestimmenden Apsis *(scarsella)* an der nördlichen Wand liegt die **Grabstätte**

Giottos Campanile wurde aus weißem und rosafarbenem toskanischem Marmor erbaut

von Baldassare Cossa, ein Werk Donatellos und seines Schülers Michelozzo. Cossa war ein Anwärter auf den Papststuhl und ein Freund der Medici-Familie; er verstarb 1419 in Florenz.

Der Campanile

Nur wenige Besucher sind in der körperlichen Verfassung, sowohl die Domkuppel als auch den 85 Meter hohen Campanile (1334–59) zu besteigen. Dennoch ist der Ausblick am Ende der 414 Stufen mindestens genauso gut, wenn nicht sogar besser als die Aussicht von der Domkuppel – und wenn auch nur, weil man vom Campanile die Domkuppel und die achteckige Taufkapelle bewundern kann. Der Glockenturm ist ein Entwurf von Giotto.

KLEINE PAUSE

Lassen Sie die überfüllten und viel zu teuren Cafés an der Piazza links liegen und gehen Sie stattdessen lieber ins **Caffè Italiano** (➤ 81).

Duomo
199 D4 Piazza del Duomo 055 230 2885 Mo–Fr 10–17 Uhr, So 13–17 Uhr (1. Sa im Monat 10–15.30 Uhr) A, 1, 6, 14, 17, 23 frei

Domkuppel
199 D4 Piazza del Duomo 055 230 2885 Mo–Fr 8.30–19 Uhr (letzter Einlass 18.20 Uhr), Sa 8.30–17.40 Uhr A, 1, 6, 14, 17, 23 mittel

Taufkapelle
198 C4 Piazza del Duomo–Piazza di San Giovanni 055 230 2885 Mo–Sa 12–19 Uhr, So 8.30–14 Uhr A, 1, 6, 14, 17, 23 preiswert

Campanile
198 C4 Piazza del Duomo 055 230 2885 April–Okt. tägl. 8.30–19.30 Uhr (letzter Einlass 18.50 Uhr); Nov.–März tägl. 9–17 Uhr (letzter Einlass 16.20 Uhr) A, 1, 6, 14, 17, 23 mittel

PIAZZA DEL DUOMO: INSIDER-INFO

Top-Tipps: Die **Menschenschlangen** vermeiden Sie, indem Sie die Domkuppel und den Campanile möglichst zu einer frühen Uhrzeit besichtigen.
- Die **Taufkapelle** ist nur am Sonntag vor der Mittagszeit geöffnet. An diesem Tag ist der Einlass bereits um 8.30 Uhr.
- **Campanile und Domkuppel** öffnen bereits vor dem Dom selbst. Sparen Sie Zeit, indem Sie sie vor dem Dombesuch besteigen.

Außerdem: Das Museo dell'Opera del Duomo (➤ 72) beherbergt, nach dem Museo Nazionale del Bargello (➤ 62), die beste Sammlung von **Skulpturen aus dem Mittelalter und der Renaissance**.

10

Museo Nazionale del Bargello

Das Museo Nazionale del Bargello, einst ein Palast und Gefängnis, kann auf die beste Sammlung italienischer Renaissance-Skulpturen stolz sein und verfügt über herausragende Werke von Donatello, Michelangelo und anderer Künstler. Außerdem befindet sich hier eine schöne, wenngleich kaum bekannte Sammlung von Kunsthandwerk.

Das Museumsgebäude ist der Palazzo del Bargello, ein prächtiger mittelalterlicher Palast, der 1255 als Sitz des Podestà, des obersten Stadtbeamten, eingeweiht wurde. Seinen heutigen Namen erhielt das Gebäude 1574, als das Amt des Podestà von den Medici abgeschafft wurde und zum Bargello, dem Amt des obersten Polizeibeamten, umfunktioniert wurde.

Giambolognas oft imitierter *Merkur* – anmutig fließende Bewegung in Bronze gegossen

Einzigartige Skulpturen in der *loggia* des Bargello

Gleich nach dem Passieren der Kasse betritt man einen einzelnen Raum mit Skulpturen, der so manches Museum vor Neid erblassen lassen würde. Herausragend sind vor allem die Arbeiten Michelangelos, darunter die sicherlich auffallendste Skulptur, die *Figur des trunkenen Bacchus* (1496–97), die der Künstler im Alter von 22 Jahren schuf. Andere Arbeiten des Meisters sind die *Pitti Tondo* (1504), ein zierliches Flachrelief, das die Madonna mit Kind zeigt; eine Figur von **David** oder **Apoll** (1503–32) – Kritiker können die Identität der Figur nicht genau zuordnen – und ein Porträt von **Brutus** (1539–40), die einzige Porträtbüste, die Michelangelo je vollendet hat. Auf keinen Fall sollte man im selben Raum die Arbeiten aus dem 16. Jahrhundert von Benvenuto Cellini, einem bemerkenswerten Bildhauer und Goldschmied, und von Giambologna, insbesondere dessen kleine Figur des **Merkur** (1564), verpassen.

Von diesem ersten Raum gelangt man in den **Innenhof** des Bargello, der früher als Hinrichtungsplatz genutzt wurde. Die Treppen des Innenhofs führen in eine *loggia*, in der eine Menagerie von Bronzetieren des aus Frankreich stammenden Bildhauers Giambologna ausgestellt ist. Rechts von der Loggia führt ein Weg zum **Salone del Consiglio Maggiore**, der die Höhepunkte früher florentinischer Renaissance-Skulpturen beherbergt. Hier sind die bedeutendsten Werke, u. a. eine vielfältige Sammlung von Meisterwerken Donatellos. Davon seien hier eine androgyne Bronzestatue des *David* (1430–40), eine frühere Marmorfassung (1408) der Statue, ein heldenhafter *hl. Georg* (1416), die dem Cupido verwandte Figur des *Amor-Atys* (1430–40) und eine Porträtbüste des Soldaten Niccolò da Uzzano erwähnt.

KLEINE PAUSE

Gehen Sie einige Minuten südlich des Bargello über die Via del Proconsolo zur **Bar San Firenze**, die sich in einem Palazzo aus dem 15. Jahrhundert befindet (Piazza San Firenze 1r; Tel. 055 211 426; im Winter So geschl.).

199 D3 · Via del Proconsolo 4 · 055 238 8606 · Di–Sa, 2. und 4. So im Monat, 1., 3. und 5. Mo im Monat, 8.15–13.50 Uhr (letzter Einlass 13.20 Uhr) · A, 14, 23 · mittel

MUSEO NAZIONALE DEL BARGELLO: INSIDER-INFO

Top-Tipp: Die **kunsthandwerklichen** Gegenstände verdienen mindestens ebenso viel Beachtung wie die Skulpturen.

Außerdem: Die **Abtei Badia Fiorentina** aus dem 10. Jahrhundert liegt genau gegenüber dem Bargello. Trotz unregelmäßiger Öffnungszeiten lohnt es sich, die dortigen Kunstwerke zu bewundern: das Gemälde *Die Jungfrau Maria erscheint dem hl. Bernhard* (1485) von Filippino Lippi, Skulpturen aus dem 15. Jahrhundert von Mino da Fiesole und ein Freskenzyklus über das Leben des hl. Benedikt (von einem unbekannten Künstler) im Kreuzgang der Abtei (zu dem man über eine Tür rechts vom Hochaltar gelangt).

13

Piazza della Signoria

Der zweite große Platz von Florenz hatte lange Zeit mehr städtische als religiöse Bedeutung. Außer der Tatsache, dass der beeindruckende Palazzo Vecchio über 700 Jahre dort als Regierungssitz diente, ist er auch für seine zahlreichen bezaubernden Wasserfontänen und seine monumentalen Figuren bekannt, die im Laufe der Jahrhunderte von den florentinischen Herrschern in Auftrag gegeben worden waren.

Die Piazza della Signoria gibt es seit dem 13. Jahrhundert, als die Stadt den Baugrund zur Errichtung des Palazzo dei Priori (1299–1315) zuwies. Aus dem Ratsgebäude entstand der heutige Palazzo Vecchio. Die Piazza wurde im Lauf der Jahrhunderte mehrfach vergrößert und verändert, daher auch die unregelmäßige Form des Platzes. Die größten Umbauarbeiten fanden im 14. Jahrhundert statt, um Raum für die Loggia della Lanzi (auch als Loggia dei Signori bekannt) auf der Südseite zu schaffen, und 1560, als Cosimo I. di Medici Säuberungsarbeiten an den Uffizien vornehmen ließ. Außerdem wurden am südlichen Ende einige Amtsgebäude errichtet.

Bandinellis *Herkules und Cacus* auf der Piazza della Signoria

Statuen und Fontänen

Die **Statuen und Fontänen** befinden sich auf der Ostseite des Platzes. Von links nach rechts betrachtet, entdecken Sie das Reiterstandbild von Cosimo I. di Medici (1594–98) von Giambologna und die Fontana del Nettuno (1563–75) von Bartolomeo Ammanati, dessen zentrale Figur ebenfalls eine idealisierte Darstellung von Cosimo I. di Medici zeigt. Danach folgen die Kopien zweier Arbeiten von Donatello: *Il Marzocco* (1418–20), eine Darstellung des Marzocco (Löwe), des Wappentiers von Florenz, und *Judith und Holofernes* (1456–60). Die Originale der beiden Werke befinden sich im Palazzo Vecchio. Die beiden letzten

PIAZZA DELLA SIGNORIA: INSIDER-INFO

Top-Tipps: Besuchen Sie die **Kirche von Orsanmichele** (➤ 72), die zwischen der Piazza del Duomo und der Piazza della Signoria an der Via dei Calzaiuoli liegt.

- Ein **»Carnet«** (Ticket mit einjähriger Gültigkeit) bietet 50 Prozent Ermäßigung auf die Eintrittspreise des Palazzo Vecchio und anderer Sehenswürdigkeiten.
- **Kostenlose Merkblätter** in Deutsch sind an der Kasse erhältlich.

Außerdem: Die Sala degli Gigli ist nach ihrer Lilienverzierungen *(gigli)* benannt. In diesem Saal sind vor allem die geschnitzte Decke (1472–76) von Giuliano und Benedetto da Maiano und ein Freskenzyklus von Ghirlandaio sehenswert. Später hinzugefügte Attraktionen im Palazzo Vecchio umfassen einen Multimediabereich, ein **Kindermuseum** und Führungen durch **Geheimgänge**.

bedeutenden Statuen sind Kopien von Michelangelos *David* (➤ 54) und die Figuren von *Herkules und Cacus* (1534) von Baccio Bandinelli, die als Ergänzung zum *David* gestaltet wurden.

Setzen Sie Ihren Weg nun nach rechts fort, und schlendern Sie über die **Loggia dei Lanzi**, einen luftigen überdachten Platz, der 1376 errichtet wurde, um die Würdenträger der Stadt während Prozessionen und Feierlichkeiten vor Wind und Wetter zu schützen. Die schönste der dort aufgestellten Statuen ist die Bronzearbeit *Perseus* (1545) mit dem abgetrennten Haupt der Medusa in der Hand von Benvenuto Cellini.

Palazzo Vecchio

Man betritt den Palazzo Vecchio durch einen sehr ansprechend gestalteten zentralen **Innenhof** (1553–74), eine Arbeit von Giorgio Vasari. Im ersten Stock befindet sich der riesige **Salone dei Cinquecento**, der in früheren Zeiten das wichtigste Ratszimmer war. Dieses führt zum Studiolo di Francesco I. (1569–73), einem Arbeitszimmer für den Sohn von Cosimo I., und einem Werk von Michelangelo, *Sieg*, aus dem Jahre 1525. Zu den weiteren Höhepunkten zählen u. a. einige Zimmerfluchten, die mit **Fresken** beeindrucken, insbesondere die Cappella di Eleonora, die Sala dell' Udenzia und die Sala dei Gigli.

Detail von Ammanatis Fontana del Nettuno (Neptunbrunnen)

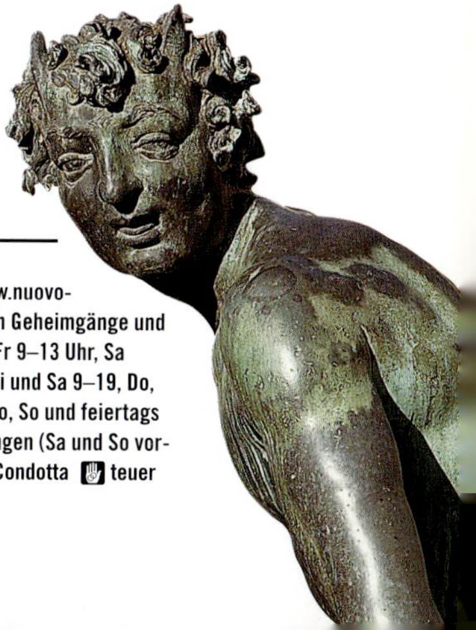

KLEINE PAUSE

Im Palazzo Vecchio gibt es ein **Café** in den Quartiere degli Elementi und der Terrazza di Saturno im zweiten Stock. Das **Rivoire** ist ein berühmtes altes Café mit Sitzgelegenheiten im Freien auf der Piazza della Signoria (➤ 81).

Palazzo Vecchio

199 D3 · Piazza della Signoria · 055 276 8325; www.nuovo-palazzovecchio.org; Reservierungen für eine Führung durch Geheimgänge und Veranstaltungen im Kindermuseum · 055 276 8224, Mo–Fr 9–13 Uhr, Sa 15–19 Uhr · Mitte Juni–Mitte Sept., Mo und Fr 9–11, Di, Mi und Sa 9–19, Do, So und feiertags 9–14 Uhr; restl. Jahr Mo–Mi, Fr, Sa 9–19, Do, So und feiertags 9–14 Uhr; Geheimgänge: tägl. 6 Führungen; Mo–Fr 9 Führungen (Sa und So vormittags) · B zur Piazza della Signoria oder A zur Via della Condotta · teuer

14

Santa Croce

Man kann zu Recht sagen, dass Santa Croce die bedeutendste Kirche in Florenz ist. Sie ist für ihre außergewöhnlichen Kunstschätze – u. a. bemerkenswerte Freskenzyklen von Giotto und anderen mittelalterlicher Meistern – wie auch für die Grabstätten der prominentesten Persönlichkeiten der Stadt, u. a. Michelangelo, Galileo und Machiavelli, bekannt. Die Kirche wurde für die Franziskaner erbaut, als Antwort auf die Errichtung von Santa Maria Novella, der Kirche der Dominikanermönche.

Das *Bankett des Herodes* ist eines der Meisterwerke in Santa Croce

Santa Croce wurde wahrscheinlich 1294 von Arnolfo di Cambio entworfen, dem Architekten, der auch den Dom und den Palazzo Vecchio gestaltete. Die vielen Gräber und sorgfältig ausgestalteten Kapellen wurde von reichen Florentinern, vornehmlich Leuten aus dem Bankgeschäft, finanziert: Sie waren sehr darauf bedacht, neben den bußfertigen Franziskanermönchen begraben zu werden, um das Stigma sündiger Wuchergeschäfte oder des Zinsverleih auszugleichen.

Berühmte Grabstätten

Hier wurden jedoch nicht nur Leute aus dem Bankgeschäft begraben: Die erste Grabstätte auf der rechten Seite an der rechten (südlichen) Wand ist das Grab **Michelangelos**. Er ist auf eigenen Wunsch nahe am Eingang begraben worden, damit er bei seiner Auferstehung am Jüngsten Tag als Erstes Brunelleschis Domkuppel erblicken könne. Beinahe längsseits daneben liegt ein Gedenkstein für **Dante**, den florentinischen Dichter, der in Ravenna an der Adriaküste starb und auch dort begraben liegt. Nur wenige Meter weiter befindet sich das Grab ***Machiavellis***. Das Grab des Astronomen **Galileio** liegt an der Wand gegenüber, ebenfalls in der Nähe des Kircheneingangs.

Fresken und Gräber

Die Hauptkunstwerke stellen zwei **Freskenzyklen von Giotto** dar. Sie befinden sich in den zwei Kapellen rechts des Hauptaltars: der Capella Bardi, die mit *Begebenheiten aus dem Leben des hl. Franziskus* (1315–20) verziert ist, und, rechts davon, der Capella Peruzzi, die mit *Begebenheiten aus dem Leben des hl.*

SANTA CROCE: INSIDER-INFO

Top-Tipp: Verweilen Sie beim Eintreten kurz im Eingangsbereich von Santa Croce, um ihre **Größe** in vollem Umfang sowie ihre eindrucksvolle Holzdecke auf sich wirken zu lassen.

Außerdem: Rechts von Santa Croce (wenn Sie vor der Fassade stehen) befindet sich der Eingang zum **Museo dell'Opera di Santa Croce** (Kirchenmuseum) und der Cappella dei Pazzi (1429–70), dem früheren Domkapitel der Kirche. Das Museum besitzt Arbeiten von Donatello und Cimabue; die Kapelle stellt eine der besten architektonischen und kunsthandwerklichen Gesamtkunstwerke der frühen Renaissance dar. Ihr Entwurf stammt von Brunelleschi, Architekt der Domkuppel; die Ausgestaltung von Luca della Robbia und anderen Künstlern.

Johannes und Johannes des Täufers (1326–1330) ausgeschmückt ist. Weitere bedeutende **Zyklen aus dem 14. Jahrhundert** von Taddeo und Agnolo Gaddi, zwei Anhängern Giottos, bereichern die Cappella Castellani und die Cappella Baroncelli, zwei zur rechten Seite angrenzende, im südlichen Querschiff liegende Kapellen. Lassen Sie keinesfalls die anderen **Fresken aus dem 14. Jahrhundert** aus. Sie gruppieren sich rund um den Altarraum und in den Räumen des rechten Querschiffes. Unbedingt sehenswert sind auch die zwei künstlerisch einflussreichen **Renaissance-Gräber**, die sich an der Spitze des Hauptschiffes auf zwei Seiten gegenüberliegen.

KLEINE PAUSE

Die Piazza Santa Croce bietet viele Cafés, die nahe gelegene **Enoteca Baldovino** (➤ 78) besitzt aber mehr Flair. In der Nähe von Santa Croce sollten Sie sich unbedingt ein Eis von der berühmten **Gelateria Vivoli** gönnen, das viele immer noch für das »beste Eis Italiens« halten (➤ 81).

Santa Croce
✚ 100 E3 ✉ Piazza Santa Croce ☎ 055 244 619 ◷ Mai–Sept. Mo–Sa 9.30–17.30 Uhr, So 15–17.30 Uhr; Okt.–April Mo–Sa 8–12.30, 15–17.30 Uhr, So 15–17.30 Uhr 🚌 B, 23 ✋ frei

Museo dell'Opera di Santa Croce–Cappella dei Pazzi
✚ 199 E2 ✉ Piazza Santa Croce 16 ☎ 055 244 619 ◷ März–Okt. Mo–Di, Do–So 10–19 Uhr; Nov.–Feb. 10–18 Uhr 🚌 B, 23 ✋ mittel

15

Galleria degli Uffizi

Die Galleria degli Uffizi, überall als Uffizien bekannt, besitzt nicht nur eine der weltweit größten Sammlungen italienischer Renaissance-Kunst, sondern auch außergewöhnliche Gemälde aus anderen Epochen und anderen europäischen Ländern.

Der riesige Palast, der die Kunstgalerie der Uffizien beherbergt, wurde 1560 von Giorgio Vasari als Bürotrakt *(uffizi)* für Cosimo I. de' Medici errichtet. Die Gemälde stellen den größten Teil der **Privatsammlung der Medici** dar, die sie über viele Jahrhunderte erworben hatten, aber der Stadt Florenz überließen.

Seien Sie auf ein großes Gedränge gefasst, besonders vor den Werken von Botticelli in den Räumen 10–14. Dennoch sollten Sie nicht die frühen Meisterwerke auslassen: Die drei Bilder, in Raum 2, stellen die ***Maestà*** oder auch *Die erhabene Madonna* dar. Sie stammen von drei großartigen Malern des 13. Jahrhunderts: Duccio, einem Meister aus Siena, und zwei Künstlern, die in Florenz arbeiteten, Giotto und Cimabue. In den Räumen

Paolo Uccellos *Schlacht von San Romano* (1456)

3–6 befinden sich weitere Höhepunkte von Künstlern aus Siena. Wichtig sind die glanzvoll gestaltete ***Verkündigung*** (1333) von Simone Martini sowie Arbeiten von Pietro und Ambrogio Lorenzetti. Diese zwei Maler wurden vom Schwarzen Tod, der Pest, die 1348 auch in der Toskana wütete, dahingerafft. Achten Sie auf die Details und Farbenpracht in den Gemälden *Anbetung der Jungfrau Maria* von Gabriele da Fabriano (1423) und *Krönung der Jungfrau Maria* (1413) von Lorenzo da Monaco.

Besorgen Sie sich für die Uffizien rechtzeitig Eintrittskarten, um nicht in der Warteschlange stehen zu müssen

In Raum 7 sind Werke früher Renaissance-Künstler ausgestellt; darunter Gemälde von Piero della Francesca, Masaccio und Paolo Uccello, dessen ***Schlacht von San Romano*** (ca. 1456) perspektivisch unnachahmlich gelungen ist. Dieser Raum wird von den Räumen 10–14 übertroffen.

Hier versammeln sich Schätze von Sandro Botticelli: ***Primavera*** (1478) und ***Die Geburt der Venus*** (1485). Diese Meisterwerke sind in ihrer Bildersprache mehr an klassischen Mythen als an religiösen Geschichten angelehnt. Zwei Gemälde des aus Vinci, einem kleinen Dorf in der Hügellandschaft westlich von Florenz, stammenden Leonardo da Vinci, ***Die Verkündigung*** und ***Anbetung der drei Weisen aus dem Morgenland***, sind in Raum 15 zu finden.

In den verbleibenden Räumen finden Sie zahlreiche weitere Höhepunkte. Halten Sie besonders nach folgenden Kunstwerken Ausschau: *Medici Venus* (Raum 18), einem der erotischsten Bilder des 3. Jahrhunderts; dem *Heiligen Gleichnis* von 1490 (Raum 21) des Venezianers Giovanni Bellini; Doni Tondi (1505), dem einzigen Gemälde von Michelangelo im Besitz der Uffizien; den Arbeiten von Raphael im Raum 26; der *Venus von Urbino* (1538), einem Akt, von Tizian in Rom gemalt; und den Gemälden von Van Dyck, Caravaggio, Rubens, Rembrandt und anderen Künstlern in den letzten sechs Räumen.

Die atemberaubende Architektur der Uffizien ist fast so beeindruckend wie die ausgestellten Gemälde

KLEINE PAUSE

Das Kunstmuseum hat eine gute **Café-Bar**, Sie können aber auch ins nahe gelegene **Rivoire** oder ins **Caffè Italiano** (➤ 81) gehen.

---

198 C3 ✉ Loggiata degli Uffizi 6, bei der Piazza della Signoria ☎ 055 238 8651 Mitte Juni–Sept. Di–So 8.15–18.50 Uhr, So 8.15–22 Uhr; Mo geschl.; Corridoio-Vasariano-Führungen: Fr–So vormittags und früher Nachmittag; Anmeldung erforderlich (Tel. 055 265 4321) B oder 23 teuer

GALLERIA DEGLI UFFIZI: INSIDER-INFO

Top-Tipps: Mit langen Warteschlangen müssen Sie zu jeder Jahreszeit und an jedem Tag rechnen. Vermeiden können Sie diese nur, wenn Sie Ihre **Eintrittskarte und die Besuchszeit im Voraus buchen** (Tel. 055 294 883; Mo–Fr 8–18.30 Uhr, Sa 8–12.30 Uhr). Sie erhalten dann eine Reservierungsnummer für den genauen Tag und die genaue Uhrzeit. Eintrittskarten sind am Treffpunkt für Vorbestellungen links vom Haupteingang zurückgelegt. Es wird Ihnen dafür eine kleine zusätzliche Vorverkaufsgebühr berechnet.

- Den Vorbestellungsservice für Eintrittskarten gibt es nicht nur für die Uffizien, sondern für alle **staatlichen florentinischen Museen**.
- Falls es Ihnen die Zeit erlaubt, dann besuchen Sie die Uffizien **zweimal**: einmal, um die italienischen Gemälde in den Räumen 1–15 zu sehen, und ein zweites Mal, um die übrigen Gemälde anzuschauen.

Außerdem: Sie können die **Corridoio Vasariano**, einen ganz besonders schönen mit Gemälden bestückten Übergang, besichtigen. Er wurde im 16. Jahrhundert von Giorgio Vasari erbaut, um die Uffizien mit dem Palazzo Pitti zu verbinden (➤ 75).

Nach Lust und Laune!

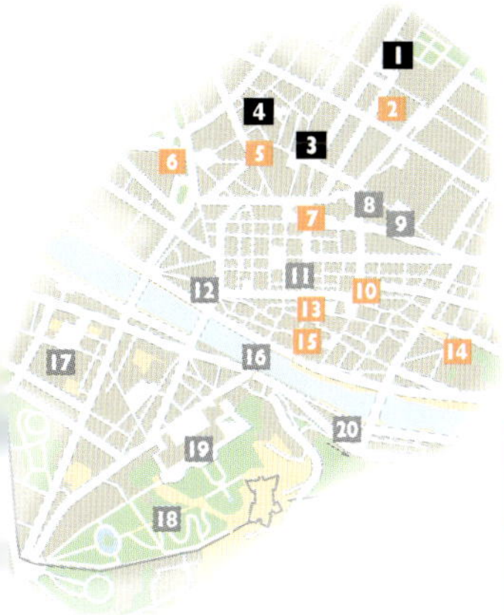

1 Museo di San Marco

Das Museum liegt nördlich von allen anderen Sehenswürdigkeiten in Florenz, doch von allen »nachrangigen« Attraktionen in der Stadt ist dieses Museum zweifellos am sehenswertesten. Fast alle Ausstellungsstücke des früheren Dominikanerklosters sind Gemälde von Fra Angelico, einem Mönch, früheren Prior des Klosters und einem der vorzüglichsten Maler der Frührenaissance. In der Hauptabteilung des alten Klosters, dem Ospizio dei Pellegrini, stellen das Altargemälde von San Marco (1440) und die *Madonna dei Linaiuoli* (1433) die Höhepunkte dar. Das *Letzte Abendmahl* von Domenico Ghirlandaio (1480) im Refettorio Piccolo (kleiner Speiseraum) sollten Sie ebenso auf keinen Fall auslassen. Im ersten Stock begrüßt Sie Angelicos *Verkündigung*, die als Einstimmung auf eine Reihe kleiner Mönchszellen gedacht ist. Jede davon besitzt ein Bild Angelicos oder eines seiner Schüler.

199 D5 Piazza San Marco 3 055 238 8608 Mo 8.15–13.50 Uhr, Di–Fr 8.15–13.50 Uhr (letzter Einlass um 13.20 Uhr), Sa und So 8.15–19 Uhr, 3. u. 5. Mo im Monat 15 und 17 Uhr 1, 5, 17 zur Piazza San Marco; 11 von San Marco ins Stadtzentrum mittel

3 Palazzo Medici Riccardi

Dieser Palast gehörte den Medici auf dem Höhepunkt ihrer Macht. Für Cosimo den Älteren 1462 fertig gestellt, sollte er der Wohnsitz der Familie bis 1540 bleiben; dann zog Cosimo I. de'Medici in den Palazzo Vecchio. Während das beeindruckende Äußere erhalten blieb, überlebte im Innenbereich nur ein kleiner Teil des einstigen Glanzes – die kleine Capella dei Magi mit Fresken von Benozzo Gozzoli aus dem Jahre 1460.

198 A4 Via Cavour 3 Kartenvorbestellungen unter 055 276 0340 Mo, Di und Do–So 9–19 Uhr 1, 6, 17 bis zur Via Cavour und alle Linien zur Piazza Duomo mittel

4 Mercato Centrale

Dieser riesige Lebensmittelmarkt ist einer der größten in Europa. Er wurde 1874 eröffnet und hat seitdem Touristen und Einheimische gleichermaßen mit seinem Aufgebot an Obst und anderen Köstlichkeiten betört. An den Verkaufsständen kann man sich

Saftige italienische Tomaten an einem Verkaufsstand auf dem Mercato Centrale

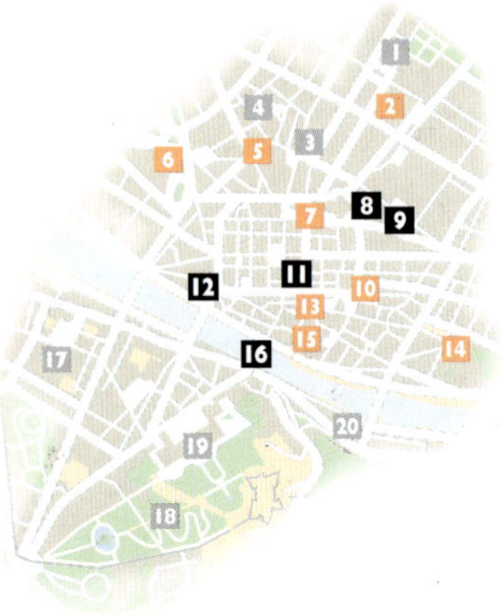

hervorragend für ein Picknick eindecken oder Geschenke einkaufen; doch auch wenn Sie nichts kaufen möchten, besuchen Sie den Markt, um Bilder und Düfte aufzunehmen. Ein Besuch lässt sich idealerweise mit der Besichtigung von San Lorenzo oder den Cappelle Medicee verbinden (➤ 55).

198 C5 Piazza del Mercato Centrale Mo–Sa 7–14 Uhr (im Winter auch Sa 16–18 Uhr) 1, 6, 7 zur Via Cavour und Verbindungen zur Piazza del Duomo frei

8 Museo dell'Opera del Duomo

Die Opera del Duomo wurde als Körperschaft, deren vornehmliche Aufgabe darin bestand, sich um den Dom, die Taufkapelle und den Campanile zu kümmern, 1296 gegründet (➤ 59). Seit 1891 beherbergen die Hauptgebäude östlich des Doms das Museum. Es ist angefüllt mit Kunstwerken aus 700 Jahren, die entweder gestiftet oder aus Sicherheitsgründen aus Gebäuden der Piazza verlagert werden mussten. Höhepunkte sind hauptsächlich Skulpturen aus dem Mittelalter oder der Renaissance, außerdem sind dort Schätze an Gemälden, Gold- und Silbergegenständen, illustrierte Handschriften und andere Kunsterzeugnisse angehäuft. Als wertvollster Schatz gilt die *Pietà* (1550–53) von Michelangelo. Andere sehenswerte Arbeiten sind unter anderem Donatellos *Maria Magdalena* (1453–55), Lorenzo Ghibertis restaurierte Bronzetäfelungen der Ostpforten der Taufkapelle sowie die meisten der Flachreliefs von Andrea Pisano und della Robbia aus dem Campanile.

199 D4 Piazza del Duomo 9 055 230 2885 April–Okt. Mo–Sa 9.30–19.30 Uhr, So 9–13.40 Uhr; Nov.–März Mo–Sa 9–17.20 Uhr, So 8.30–14 Uhr 14, 23 mittel

9 Museo di Firenze com'era

Das »Museum von Florenz, wie es einmal war« ist ein winziges Kleinod, nur einen kurzen Weg vom Museo dell'Opera del Duomo entfernt. Das Museum kann man in kurzer Zeit besichtigen. In der Ausstellung befinden sich zwölf der reizvollsten Gemälde (1555), die Florenz zu bieten hat. Sie stammen aus Villen der Medici und sind vom flämischen Künstler Justus Utens (gest. 1609). Beachtung verdient auch die *Pianta della Catena* (Kartenreihe), die Kopie einer Darstellung von Florenz aus der Vogelperspektive im Jahr 1470.

199 D4 Via dell'Oriuolo 055 261 6545 Mo–Mi, Fr–So 9–14 Uhr A zum Borgo degli Albizzi oder A, 14 oder 23 zur Via del Proconsolo preiswert

Eine Kopie von Verrocchios *hl. Thomas* an der Fassade von Orsanmichele

Arkadengeschäfte auf dem Ponte Vecchio, die sich im Arno widerspiegeln

11 Orsanmichele

Die Kirche von Orsanmichele wird von Touristen oft nicht gefunden. Sie befindet sich hinter der Via dei Calzaiuoli, ist aber leichter zugänglich, wenn Sie den Weg zwischen der Piazza del Duomo und der Piazza della Signoria nehmen (➤ 59).

Seine künstlerische Bedeutung verdankt das Gebäude Statuen aus dem frühen 15. Jahrhundert, die in 14 Außennischen gruppiert sind. Diese wurden von den mittelalterlichen Zünften von Florenz in Auftrag gegeben. Man kann sie gewiss als einige der wichtigsten Standbilder ihrer Zeit bezeichnen. Geschaffen wurden sie von den bedeutendsten Künstlern ihrer Zeit – Donatello, Ghiberti, Michelozzo, Brunelleschi und Verrocchio. Heute sind viele der ausgestellten Stücke Kopien, die Originale wurden aus Sicherheitsgründen in Museen, wie zum Beispiel den Bargello, gebracht (➤ 62). Die Kircheninnenwände sind mit ausgebleichten Fresken, die ebenfalls die Zunftheiligen darstellen, ausgeschmückt. Das Hauptschiff wird von einem kostbaren Schrein (1355–59) von Orcagna bestimmt, auf dem ein Gemälde der *Madonna delle Grazie* (1347) von Bernardo Daddi zu sehen ist.

198 C3 · Via dei Calzaiuoli–Via dell'Arte della Lana · 055 284 944 · Mo–Fr 9–12, 16–18 Uhr, Sa–So 9–13 Uhr, 16–18 Uhr, 1., letzter Mo im Monat geschl. · A und Verbindungen zur Piazza del Duomo · frei

12 Santa Trìnita

Die Kirche Santa Trìnita aus dem 11. Jahrhundert bietet einen eher bescheidenen Anblick, die Fassade aus dem späten 16. Jahrhundert verbirgt eine hauptsächlich gotische Innenausstattung, die zwischen 1300 und 1330 umgestaltet wurde. Die wirklich wichtigen Arbeiten befinden sich in den Seitenkapellen, einige von unwiderstehlicher künstlerischer Ausdruckskraft. In der Cappella Sassetti, der zweiten Kapelle auf der rechten Seite des Hochaltars, gibt es einen Freskenzyklus aus dem *Leben des hl. Franziskus* (1483–86) von Ghirlandaio zu sehen. Derselbe Künstler ist auch für das Altarbild der Kapelle verantwortlich, die *Anbetung durch die Hirten* (1485), eine vollendete Verschmelzung von heidnischer und christlicher Bilderwelt aus der Renaissance. Die vierte Kapelle auf der rechten (südlichen) Seite der Kirche besitzt einen Freskenzyklus von Lorenzo Monaco – die *Szenen aus dem Leben der Jungfrau Maria* (1420–25).

198 B3 · Piazza Santa Trinità · 055 216 912 · Mo–Sa 8–12, 16–18 Uhr, So 16–18 Uhr · A, B, 6, 11, 36, 37 · frei

16 Ponte Vecchio

Die berühmteste Brücke von Florenz nimmt ihren Platz seit ungefähr 1345 ein, unweit der schmalsten Stelle des Arno in der Stadt. Frühere Brücken an dieser Stelle waren unter anderem eine römische Brücke und zwei hölzerne mittelalterliche Brücken, die während des Hochwassers von 1117 und 1333 weggespült wurden. Dem gleichen Schicksal entging die heutige Brücke nur knapp während der großen Flut von 1966. Sie war 1944 die einzige Brücke, die von der deutschen Wehrmacht, als sie versuchten, den Vormarsch der 5. US-Armee aufzuhalten, nicht in die Luft gesprengt wurde.

198 C3 ✉ Via Por Santa Maria–Lungarno degli Acciaiuoli ⌚ tägl. 🚌 B, 6, 11, 36, 37 ✋ frei

17 Cappella Brancacci

Florenz besitzt unzählige Freskenzyklen, zwei davon üben eine besondere Anziehungskraft aus. Im nördlichen Florenz sind das die Fresken in Gozzolis Palazzo Medici Riccardi, sie fallen besonders durch ihren erzählerischen Schwung auf (► 71). Im Oltrarno-Viertel gehören die Fresken der Cappella Brancacci dazu. Die Fresken bedecken Teile der ansonsten unscheinbaren Kirche Santa Maria del Carmine. Sie wurden 1424 von Felice Brancacci, einem wohlhabenden Diplomaten und Seidenhändler, in Auftrag gegeben. Zu Anfang arbeiteten Masolino da Panicale (1383–1447) und sein 22-jähriger Schüler Masaccio (1401–28) zusammen an diesem Werk. Zwei Jahre nach Beginn des künstlerischen Unterfangens wurde Masolino als offizieller Hofmaler des ungarischen

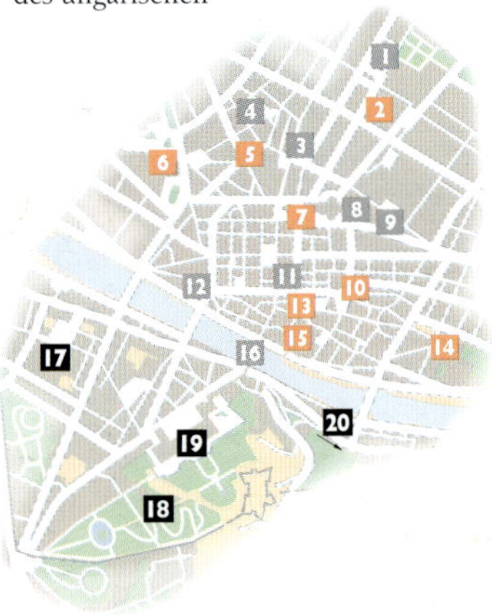

Einer der vielen schattigen Wege im Giardino di Boboli

Herrscherhauses nach Budapest gerufen. In seiner Abwesenheit erblühte Masaccios Schöpferkraft. Masolino kehrte 1427 zurück, folgte aber ein Jahr später einem Ruf nach Rom. Masaccio starb im selben Jahr, und der Auftraggeber Brancacci wurde von den Medici in die Verbannung geschickt. Erst 1480 wurden die Arbeiten von Filippino Lippi wieder aufgenommen. Er vervollständigte den Freskenzyklus so genau im Stile seiner Vorgänger, dass sein Beitrag erst 1838 erkannt wurde. Die erzählerische Kraft, die perspektivische und realitätsnahe Darstellung waren so bis dahin in Florenz noch nie zu sehen gewesen.

198 A3 ✉ Piazza del Carmine ☎ 055 238 2195; Kartenvorbestellung 055 294 883 ⌚ Mo u. Mi–Sa 10–17 Uhr, So 13–17 Uhr ✋ mittel

18 Giardino di Boboli

Der Giardino di Boboli ist die größte Grünanlage der Innenstadt von Florenz und die einzig wirkliche Freifläche, in der man den Straßen entfliehen kann. Hinter dem Palazzo Pitti gelegen, wurde er 1549 angelegt, zu der Zeit, als Cosimo I. de' Medici den Palast bezog. Der Öffentlichkeit wurde er 1776 zugänglich gemacht. Im Hochsommer wirkt er oft ausgedörrt, in den übrigen Jahreszeiten sind seine schattigen Wege, Landschaftsgärten, Blumenbeete, Rasenflächen, Brunnen, Grotten und Statuen eine Wohltat. Der Garten besitzt ein Café, lädt aber auch zu einem Picknick ein.

198 B1 ✉ Zugänge über die Piazza de' Pitti und die Piazzale di Porta Roma ☎ 055 265 1816/1838 April–Mai und Sept. tägl. 8.15–19.30 Uhr; März-Okt. tägl. 8.15–18 Uhr; Juni–Aug. tägl. 8.15 –20 Uhr (letzter Einlass 18.30 Uhr); Nov.–Feb. 8.15–16.30 Uhr; 1. und letzter Mo im Monat geschl. D, 11, 36, 37 preiswert

19 Palazzo Pitti

Die lange in Vergessenheit geratene Familie Pitti hat diesen riesigen Palast im Oltrarno-Viertel ungefähr um 1458 erbauen lassen, aber nachdem Cosimo I. de' Medici ihn 1549 gekauft hatte, war er für viele Jahre die wichtigste florentinische Heimstatt der Medici. Heute beherbergt er verschiedene Museen, zwei davon mit besonderen Ausstellungsschwerpunkten. Im Museo degli Argenti gibt es vor allem Silberwaren *(argento)* zu sehen, daneben sind dort aber auch zahlreiche andere wertvolle Gegenstände, die von den Medici über die Jahrhunderte zusammengetragen wurden, ausgestellt. Die Galleria Palatina besitzt Hunderte unbezahlbarer Gemälde aus der Sammlung der Medici und stellt somit nach den Uffizien das zweitgrößte Kunstmuseum dar (➤ 71). Der Stolz der Sammlung sind Arbeiten von Rafael und Tizian, außerdem Ölgemälde von Filippino Lippi, Caravaggio und anderen bekannten Künstlern.

198 B2 ✉ Piazza de' Pitti ☎ 055 238 8614 Galleria Palatina: Di–So 8.15–18.50 Uhr; Mitte Juni–Mitte Sept. 8.15–22 Uhr D teuer

20 San Miniato al Monte

Die Kirche von San Miniato liegt am weitesten außerhalb von allen florentinischen Hauptsehenswürdigkeiten. Der Weg lohnt sich, denn sie zählt zu den schönsten Gotteshäusern. Nehmen Sie den Bus, oder folgen Sie einem hübschen Weg, der Sie nahe dem Ponte Vecchio bergauf führt und mit einigen unvergesslichen Ausblicken aufwarten kann. San Miniato ist eines der schönsten romanischen Bauwerke der Toskana. Sie wurde 1013 an Stelle einer früheren Kapelle für den hl. Minias, der 250 n. Chr. in Florenz zu Tode gemartert wurde, errichtet. Die Fassade wurde 1207 fertig gestellt – beachten Sie die Statue eines Adlers, der ein Bündel Stoff in seinen Klauen hält, ein Zeichen für die Vertreter der Stoffhändlerzunft. Der Marmorfußboden im Kircheninneren stammt aus dem Jahre 1207, ebenso wie die Kanzel und das Mosaik der Schirmwand und der Altarnische.

198 E1 ✉ Via del Monte alle Croci–Viale Galileo Galilei ☎ 055 234 2731 tägl. 8–12.30, 14.30–19.30 Uhr; Mai–Sept. tägl. 8–19.30 Uhr 12 oder 13 frei

Die Apsis-Mosaiken aus dem 13. Jahrhundert gehören zu den zahlreichen Meisterwerken in San Miniato al Monte

Wohin zum ... Übernachten?

Preise
Für ein Doppelzimmer gelten folgende Preise:
€ unter 90 Euro **€€** 90–155 Euro **€€€** über 155 Euro

In Florenz gibt eine große Hotelauswahl – von einfachen 1-Sterne-Hotels mit Gemeinschaftsbad bis hin zu luxuriösen Villen. Für die meisten Monate im Jahr ist es unbedingt nötig, im Voraus zu buchen, vor allem in den mittleren Preislagen (1- oder 2-Sterne-Hotels).

Alessandria €€

Ruhig ist es in diesem 2-Sterne-Hotel dank seiner Lage in einer stillen Nebenstraße zwischen Ponte Vecchio und der Kirche von Santa Trinità. Die Zimmer sind hell und luftig. Alle haben Holzfußböden, aber nur die Hälfte besitzt ein eigenes Bad (mit Aufpreis); ungefähr die gleiche Anzahl an Zimmern verfügt über Fernseher und Klimaanlage.

198 C3
Borgo SS Apostoli 17
055 283 438; Fax 055 210 619;
E-Mail: info@hotelalessandria.com
geschl. 2 Wochen im Dez.

Bellettini €

Das Bellettini übertrifft andere Hotels der 2-Sterne-Kategorie und ist in Qualität und Preislage nur mit dem Casci vergleichbar. Die einfachen, aber sauberen 27 Zimmer sind alle mit Telefon und Klimaanlage ausgestattet, die Hälfte besitzt einen Fernseher. Die Atmosphäre ist einladend, das Frühstück überdurchschnittlich und die zentrale Lage – in einer kleinen Straße westlich der Cappelle Medicee (➤ 55) – ideal.

198 C4 **Via dei Conti 7**
055 213 561; Fax 055 283 551;
www.firenze.net/hotelbellettini

Brunelleschi €€€

Das 4-Sterne-Hotel Brunelleschi zeichnet sich durch seine gute Lage in einer ruhigen Nebenstraße zwischen dem Duomo und der Piazza della Signoria aus. Die 87 Zimmer befinden sich in einem historischen Gebäude, das von dem führenden italienischen Architekten Italo Gamberini umgestaltet wurde. Er ließ es um eine byzantinische Kapelle und den Torre della Pagliazza, einen der ältesten Bauten der Stadt aus dem 5. Jahrhundert, herumbauen. Ein kleines im Hotel untergebrachtes Museum stellt einige römische und archäologische Schätze aus.

198 C4
Via dei Calzaiuoli – Piazza Santa Elisabetta 3
055 27 370; Fax 055 219 653;
www.hotelbrunelleschi.it

Casci €

Auf Grund seiner günstigen Lage (nördlich des Piazza del Duomo), der freundlichen und mehrsprachigen Bediensteten dieses Familienbetriebs, des guten Frühstücksbüfetts, der angemessenen Preise und der sauberen und angenehmen Zimmer kann sich das Casci rühmen, eines der besten 2-Sterne-Hotels von Florenz zu sein.

199 D5
Via Cavour 13
055 211 686; Fax: 055 239 6461;
www.hotelcasci.com

Firenze €

Im 1-Sterne-Hotel Firenze findet man häufig noch ein freies Zimmer, wenn andere Hotels bereits ausgebucht sind. Die insgesamt 57 Zimmer sind einfach und schlicht, aber sie befinden sich in ordentlichem Zustand und verfügen über Bad und Fernseher. Die Zimmer im oberen Stockwerk sind etwas freundlicher. Die Lage ist jedoch ausgezeichnet.

199 D4
Via del Corso – Piazza dei Donati 4
055 214 203; Fax 055 212 370

Gallery Hotel Art €€€

Dieses stilvolle 4-Sterne-Hotel ist in seiner Art einzigartig in Florenz. Es gehört zur Design-Hotelkette und besticht durch seine klare und minimalistische Optik – dunkles Holz, neutrale Farbgebung und moderne Kunst sind die vorherrschenden Elemente des Empfangs und der 65 Zimmer.

198 C3
Vicolo dell'Oro 5
055 27 263; Fax 055 268 557;
www.lungarnohotels.com

Helvetia & Bristol €€€

Das Helvetia & Bristol hat sicherlich viele Konkurrenten im Wettstreit um die Auszeichnung »Bestes Hotel in Florenz« – aber keines kann sich mit der Klasse dieses 5-Sterne-Hotels messen. Es liegt im westlichen Stadtzentrum, zwischen der Via de' Tornabuoni und der Piazza Strozzi. Zu den früheren Hotelgästen gehörten Pirandello, Strawinsky, De Chirico und Bertrand Russell. Die Ausgestaltung der Gemeinschaftsräume, der 34 Zimmer und 18 Suiten erinnert an alte europäische Eleganz.

198 C4
Via de' Pescioni 2
055 287 814; Fax 055 288 353;
www.charminghotels.it/helvetia

Hermitage €€

Nur wer rechtzeitig bucht, hat eine Chance, eines der 28 Zimmer dieses reizenden 3-Sterne-Hotels zu bekommen. Seinen guten Ruf verdankt es dem freundlichen Service, den komfortablen sanitären Anlagen (in einigen Badezimmern sind Jacuzzis eingelassen) und einer bestechenden Lage: Hier kann man fast den gesamten Ponte Vecchio überblicken. Nicht alle Zimmer haben Ausblick auf den Fluss oder die Brücke, dafür können die Räume mit diesen Vorzügen recht laut sein, trotz der doppelverglasten Fenster.

198 C3
Vicolo Marzio 1–Piazza del Pesce
055 287 216; Fax 055 212 208;
www.hermitagehotel.com

Loggiata dei Serviti €€

Das Hotel liegt recht weit nördlich der Piazza del Duomo – nicht besonders günstig gelegen, dafür ist die Ausstattung des 3-Sterne-Hauses sehr zufriedenstellend. Die 25 Räume und vier Suiten sind in Größe und Gestaltung unterschiedlich, aber alle sind in einem klaren und minimalistischen Stil eingerichtet – eine Hommage an die Geschichte des Gebäudes, das im 16. Jahrhundert als Servitenkloster diente. Die Stoffe, Gemälde und Antiquitäten geben den Räumen gleichwohl ein heiteres Flair. Alle Zimmer sind mit Fernseher und Klimaanlage ausgestattet.

199 D5
Piazza SS Annunziata 3
055 289 592; Fax 055 289 595;
www.venere.it/firenze/loggiato_serviti

Maxim €

Das freundliche und gut geführte Maxim ist ein 1-Sterne-Hotel, erwarten Sie also nicht so viele Extras. Die Lage unweit des Duomo ist dafür aber kaum zu übertreffen. Es besitzt 22 Räume, entweder mit eigenem Bad oder mit Gemeinschaftsbad. Fragen Sie nach einem ruhigeren Zimmer.

198 C4
Via die Calzaiuloli 11 (mit Lift) und Via de'Medici (mit Treppenaufgang)
055 217 474; Fax 055 283 729;
www.firenzealbergo.it/hotelmaxim

Morandi alla Crocetta €€

Diesem 3-Sterne-Schmuckstück merkt man den Geschmack seiner britischen Besitzerin Kathleen Doyle an. Die zehn Räume des Hotels sind alle reichlich mit Antiquitäten, Drucken und Holzfußböden versehen; das schönste Zimmer besitzt sogar ein Freskenfragment.

199 E4
Via Laura 50
055 234 4747; Fax 055 248 0954;
www.hotelmorandi.it

Wohin zum ... Essen und Trinken?

Preise
Die Preise gelten pro Person für ein Drei-Gänge-Menü mit Wein:
€ unter 26 Euro **€€** 26–52 Euro **€€€** über 52 Euro

Die Öffnungszeiten sind von verschiedenen Umständen abhängig – der Jahreszeit oder dem Kommen und Aufbrechen der letzten Gäste. Die meisten Cafés öffnen gegen 7 Uhr und schließen am frühen Abend. Weinlokale öffnen zwischen 10 Uhr und Mittag, bevor sie gewöhnlich am Nachmittag für einige Stunden schließen, um dann am frühen Abend wieder zu öffnen.

Einige der besten Restaurants und Lokale der Stadt befinden sich in der Gegend um **Santa Croce**. Darunter fallen die zwei besten Restaurants, **Cibreo** (➤ 79) und **Enoteca Pinchiorri** (➤ 79); daneben gibt es auch eine große Auswahl an Restaurants mittlerer Preislage. Man kann zwischen lebendigen, modern gestalteten Lokalen – vor allem dem **Baldovino** (➤ unten) – und einfachen Restaurants in Form einer Trattoria wählen. Im **Norden von Florenz** befinden sich preisgünstige Cafés und Restaurants. Im **westlichen Teil der Stadt** garantieren das **Rose's** (➤ 80), das **Caffè Amerini** (➤ 79) und das **Belle Donne** (➤ 79) ein gutes Mittagessen. Im **Oltrarno-Viertel** gibt es viele beliebte Bars, Cafés und Restaurants mit erschwinglichen Preisen, besonders an der Piazza Santa Spirito, der Piazza de'Pitti und der Piazza del Carmine.

RESTAURANTS

Angiolino €–€€

Das Angiolino ist eine traditionelle Trattoria in Oltrarno mit einer der schönsten Inneneinrichtungen der Stadt: Tomatengirlanden und einige große runde Kürbisse zieren den Eingang der Bar, getrocknete Blumen und Chilischoten hängen von der gewölbten Backsteindecke des Hauptspeisesaals. Rot karierte Tischdecken und Korbflaschen vervollständigen das Bild.

- 198 B3
- Via di Santo Spirito 36r
- 055 239 8976
- Di–So 12.30–14.30, 19.30–22 Uhr

Baldovino €–€€

Wenn Sie sich nicht entscheiden können, wo Sie in der Nähe der Kirche Santa Croce zu Mittag oder zu Abend essen sollen, sollten Sie einfach ins Baldovino gehen. Das Restaurant, eine zwanglose Mischung aus modernen und traditionellen Elementen, ist in den letzten Jahren eines der erfolgreichsten in Florenz gewesen, vielleicht auch wegen des freundlichen Empfangs durch seinen Besitzer, den Schotten David Gardner. Obwohl kein Italiener, hat es Gardener verstanden, seine Kunden durch die Verbindung von gutem Essen – klassische toskanische Küche und neapolitanische Pizzen, dazu phantasievoll angerichtete Salate und andere nicht italienische Kreationen – und einer freundlichen Einrichtung, junger Bedienung und einer gastlichen Atmosphäre für sich einzunehmen. Eine Reservierung ist empfehlenswert.

- 199 E3
- Via San Giuseppe 22r
- 055 241 773
- Di–So 12–14.30, 19–24 Uhr

Beccofino €–€€
Erfolg zieht häufig Erfolg nach sich, und das ist im Falle des Beccofino in Oltrarno sicherlich so – es wurde nämlich von David Gardener vom Baldovino eröffnet. Die Erfolgsformel ist bekannt: einladende Atmosphäre, gute, im Preis angemessene italienische Küche; dazu eine moderne, schlichte Einrichtung, die Gemütlichkeit mit Design kombiniert.

198 B3
Piazza degli Scarlatti 1, nahe Lungarno Guicciardini
055 290 076
Restaurant: Di–So 12–14.30, 19–23 Uhr; Weinbar: Di–So 11.30–15, 18–24 Uhr

Belle Donne €
Gleich beim Betreten des Belle Donne fallen einem die riesigen, skulpturenähnlichen Arrangements aus Früchten, Gemüse und Blumen auf. Das Lokal ist klein und stark frequentiert. Man findet immer leicht Platz, wenn es einem nichts ausmacht, mit anderen Gästen an einem der Holztische mit Papiertischtüchern zu sitzen. Die Speisekarte besteht aus einer Tafel, auf der die täglich variierenden florentinischen Spezialitäten aufgeschrieben sind. Zum Mittagessen oder für eine schnelle Zwischenmahlzeit ist dieses Lokal ideal, für ein gepflegtes Abendessen vielleicht ein wenig zu zwanglos.

198 B4
Via delle Belle Donne 16r
055 238 2609
Mo–Fr 12.30–14.30, 19.30–22.30 Uhr, Sa 12.30–14.30 Uhr; So und Aug. geschl.

Benvenuto €–€€
Wenn Sie sich vom Benvenuto nicht allzu viel versprechen, dann werden Sie sicherlich auch nicht enttäuscht werden. In dieser *trattoria* wird wohltuend auf jeglichen Schnickschnack verzichtet.

199 D3
Via della Mosca 16r, Ecke Via de'Neri
055 214 833
Mo–Di 12.30–14.30, 19.30–22.30 Uhr

Cantinetta del Verrazzano €
Ein ausgezeichneter Ort für eine kleine Zwischenmahlzeit oder ein leichtes Essen, der günstigerweise auch noch ganz zentral, nur wenige Schritte von der Via dei Calzaiuoli entfernt, liegt. Alle Arten von Sandwiches und anderen schmackhaften Köstlichkeiten präsentieren sich hinter einer großen verglasten Theke.

198 C3 **Via dei Tavolini 18–20 Uhr**
055 268 590
Mo–Sa 8–21 Uhr

Cibreo €€
Das Cibreo gilt vielen als das beste Restaurant von Florenz, dank seiner einfallsreichen, traditionellen florentinischen »Landküche«. Der Speiseraum ist einfach gestaltet – Tische im ländlichen Stil und einfarbige Wände –, die Bedienung und die Atmosphäre sind zwanglos. Die Preise sind für jeden einzelnen Gang festgelegt (der Service ist im Preis inbegriffen). Sie sollten auf jeden Fall Platz für eines der köstlichen Desserts lassen.

199 E3
Via de'Macci 118r
055 234 1100
Di–Sa 12.50–14.30, 19.30–23 Uhr

Enoteca Pinchiorri €€€
Unter einer Enoteca versteht man eigentlich ein preiswertes Weinlokal. Das ist hier nicht der Fall. In dem ausgezeichneten Weinkeller des Lokals lagern etwa 80 000 Flaschen erlesener Tropfen aus Italien, Frankreich und anderen Ländern, darunter befinden sich einige der edelsten Weine überhaupt. Das Pinchiorri ist in der Tat das beste und teuerste Restaurant von Florenz, folgerichtig wurden ihm schon vor einigen Jahren zwei Michelin-Sterne verliehen. Die Preise für die erlesenen italienischen und internationalen Speisen sind stolz, Atmosphäre und Bedienung förmlich (Anzug und Krawatte sind obligatorisch).

199 E3
Via Ghibellina 87
055 242 777; www.pinchiorri
Di–So 12.30–14, 19.30–22 Uhr; Mo, Fr mittags und Aug. geschl.

Mario €
Das Mario ist eine florentinische Institution. Wer eine preiswerte, bodenständige, aber qualitativ hochwertige, toskanische Küche zu schätzen weiß, ist hier richtig. Das einfache Lokal (nur Mittagessen) liegt nördlich des Mercato Centrale und zählt hauptsächlich Studenten und Markthändler zu seinen Kunden. Kutteln gibt es montags, Fisch donnerstags, *cantuccini con vino santo* (Biskuits mit Dessertwein) als einziges Dessert. Wenn Sie ein eher stilvolles Ambiente suchen, dann sollten Sie im nahe gelegenen Zà-Zà vorbeischauen.

198 C5
Via Rosina 2r-Piazza del Mercato Centrale
055 218 550
Mo–Sa 12–15 Uhr

Osteria dei Benci €€
Dieses Lokal steht für einen neuen Typus florentinischer Restaurants, hell und zwanglos; es zeichnet sich durch einen einzigen ansprechenden Speiseraum aus, der in warmen Farben gehalten ist und von einer mittelalterlichen Ziegeldecke überwölbt wird. Das jugendliche Personal bietet einen legeren Service, das toskanische Essen ist phantasievoll und gut zubereitet, ohne dabei allzu gewollt zu wirken. Die Speisekarte wechselt regelmäßig, damit wird der Jahreszeit Rechnung getragen.

199 D3
Via de' Benci 13r
055 234 4923
Mo–Sa 12.45–14.30, 19.45–22.45 Uhr

Rose's €
Wenn Sie einmal etwas Abwechslung von den typischen florentinischen Restaurants mit ihren Terrakottafußböden, Holzbalken und toskanischen Küche suchen sollten, dann ist das Rose's, ein modernes und flottes Bar-Restaurant, das auch in New York oder Sydney bestehen könnte, genau das Richtige für Sie. Das Essen ist vielfältig: Sushi, die in einem separaten Bereich links von der Bar serviert werden, gibt es ebenso wie leckere Sandwiches oder Snacks.

198 B3
Via del Parione 26r
055 287 090
Mo–So 12.30–15, 19–23 Uhr; So mittags und Mo abends geschl.

Zà-Zà €
Bis vor kurzem kannten nur wenige Leute das Zà-Zà, das in der Nähe des Mercato Centrale liegt. Unverhoffte Popularität erhielt das Lokal durch den Besuch internationaler Prominenz: König Juan Carlos von Spanien, der amerikanische Schauspieler Bill Cosby und die Supermodels Naomi Campbell und Linda Evangelista. Niedrige Preise sowie gute und bodenständige Gerichte in rustikalem Ambiente lohnen einen Besuch. Probieren Sie insbesondere die warmen *antipasti* (Vorspeisen) oder die *crostini* (Toasts) mit Käse aus Taleggio, Öl, Pfeffer und Weinessig.

198 C5
Piazza del Mercato Centrale 26r
055 215 411
Mo–So 12–15, 19–23 Uhr

CAFÉS UND BARS

Caffè Amerini €
Das Caffé Amerini unterscheidet sich ebenso wie das nahe gelegene Rose's ein wenig von den meisten florentinischen Restaurants. Wie viele Bars und Restaurants der Stadt besitzt es eine gewölbte Ziegeldecke – die effektvoll bemalten Wände und das ausgefallene Mobiliar geben dem Lokal einen leicht exzentrischen Anstrich. Hier kommt jedermann herein – Einheimische, Touristen, Studenten und alte Damen. Man kann dort auch gut frühstücken oder zu Mittag essen – sagen Sie einfach, welches der Sandwiches, Salate oder anderen Kleinigkeiten Sie aus dem verglasten Büfett im Innenraum neben der Tür haben wollen, und setzen Sie sich auf einen der Plätze. Dort wird Ihnen dann gegen einen kleinen Aufpreis das Gewünschte serviert.

198 B3
Via della Vigna Nuova 61r
055 284 941
Mo–Sa 8–20.30 Uhr, So geschl.

Caffè Cibreo €

Es gibt kaum ein bezaubernderes Café in Florenz. Obwohl es nicht direkt im Stadtzentrum liegt, kann es ohne größere Umstände nach einem Besuch des Marktes oder der Kirche von Sant'Ambrogio besucht werden. Die Snacks und Kuchen (darunter die berühmte Schokoladentorte mit bitterer Orangencreme) stammen übrigens aus den berühmten Küchen des nahe gelegenen Cibreo, das demselben Besitzer gehört (➤ 79).

- 199 E3
- Via Andrea del Verrocchio 5r
- 055 234 5853
- Di–Sa 8–1 Uhr

Caffè Italiano €

Dieses elegante Café in der Nähe der Uffizien besitzt etwas von einem wohl gehüteten Geheimnis, obwohl es direkt an der belebten Via dei Calzaiuoli liegt. Einladend ist die hübsche holzgetäfelte Bar. Die Räumlichkeiten im Obergeschoss in dunklem Holz und roten Samtsesseln eignen sich für einen längeren Aufenthalt.

- 199 D3
- Via della Condotta 56r
- 055 291 082
- So geschl.

Caffè Pitti €

Die Piazza Pitti vor dem Palazzo Pitti wird von mehreren Cafés gesäumt. Das Caffè Pitti, an der südlichen Seite des Platzes gelegen, mit seinem hübschen und ein wenig altmodischen Interieur zählt zu den besten.

- 198 B2
- Piazza de' Pitti 9r
- 055 239 6241
- tägl.

Casa del Vino €

Dieses Weinlokal ist häufig gut besucht, liegt es doch in unmittelbarer Nähe zum Mercato Centrale. Aus diesem Grund sind hier auch mehr Einheimische als Touristen anzutreffen.

- 198 C5
- Via dell'Ariento 16r
- 055 215 609
- 9–14.30, 19–22 Uhr; Sa nachmittags, So geschl.

Hemingway €

Das Hemingway, das in einer Seitenstraße liegt, ist dank seiner Spezialitäten mit keinem anderen Lokal in Florenz zu vergleichen. Man kann zwischen einer Vielzahl von Teesorten wählen oder eine der 20 Kaffeesorten kosten. Versuchen Sie einen Cocktail, der aus Tee gemacht wird, oder probieren Sie einen der preisgekrönten Kuchen oder Schokoladenspezialitäten.

- 198 A3
- Piazza Piattellina 9r
- 055 284 781
- So ganztägig, Di–Sa nur nachmittags

Le Volpi e L'Uva €

Ein erstklassiges Weinlokal jenseits des Arno auf der anderen Seite des Ponte Vecchio. Auf der Karte stehen um die 50 offene Weine, darunter einige seltene Jahrgängen.

- 198 C2
- Piazza dei Rossi 1 r, bei der Piazza di Santa Felicita abgehend
- 055 239 8132
- So geschl.

Rivoire €

Es fällt einem nicht schwer, länger an einem der Tische vor dem Rivoire zu verweilen, und wenn auch nur wegen der schönen Aussicht auf die Piazza della Signoria. Seit 1872, als das Café eröffnet wurde, ist heiße Schokolade die Spezialität des Hauses. Sie schmeckt übrigens immer noch vorzüglich.

- 198 C3
- Piazza della Signoria 5r
- 055 214 412
- Mo geschl.

Vivoli €

Seit drei Generationen befindet sich diese florentinische Institution in Familienhand. Früher rühmte sich das Vivoli für die »beste Eiscreme Italiens«. Und in der Tat, Eis, Sorbets oder gefrorene Joghurtspezialitäten von solch guter Qualität muss man lange suchen.

- 199 D3
- Via Isole delle Stinche 7r
- 055 292 334
- Mo geschl.

Wohin zum … Einkaufen?

In Florenz kann man wunderbar Lebensmittel, Wein, Designer-, Luxus- und Lederwaren einkaufen. Daneben gibt es einige gute Märkte. Schicke Designerläden befinden sich an der Via de' Tornabuoni und den umliegenden Straßen. Im nördlichen Florenz gibt es vor allem zwei Märkte, den Mercato Centrale und San Lorenzo, auf denen man gut einkaufen kann. Im östlichen Florenz und in der Innenstadt hingegen konzentrieren sich die Geschäfte auf die Via dei Calzaiuoli und den Borgo degli Albizzi. Einige ausgefallene Läden liegen rund um Sant'Ambrogio, wo sich ebenfalls ein Markt befindet, und in den Seitenstraßen von Santa Croce. Im Oltrarno-Viertel sind zahlreiche Lebensmittelgeschäfte ansässig. Kunst- und Antiquitätengeschäfte finden sich hauptsächlich auf der Via Maggio und ihren Seitenstraßen.

BÜCHER

Feltrinelli

Feltrinelli ist eine Zweigstelle der gleichnamigen, in ganz Italien vertretenen Ladenkette. Gleichmäßig zieht der Kundenstrom durch die Stockwerke, in denen man nicht nur italienische Titel findet, sondern vereinzelt auch fremdsprachige Bücher – das Pendantgeschäft Feltrinelli Internationale in der Via Cavour 12-20 verfügt allerdings über deutlich größere Auswahl an fremdsprachiger Literatur.

198 C4
Via Cerretani 30
055 238 2652
Mo–Sa 9–20 Uhr, So 10–13, 15–20 Uhr

KLEIDUNG UND ACCESSOIRES

Armani

Giorgio Armanis florentinisches Vorzeigegeschäft befindet sich in der Via della Vigna Nuova, das günstigere Emporio Armani auf der Piazza degli Strozzi.

198 B3
Via della Vigna Nuova 51r
055 219 041
Mo 15.30–19.30 Uhr, Di–Sa 10–14, 15.30–19.30 Uhr

198 C3
Piazza degli Strozzi 16r
055 284 315
Mo 15.30–19.30 Uhr, Di–Sa 10–14, 15.30–19.30 Uhr

Gucci

Das berühmte Gucci-Label wurde unter dieser florentinischen Adresse gegründet, sie wird auch noch als Showroom genutzt. Die Preise sind hoch, dafür ist Qualität und avantgardistischer Stil garantiert.

198 C3
Via de' Tornabuoni 73r
055 264 011
Mo 15–19 Uhr, Di–Sa 10–19 Uhr, So 14–19 Uhr

Prada

Prada mag zwar ursprünglich aus Mailand stammen, aber die Florentiner haben das Geschäft, in dem zurzeit die beste Designermode verkauft wird, mit Begeisterung aufgenommen.

198 C3
Via de' Tornabuoni 67r
055 283 439
Mo 15–19 Uhr, Di–Sa 10–19 Uhr

Pucci

Der Aristokrat Marchese Emilio Pucci hat sich in den Fünfziger- und Sechzigerjahren mit seiner glänzenden und charakteristischen Seidenmode einen Namen gemacht. Sein Stern war am Verblassen, bis in den Nenuzigerjahren dieselbe Seidenmode wieder modisch aktuell wurde. Heute ist Pucci der Grandseigneur der florentinischen Designer und wird in den Modezirkeln der Stadt gefeiert.

198 B3
Via della Vigna Nuova 97r
055 294 028
Mo 15.30–19.30 Uhr, Di–Sa 10–13, 15.30–19.30 Uhr

KAUFHÄUSER

COIN

Im COIN bekommt man einfach alles: In dem zentral gelegenen Kaufhaus sind Kleidung, Wäsche und andere Haushaltswaren von ausgezeichneter Qualität. Im Angebot befindet sich Designerware, klassische italienische Mode für Damen und Herren. Jüngere, modernere Mode befindet sich im Erdgeschoss. Küchenartikel gibt es im Untergeschoss. Das Kaufhaus ist auch am Sonntag geöffnet.

198 C3 Via dei Calzaiuoli 56r
055 280 531
Mo –Sa 9.30–20 Uhr, So 11–20 Uhr

LEBENSMITTEL UND WEIN

Pegna

Diesen Delikatessentempel, der südlich des Duomo liegt, gibt es bereits seit 1860. Hier finden sich Köstlichkeiten wie Käse, Salami, Kaffee, Tee, Olivenöl, Wein und Schokolade aus Italien und dem Rest der Welt.

199 D4
Via dello Studio 26r
055 282 701/02; www.Pegna.it
Mo–Di, Do–Sa 9–13, 15.30–19.30 Uhr, Mi 9–13 Uhr; im Sommer Sa nachmittags geschl.

Stenio del Panta

Dieses alte Delikatessengeschäft westlich des Doms verfügt über ein großes Angebot an Lebensmitteln. Bekannt ist es allerdings wegen seiner Fischspezialitäten: u. a. gesalzener Dorsch, Sardinen und Anchovis.

198 C4
Via Sant' Antonio 49r
055 216 889
Mo 15–19.30 Uhr, Di–Sa 7–13, 17–19.30 Uhr

HAUSHALTSWAREN

Bartolini

Bartolini gibt es schon seit 1921 und es ist schon seit langem eine Institution. Es liegt an einer Kreuzung, die von Einheimischen nur »*angolo Bartolini*« (Bartolinikreuzung) genannt wird. Man findet hier alle Arten von Küchenartikeln.

199 D4
Via dei Servi 30
055 289 223; www.dinobartolini.it
Mo 15.30–19.30 Uhr, Di–Sa 9–13, 15.30–19.30 Uhr

Mazzoni

Mazzoni gilt in Florenz schon seit über 100 Jahren als Inbegriff für Stoffe, Bettwäsche, Handtücher und ähnliche Artikel. Diese ist eine von drei Filialen der Stadt.

198 C3
Via Orsanmichele 14r
055 215 153
Mo 15.30–19.30 Uhr, Di–Sa 9–13, 15.30–19.30 Uhr; im Sommer Sa nachmittags geschl.

La Ménagère

Dieses Geschäft wurde 1901 gegründet und wird seit 1921 von der gleichen Familie betrieben. Hier finden sich auf mehreren Stockwerken Glaswaren, Porzellan, Möbel sowie Bürobedarf.

198 C4
Via de' Ginori 8r
055 213 875
Mo 15.30–19.30 Uhr, Di–Sa 9–13, 15.30–19.30 Uhr

SCHMUCK

Lapini

Dieses Schmuckgeschäft mit seiner historischen Einrichtung zählt zu den wirklich exquisiten seiner Art in Florenz. Der Schmuck ist von allerhöchster Güte und besitzt häufig ein ungewöhnliches Design.

198 C3
Via de'Cimatori 34r
055 277 6452
Mo 15.30–19.30 Uhr, Di–Sa 9–13, 15.30–19.30 Uhr; im Sommer Sa nachmittags geschl.

Torrini

Man kann schwerlich über den Ruf oder die Qualität eines Juweliers streiten, der bereits im Jahre 1369 sein Warenzeichen – ein halbes Kleeblatt – eintragen ließ.

199 D4
Piazza del Duomo 10
055 230 2401
Mo 15.30–19.30 Uhr, Di–Sa 9–13, 15.30–19.30 Uhr

MÄRKTE

Mercato Centrale

(➤ 71)

198 C5
Piazza del Mercato Centrale
Mo–Sa 7–14; im Winter auch Sa 16–20 Uhr

San Lorenzo

Dieser Markt beherrscht den Platz vor der Kirche von San Lorenzo und ebenso die kleineren Seitenstraßen in der unmittelbaren Nähe. An vielen Ständen werden Kleidungsstücke zum Kauf angeboten. Die Qualität der Lederwaren, Mäntel und Jacken ist gut, aber für einen Markt zu teuer.

198 C4
Via dell' Ariento–Piazza di San Lorenzo–Via Canto de' Nelli
tägl. 7–20 Uhr

PAPIER- UND SCHREIBWARENGESCHÄFTE

Pineider

Pineider ist *das* Schreibwarengeschäft Italiens – und vielleicht sogar Europas. Es besteht seit 1774 und kann sich illustrer Kunden, wie Napoléon, Stendhal, Puccini, Lord Byron, Shelley und Maria Callas, rühmen. Sie alle waren von der erlesenen Auswahl an Stiften, Taschenkalendern und damit verbundenen Artikeln begeistert.

198 C3 Piazza della Signora 13r
055 284 655
Mo 15.30–19.30 Uhr, Di–Sa 10–19.30 Uhr
198 C3 Via de' Tornabuoni 76r
055 211 605
Mo 15.30–19.30 Uhr, Di–Sa 10–19.30 Uhr

PARFÜMS UND TOILETTENARTIKEL

Farmacia di Santa Maria Novella

Die Farmacia di Santa Maria Novella gehört zu den berühmtesten Apotheken Italiens. Ein wunderbares altes Geschäft, in einer fast original erhaltenen Kapelle der Santa-Maria-Novella-Anlage aus dem 13. Jahrhundert, mit Fresken, alter Apothekerausstattung und Holzschränken. Sie wurde 1612 von Dominikanermönchen gegründet, um Elixiere, Salben und andere Produkte aus ihren Werkstätten und Heilkräutergärten zu verkaufen. Die meisten Artikel werden auch heute nach alter Tradition hergestellt, darunter die Dufttöpfe, die aus Blumen von den florentinischen Hügel hergestellt werden, und das Aqua di Santa Maria Novella, das für seine beruhigende Wirkung bekannt ist. Alle Produkte sind liebevoll verpackt, sodass sie sich auch als Geschenk eignen.

198 B4 Via della Scala 16
055 216 276
Mo 10.30–18.30 Uhr, Di–So 9.30–19.30 Uhr

DRUCKE UND STICHE

Giovanni Baccani

Drucke und Stiche werden überall in Florenz angeboten, doch kein Geschäft lockt mit einem so verführerischen Angebot wie das Baccani, das bereits 1903 gegründet wurde.

198 B3
Via della Vigna Nuova 75r
055 214 467
Mo 15.30–19.30 Uhr, Di–Sa 9–13, 15.30–19.30 Uhr

SCHUHE

Ferragamo

Der berühmte Salvatore Ferragamo wurde durch seine Schuhe, die er für Hollywoodstars anfertigte, berühmt. Seine Nachfahren führen heute den Betrieb. Hier findet man eine Topauswahl an Schuhen, Bekleidung und Accessoires.

198 C4 Via de' Tornabuoni 16r
055 292 123
Mo 15.30–19.30 Uhr, Di–Sa 9.30–19.30 Uhr

Wohin zum … Ausgehen?

EINTRITTSKARTEN

Eintrittskarten für zahlreiche Musicals und andere Kulturveranstaltungen in Florenz gibt es an verschiedenen Vorverkaufskassen in der Stadt oder auch beim **Box Office**, einem Vorverkaufsbüro mit Niederlassungen in der Via Alamanni 39 (Tel. 055 210 804) und der Chiasso dei Soldanieri 8r, dort wo sich die Via Porta Rossa mit der Via de' Tornabuoni kreuzt (Tel. 055 219 402).

INFORMATION

Genaue Angaben zu Veranstaltungen und den vielfältigen Ausgehmöglichkeiten in Florenz finden Sie im vorderen Teil dieses Buches (➤ 48).

KLASSIK

Das **Teatro Communale** (Corso Italia 16, Tel. 055 27 791) ist die Hauptspielstätte für Eigenproduktionen und Gastspiele von Orchestern, Chören sowie Tanzensembles in Florenz. Die Hauptspielzeit für Konzerte, Opern und Balletts währt von Januar bis April und September bis Dezember. Das Teatro beherbergt auch das jährlich stattfindende Maggio Musicale, eines der führenden Musikfestivals Italiens. Eintrittskarten und Informationen erhalten Sie an der Kasse (Di–Fr 10–16.30 Uhr, Sa 9–13 Uhr, Tel. 055 211 158 bzw. 055 213 535; E-Mail: tickets@maggiofiorentino.com; www.maggiofiorentino.com).

Das Regionalorchester der Toskana, das **Orchestra Regionale Toscana** (Tel. 055 212 320 oder 055 239 6242), spielt in der Regel von Dezember bis Mai im nahe gelegenen **Teatro Verdi** (Via Ghibellina 101, Tel. 055 281 792). Kaufen Sie die Eintrittskarten an der Kasse des Teatro Verdi oder bei der Agentur Box Office. Das Stadtorchester von Florenz, die **Filarmonica di Firenze »Gioacchino Rossini«**, spielt von Januar bis Februar an verschiedenen Spielstätten. In den Sommermonaten gibt das Stadtorchester auch einige Freiluftkonzerte auf der Piazza della Signoria. Für weitere Auskünfte informieren Sie sich bitte im Besucherzentrum (➤ 41).

Das **Orchestra da Camera Fiorentina** (Via Enrico Poggi 6, Tel. 055 783 374; www.videosoft.it/orchest) gibt Konzerte in der Kirche von Orsanmichele (➤ 72): Eintrittskarten und weitere Informationen erhalten Sie über die oben genannte Telefonnummer, über Box Office oder eine Stunde vor jeder Vorstellung in Orsanmichele. Die musikalische Vereinigung **Amici della Musica** (Tel. 055 608 420 oder 055 607 440) organisiert Konzerte im wunderschönen Teatro della Pergola nordöstlich des Doms (Via della Pergola 18, Tel. 055 22641). Das Theater wurde 1656 erbaut und ist angeblich Italiens ältestes erhaltenes Theatergebäude. In Kirchen wie San Lorenzo oder dem Duomo finden gelegentlich Konzerte sowie Chor- und Orgelmusik statt; Genaueres ist beim Besucherzentrum oder auf Plakaten an den Veranstaltungsorten zu erfahren.

JAZZ

Im legeren **Jazz Club** (Via Nuova de' Cacciani 3, Tel. 055 247 9700; Mo und Juni–Sept. geschl.) wird meistens Live-Jazz bis in die späte Nacht gespielt. Er liegt in einer Seitenstraße, einen Häuserblock südlich der Via degli Alfani an der Ecke Borgo Pinti. Sie müssen formal Mitglied werden, wenn Sie den Club besuchen wollen.

NACHTCLUBS

Meccanò (Via degli Olmi 1, Tel. 055 331 371, Di–Sa 23–6 Uhr) im Cascine-Park ist die berühmteste Diskothek der Stadt. Die Besucher kommen aus allen Teilen der Toskana hierher, sodass sie meist sehr gut besucht ist. Im Sommer spielt sich das meiste im Freien ab. Man hört Popmusik und legt Wert auf gepflegte Kleidung. Ein weiterer Nachtclub im Stadtzentrum ist die **Apollo Bar** (Via dell'Ariento 41, Tel. 055 215 672, Di–Sa 19–2 Uhr, So 17–2 Uhr), am westlichen Ende des Mercato Centrale gelegen. Sie ist stets gut besucht und die Musik sehr laut, dennoch zieht sie viele schicke Nachtschwärmer an. Das Motto wechselt jeden Abend.

Im Westen der Stadt liegt die riesige Diskothek **Space Electronic** (Via Palazzuolo 37, Tel. 055 293 082, tägl. 22–2 Uhr geöffnet, Mo im Winter geschl.), angeblich die größte Diskothek Europas. Im **Yab** (Via Sassetti 5r, Tel. 055 215 160, Mo, Mi–Sa 21–4 Uhr, Juni–Sept. geschl.) wird ein etwas wagemutigerer Musikstil gepflegt als bei der Konkurrenz. Es verwendet allerdings das gleiche hinterhältige »Karten«-System, das zwar freien Eintritt gewährt, aber einen Mindestkonsum an Getränken (die auf der Karte vermerkt werden) einfordert: Wer nicht genug trinkt, muss am Ende draufzahlen.

Im **Pongo** (Via Verdi 57r, Tel. 055 234 7880, unterschiedliche Öffnungszeiten, meistens Do–Sa 22–3 Uhr, Juni–Sept. geschl.) gibt es gelegentlich Live-Musik. Als angenehm empfindet man die herrlich entspannte Atmosphäre. »In-People« gehen eher ins **Maramao** (Via de' Macci 79r, Tel. 055 244 341, Di–Sa 11–2 Uhr), eine zurzeit angesagte Disko, die permanent umgestaltet wird – Stil und Musik sind immer auf dem neuesten Stand.

BARS

Um einen Abend ruhig zu beginnen oder ausklingen zu lassen, sollte man in der **Art Bar** (Via del Moro 4r, Tel. 055 287 661, Mo–Sa 19–1 Uhr) vorbeischauen, einer verschwiegenen kleinen Bar, die die Florentiner gerne am frühen Abend aufsuchen, um einen Cocktail zu schlürfen. Auf der anderen Seite der Stadt befindet sich das stets beliebte **Rex Café** (Via Fiesolana 23r, Tel. 055 248 331, tägl. 17–2.30 Uhr, Juli-Aug. geschl.); es zählt zu den besten Bars im östlichen Teil von Florenz. Die Einrichtung wirkt etwas befremdend – Mosaiken, Spiegel, seltsame Lampen –, aber die Atmosphäre und die Besucher geben sich locker und entspannt.

Gänzlich anders sind die zwei Bars auf und neben der Piazza di Santa Maria Novella, beide sind speziell bei jungen Leuten beliebt: das **Chequers** (Via della Scala 7–9r, Tel. 055 287 588, tägl. 18.30–1.30 Uhr, manchmal länger), ein rauer Pub im englischen Stil – nicht geeignet für ein ruhiges Bier –, und das **Fiddler's Elbow** (Piazza di Santa Maria Novella 7r, Tel. 055 215 056), ein kleiner »Irish Pub«, der meist gut besucht ist. In Oltrarno ist das **Dolce Vita** (Piazza del Carmine 6, Tel. 055 284 595, Mo–Sa 11–2 Uhr, So 18–2 Uhr) ein beliebter Treffpunkt für Nachtschwärmer. Das etwas prickelndere **Cabiria** (Piazza Santo Spirito 4r, Tel. 055 215 732, tägl. 7–1 Uhr, im Winter Di geschl.) zieht eine »alternativ« angehauchte Kundschaft an. Im Sommer kann man draußen sitzen, wenn man der überwältigend lauten Musik des DJs entkommen möchte. Etwas stilvoller gibt sich das **Il Caffè** (Piazza Pitti 9r, Tel. 055 239 6241, tägl. 11 Uhr bis zu später Stunde geöffnet) mit Live-Jazz und anderen Musikstilen.

KINO

Wenn Sie Filme in der Originalfassung sehen möchten, dann gehen Sie ins **Cinema Goldoni** (Via dei Serragli 109, Tel. 055 222 437). Dort gibt es normalerweise einmal in der Woche eine Vorstellung im Original.

Zentrale Toskana

Erste Orientierung 88
In vier Tagen 90
Nicht verpassen! 92
Nach Lust und Laune! 114
Wohin zum ... 118

Erste Orientierung

Mit Siena kann sich allenfalls Florenz messen, dabei ist Siena nicht so groß, dafür aber schöner als seine Rivalin. Man sollte sich in der mittelalterlich geprägten Stadt mindestens zwei oder drei Tage gönnen, um die vielen Sehenswürdigkeiten – einen spektakulären Marktplatz, eine reich verzierte Kathedrale, ein erlesenes Kunstmuseum und verschiedene andere große Museen – zu sehen. Daneben sollte man unbedingt den Charme der Gässchen, die kleinen Läden, Cafés und Restaurants genießen. Der Reiz der restlichen zentralen Toskana liegt hauptsächlich in ihrer lieblichen Landschaft begründet.

Abgesehen von den eigenen Sehenswürdigkeiten, ist Siena ein guter Ausgangspunkt für Abstecher in die zentrale Toskana. Allerdings gibt es nur begrenzte Unterkunftsmöglichkeiten, und die fast nur für Fußgänger zugängliche Innenstadt macht das Reisen mit dem Auto nicht gerade einfach. Auf jeden Fall liegt Siena ideal für Ausflüge in die Chianti-Region im Norden mit ihren Weinbergen, Landhäusern und ihrer bezaubernden Landschaft. Machen Sie einen Abstecher in diese Gegend, wenn Sie von Florenz nach Siena unterwegs sein sollten. In der zentralen Toskana kann man beinahe überall eine herrliche Aussicht genießen, fast immer führen die Straßen zu einem reizvollen Städtchen oder Dorf. Ein Muss ist der Besuch von San Gimignano. Das bekannteste Dorf der Toskana ist für seine alten Türme, seine kleinen, aber faszinierenden Museen, Kirchen und seine herrliche Lage berühmt. Da der Ort häufig von Tagesausflüglern überlaufen ist, wäre eine Übernachtung anzuraten, damit Sie genügend Zeit für einen Besuch der benachbarten mittelalterlichen Orte Monteriggioni und Colle di Val d'Elsa finden.

Andere besuchenswerte Städte der Region sind Arezzo und Cortona, die jedoch etwas abseits der üblichen Routen liegen. Ein Umweg lohnt sich dennoch – das auf einem Hügel gelegene Cortona seiner Aussicht und Arezzo seines berühmten Freskenzirkels aus der Renaissance wegen. Beide besitzen eine gut erhaltene mittelalterliche Bausubstanz. Beide Städte sind von Siena aus auf gut ausge-

★ Nicht verpassen!

1 Siena: Piazza del Campo ➤ 92

1 Siena: Piazza del Duomo ➤ 95

1 Siena: Kirchen und Galerien ➤ 99

5 San Gimignano ➤ 102

7 Arezzo ➤ 108

8 Cortona ➤ 111

Nach Lust und Laune!

2 Monteriggioni ➤ 114

3 Colle di Val d'Elsa ➤ 114

4 Volterra ➤ 116

6 Fiesole ➤ 117

Vorherige Seite: Einwohner Sienas gehen auf der mittelalterlichen Piazza del Campo ihren täglichen Beschäftigungen nach

Oben: Atemberaubende Ausblicke von den Hügeln Cortonas

bauten Straßen problemlos zu erreichen. Der Besuch dieser beiden Städte lässt sich gut mit einem Ausflug in die Chianti-Region oder in die südliche Toskana, nach einem Abstecher nach Montepulciano (➤ 136), verbinden. Wenn Sie in Arezzo oder in Cortona übernachten möchten, dann entscheiden Sie sich für Cortona – dort gibt es die besseren Hotels.

Eine viertägige Rundreise durch die zentrale Toskana bietet eine abwechslungsreiche Fahrt mit zweitägigem Aufenthalt in Siena, neben Florenz das Hauptreiseziel der Toskana, einem Tag in San Gimignano, dem berühmtesten toskanischen Dorf, und noch einem Tag in den kleineren Städten Arezzo und Cortona, die mit viel sehenswerter Kunst aufwarten.

Die zentrale Toskana in vier Tagen

Erster Tag

Vormittags

Mindestens zwei Tage Ihrer Reise sollten Sie **Siena** widmen (➤ 92), der besterhaltenen mittelalterlichen Stadt der Toskana. Ausgangspunkt ist die **Piazza del Campo** (➤ 92, unten), Italiens majestätischster mittelalterlicher Platz. Den restlichen Vormittag können Sie beim Einkaufen in der Via di Città und den anderen Straßen rund um den Campo verbringen.

Mittags

Hinter dem Campo liegt die **Antica Trattoria Papei** (➤ 123), die sich sehr gut für ein Mittagessen eignet.

Nachmittags

Spazieren Sie zur **Piazza del Duomo** (➤ 95), um die Kathedrale, die Taufkapelle, das Spedale di Santa Maria della Scala und das Museo dell' Opera del Duomo zu besichtigen.

Zweiter Tag

Vormittags

Besuchen Sie die **Pinacoteca Nazionale** (➤ 99). Zum Mittagessen gehen Sie ins **Le Loggie** oder ins **Marsili** (➤ 123).

Nachmittags

Lassen Sie sich ausreichend Zeit, um einige der weniger bekannten **Kirchen**, vor allem die Santa Maria dei Servi, zu besichtigen.

Dritter Tag

Vormittags

Von Siena oder Chianti aus sollten Sie nach **San Gimignano** (➤ 102) fahren; falls möglich, sollten Sie für ein oder zwei Stunden einen Zwischenstopp in **Monteriggioni** (➤ 114), das über eine komplette Festungsanlage verfügt, und in **Colle di Val d'Elsa** (➤ 114) einplanen.

Mittags

Besuchen Sie die **Osteria del Carcere**, nahe der Piazza della Cisterna (➤ 122).

Nachmittags

Den Rest des Tages verbringen Sie in San Gimignano, wo Sie auch übernachten sollten (➤ 119).

Vierter Tag

Vormittags

Fahren Sie die 85 Kilometer in östliche Richtung nach **Arezzo** (➤ 108). In ungefähr zwei Stunden kann man den Freskenzyklus Piero della Francescas besichtigen und das bezaubernde mittelalterliche Stadtzentrum erkunden.

Mittags

Ein Mittagessen im **La Torre di Gnicche** (➤ 121).

Nachmittags

30 Kilometer südlich von Arezzo liegt **Cortona** (➤ 111), dort können Sie eine gute Stunde im alten Ortskern umherschlendern. Statten Sie den Museen Cortonas einen Besuch ab (rechts: Fra Angelicos *Verkündigung* befindet sich im Museo Diocesano).

O

Siena: Piazza del Campo

Siena liegt auf drei Hügeln, jeder entspricht, grob geschätzt, einem *terzo* oder »Drittel«, einem von drei Verwaltungsbereichen, in die man die mittelalterliche Stadt einst eingeteilt hatte. Nahe der Stelle, an der sich die drei Hügel treffen, liegt Sienas atemberaubend schöne Piazza del Campo, Europas größter mittelalterlicher Platz.

Die Lage des Campo wurde von den Stadtoberen mit Bedacht ausgewählt, war aber quasi von der Geografie vorgegeben. Die so genannten *terzi* gliedern sich bis heute in mehrere kleinere Stadtviertel *(contrade)* auf. Diese mittelalterlichen Pfarrbezirke können sich auch heute noch über ein starkes Zusammengehörigkeitsgefühl ihrer Bewohner freuen. Um Auseinandersetzungen zu vermeiden, wählten die mittelalterlichen Herrscher einen Stadtmittelpunkt, der nicht zu irgendeiner einzigen *contrada* gehörte. Außerdem eignete sich der Platz vortrefflich als Arena für den Palio (➤ 28). Der Campo besitzt eine für Arenen charakteristische Muschelform und wird von **mittelalterlichen Palästen** umgeben. Setzen Sie sich in eines der zahlreichen teuren Cafés am Rande des Platzes, und genießen Sie die Aussicht. Danach suchen Sie den riesigen Palazzo Pubblico auf, die Hauptsehenswürdigkeit des Campo.

Mittelalterliche Gebäude umgeben die ovale Piazza del Campo

Dieser Palazzo diente Siena viele Jahrhunderte lang als Rathaus. Zum Palazzo gehören der **Torre della Mangia** (1338–48), der 102 Meter hohe Turm auf der Ostseite, und das **Museo**

Der Anblick des Torre della Mangia ist genauso beeindruckend wie die Aussicht von seiner Turmspitze

In den zahlreichen Cafés rund um die Piazza del Campo pulsiert das Leben

Civico, das die oberen Räume des Palastes einnimmt. Bis zur Turmspitze führen insgesamt 503 Stufen. Von dort oben kann man einen überwältigenden Ausblick genießen. Es empfiehlt sich jedoch, zuerst das Museum zu besuchen, um noch genügend Kraft für seine Attraktionen zu besitzen. Man betritt das Museum durch einen kleinen Innenhof auf der rechten Seite – der Turmeingang befindet sich auf der linken Seite – und kommt dabei an der gotischen **Cappella di Piazza** (1352–1468) vorbei. Die Kapelle besitzt ein charakteristisch gewölbtes Portal zu Füßen des Turms. Mit dem Bau der Kapelle wurde 1352 begonnen; sie sollte an die vier Jahre zuvor wütende Pestepidemie erinnern. Die ersten Räume des Museums sind von untergeordneter Bedeutung, die darauf folgenden Räume bersten quasi vor Kunstwerken. Im schönsten Saal, in der **Sala del Mappamondo**, befinden sich zwei großartige Gemälde: links (wenn man mit dem Rücken zum Eingang steht) die *maestà* (1315) oder *Thronende Madonna*, von Simone Martini, einem der bedeutendsten Maler der Schule von Siena; an der gegenüberliegenden Wand hängt das *Porträt von Guidoriccio da Fogliano in Reiterpose*, das man viele Jahre lang

Das Porträt von Guidoriccio da Fogliano im Museo Civico, ein Werk von Simone Martini

ebenfalls Martini zuschrieb. Heute wird eine kontroverse Debatte geführt, wem das Werk nun wirklich zuzuschreiben sei. In der **Sala della Pace**, dem darauf folgenden Raum, ist einer der besten frühmittelalterlichen Freskenzyklen Europas zu besichtigen: Ambrogio Lorenzettis *Allegorien einer guten und schlechten Herrschaft* (1338). Die Arbeit beschreibt die Auswirkungen einer guten und einer schlechten bürgerlichen Herrschaft in einer Stadt, die offensichtlich Siena nachempfunden ist.

KLEINE PAUSE

An der Piazza del Campo reihen sich Cafés und Bars aneinander. Besuchenswert ist eigentlich jedes dieser Lokale. Den besten Blick auf den Campo bietet allerdings die **Bar-Gelateria La Costellera** (nicht beschildert) in der Via di Città 33.

Museo Civico

201 D3 · Piazza del Campo · 0577 292 263 · Juli–Aug. tägl. 10–23; Mitte März–Juni und Sept.–Okt. 10–19; Nov.–Mitte März 10–18.30 Uhr · teuer

Torre della Mangia

201 D3 · Piazza del Campo · 0577 292 263 · Juli–Aug. tägl. 10–23; Mitte März–Juni und Sept.–Okt. 10–19; Nov.–Mitte März 10–16 Uhr · mittel

PIAZZA DEL CAMPO: INSIDER-INFO

Top-Tipps: Die **Parkplatzsuche** in der Innenstadt von Siena gestaltet sich schwierig, da die meisten Straßen für den Verkehr gesperrt sind. Benutzen Sie am besten ein Parkhaus am Rande der Stadt.

- Sienas **historisches Zentrum** ist nicht besonders groß und lässt sich leicht zu Fuß bewältigen. Busse oder Taxis sind nur nötig, falls Sie mit dem Zug nach Siena kommen. Der Bahnhof befindet sich ungefähr zwei Kilometer vom Campo entfernt. In die Stadt führt der Weg bergauf. Das ist jedoch besser, als einen Bus in die Innenstadt zu nehmen, denn dieser fährt von der entgegengesetzten Seite des Bahnhofsvorhofs ab.

0

Siena: Piazza del Duomo

Die Piazza del Duomo ist nicht so groß und spektakulär wie der Campo, doch mit dem Dom (*duomo*), dem Museo dell'Opera del Duomo und dem Spedale di Santa Maria della Scale verfügt der Platz über drei der schönsten und eindrucksvollsten Gebäude der Stadt – und über viele Kunstschätze.

Siena ging aus einer etruskischen Siedlung hervor und wurde später unter dem Namen Saena Julia römisch. Von der römischen Stadt ist nur wenig übrig geblieben, wobei die Lage des Doms, am höchsten Punkt der Stadt, fast sicher den Standort des römischen Minervatempels markiert. Mit den Bauarbeiten zum Dom wurde um 1179 begonnen. 1296 war er weitgehend fertig gestellt. 1339 beschloss man, ein neues Kirchenschiff zu bauen, es sollte das größte Europas werden. Doch die Pest des Jahres 1348 und der damit verbundene Bevölkerungsrückgang beendete abrupt dieses gewaltige Vorhaben. Man kann heute noch Elemente des »neuen« Baus rechts (östlich) des Doms sehen.

Die wunderschöne **Domfassade** wurde weitgehend vom Bildhauer Giovanni Pisano gestaltet und fällt selbst in dieser Region, wo doch in Florenz, Pisa und Lucca herrliche Kirchenbauten stehen, als außerwöhnlich schön auf: Auch das **Kircheninnere** ist kostbar ausgestaltet, der Fußboden besteht aus 56 *graffiti*, Marmorintarsien, die 40 der besten Künstler aus Siena zwischen 1369 und 1547 herstellten. Die Büsten rund um das Hauptschiff stellen 172 Päpste und 36 Kaiser des Heiligen Römischen Reiches dar.

Der schwarzweiß gestreifte *Duomo* von Siena besitzt eine charakteristische pisanisch-romanische Architektur

Im oberen Bereich der linken (nördlichen) Seite des Hauptkirchenschiffes liegt der Eingang zur **Libreria Piccolomini** (Bibliothek), die mit herrlichen Fresken, *Motiven aus dem Leben von Papst Pius II.* (1502–09) des umbrischen Künstlers Pinturicchio, geschmückt ist. Pius war auch als Enea Silvio Piccolomini bekannt und stammte aus Pienza (► 132). Links vom Bibliothekseingang wachen die Statuen ***Altre Piccolomini*** (1501–04), von denen vier von Michelangelo stammen.

Außerhalb der Bibliothek, auf derselben Kirchenseite, erhebt sich die wunderbar geschnitzte **Kanzel** (1266–68), eine Arbeit von Nicola Pisano und eines der großartigsten Werke italienischer mittelalterlicher Bildhauerkunst. In der linken Ecke des nördlichen Querschiffes finden sich in der **Cappella di San Giovanni Battista** weitere Fresken (1504) von Pinturicchio sowie eine Statue von Johannes dem Täufer (1457) von Donatello. Weitere seiner Kunstwerke sind am Ende der Kathedrale im halb versteckten **Battistero di San Giovanni** (Taufkapelle) zu besichtigen: Das Taufbecken (1417–30) zeigt fünf Bronzetafeln von Donatello, Lorenzo Ghiberti (beide aus Florenz) und dem damals führenden Bildhauer Sienas, Jacopo della Quercia.

Fresken und Bronzetafeln am Taufbecken des Doms

Spedale di Santa Maria della Scala

Das etwas unscheinbar wirkende Gebäude gegenüber der Kathedrale diente fast ein Jahrtausend lang als Zentralhospital von Siena – erst in den Neunzigerjahren wurde es geschlossen. Heute ist der mittelalterliche Innenraum mit einem Freskenzyklus aus dem 15. Jahrhundert und anderen Kunstwerken für die Öffentlichkeit zugänglich. Das Hospital wurde im 11. Jahrhundert ursprünglich gegründet, um Pilgern eine Unterkunft zu geben. Geldspenden machten es möglich, Kunstwerke in

Bildhauer- und mittelalterliche Kunst in der Sala della Statue im Museo dell'Opera del Duomo

Auftrag zu geben. Am beeindruckendsten darunter sind die Arbeiten in der **Sala del Pelegrinaio**, die mit einer Freskenreihe (1440) von Vecchiatta, Domenico di Bartolo und anderen Künstlern aus Siena geschmückt ist. Die Szenen zeigen Motive aus der Geschichte des Hospitals. Auch die Sagrestia Vecchia ist mit einem Freskenzyklus von Vecchietta ausgestaltet: Er zeigt das *Glaubensbekenntnis* (1446–49) und ein Altarbild der *Madonna della Misericordia* (1444) von Domenico di Bartolo.

Museo dell'Opera del Duomo

In der **Sala delle Statue** des Museums stehen von der Fassade des Doms entfernte Skulpturen (1284–96), die von Giovanni Pisano stammen. Eines der Meisterwerke, das Relief der *Madonna und Kind* (1456–59), in diesem Raum stammt von Donatello. Ein zweites Relief, *Madonna und Kind mit dem hl. Giralmo* (ca. 1430–35), ist ein Werk von Jacopo della Quercia. Die Sala di Duccio im ersten Stockwerk wird von Duccios riesiger *Maestà* (1308–11) beherrscht, einem der großartigsten italienischen Gemälde des Mittelalters.

KLEINE PAUSE

Die **Taverna del Capitano**, fast direkt an der Piazza del Duomo gelegen, lädt zum Mittagessen ein.

PIAZZA DEL DUOMO: INSIDER-INFO

Top-Tipps: Sparen Sie etwas Geld, und kaufen Sie sich das **Biglietto Cumulativo** (teuer). Dieses Sammelticket ist fünf Tage lang gültig und gestattet den Zutritt zur Libreria Piccolomini, zur Taufkappelle, zum Museo dell'Opera del Duomo und zum Oratorio di San Bernardino.

- Versäumen Sie nicht, die **wunderschöne Aussicht** auf Siena und die umliegende Landschaft von der Außenterrasse des Museo dell'Opera del Duomo zu genießen.

Die *Maestà* von Duccio aus dem 14. Jahrhundert in der Sala di Duccio des Museo dell'Opera del Duomo

Duomo
200 C2 Piazza del Duomo 0577 238 048 Mitte März–Okt. Mo–Sa 7.30–19.30 Uhr, So und feiertags 16.30–19.30 Uhr; Nov.–Mitte März Mo–Sa 7.30–13, 14.30–17 Uhr, So und feiertags 14.30–17 Uhr frei

Libreria Piccolomini
200 C3 Piazza del Duomo 0577 238 048 Mitte März–Okt. Mo–Sa 9–19.30 Uhr, So und feiertags 14.30–19.30 Uhr; Nov.–Mitte März Mo–Sa 10–13, 14.30–17 Uhr, So und feiertags 14.30–17 Uhr preiswert

Battistero di San Giovanni
200 C3 Piazza San Giovanni 0577 238 048 Mitte März–Sept. tägl. 9–19.30; Okt. tägl. 9–18; Nov.–Mitte März 10–13, 14.30–17 Uhr preiswert

Spedale di Santa Maria della Scala
200 C2 Piazza del Duomo 2 0577 224 811 April–Okt. tägl. 10–18 Uhr; Nov.– März 10.30–16.30 Uhr mittel

Museo dell'Opera del Duomo
202 C2 Piazza del Duomo 8 0577 238 048 Mitte März–Sept. tägl. 9–19.30 Uhr; Okt. tägl. 9–18 Uhr; Nov.–Mitte März 9–19.30 Uhr mittel

Siena: Kirchen und Galerien

Wer das Museo Civico (➤ 93), den Dom (➤ 95), das Spedale (➤ 96) und das Museo dell'Opera (➤ 97) besucht hat, wird schon einige atemberaubende Gemälde bewundert haben. Doch die beste Sammlung von Sieneser Kunst befindet sich in der Pinacoteca Nazionale, der bedeutendsten Galerie der Stadt. Hier lässt sich auch die Entwicklung der Sieneser Schule, zu deren Vertretern unter anderem Sassetta und Vecchietta gehören, nachvollziehen.

Pinacoteca Nazionale

Die frühe Malkunst in Siena war stark von der byzantinischen Kunst beeinflusst, die sich durch die verschwenderische Verwendung von vergoldeten Bildhintergründen und eine stilisierte Darstellung der Madonna mit Kind auszeichnete. Frühe Meister dieser Tradition in Siena, deren Werke heute in der Pinacoteca zu sehen sind, waren Guido da Siena, Duccio, Simone Martini sowie die Brüder Pietro und Ambrogio Lorenzetti, die während der Pestepidemie von 1348 starben. Die ersten Künstler des 15. Jahrhunderts, die einer neuen Stilrichtung folgten, waren Sassetta und Vecchietta; doch viele andere, vor allem Sano di Pietro, Giovanni di Paolo und Matteo di Giovanni, blieben weiter dem alten Stil treu. Im 16. Jahrhundert war die Blütezeit der alten Malkunst in Siena weitgehend vorüber. Eine Ausnahme waren die Arbeiten des Manieristen Domenico Beccafumi und von Sodoma, der für seine Fresken in Monte Oliveto Maggiore (➤ 130) berühmt ist.

Das geräumige Hauptschiff der Kirche von San Domenico, die der Schutzheiligen von Siena, der hl. Katharina, geweiht ist

Kirchen

Viele der Kirchen Sienas können zusammen mit den wichtigsten Sehenswürdigkeiten der Stadt, die alle im Zentrum liegen, besichtigt werden – mit Ausnahme der Santa Maria dei Servi und San Francesco: Beide sind einige Gehminuten von der Innenstadt (► 178) entfernt. Der gewaltige Backsteinbau der gotischen Kirche **San Domenico** aus dem 13. Jahrhundert an der Piazza San Domenico überragt das nördliche Stadtbild. In der Kirche

Sodomas *Kreuzabnahme* befindet sich in der Kirche San Francesco

ist die Cappella di Santa Caterina der hl. Katharina geweiht, der Schutzheiligen der Stadt. In einem Reliquienschrein dieser Kapelle wird der Kopf der Heiligen aufbewahrt. Die Wandfresken (1526) von Sodoma stellen Szenen aus ihrem Leben dar. Die Kirche **San Francesco** (Piazza San Francesco) besitzt Fresken von Sassetta sowie Pietro und Amrogio Lorenzetti. Besuchenswert ist die Kirche jedoch wegen des Oratorio di San Bernardino. In seinem Innern befinden sich Fresken von Sodoma und Beccafumi (*Leben der Jungfrau*, 1496–1518). Die **Santa Maria dei Servi** (Via dei Servi) liegt nur zehn Minuten vom Campo entfernt und verfügt nicht nur über zahlreiche Kunstschätze, sondern auch über eine wunderbare Aussicht auf die Stadt. Den ersten Altar im rechten Gang schmückt ein Madonnengemälde von dem Florentiner Coppo da Marcovaldo (geb. 1225), der bei einer Schlacht gegen Siena in Gefangenschaft geriet und sich mit der Anfertigung dieses Gemäldes freikaufte. Außerdem sehen Sie zwei drastische Darstellungen der Ermordung der Unschuldigen Kinder: Die eine stammt von Matteo di Giovanni (1491), die andere entstand 150 Jahre früher und ist ein Werk von Pietro Lorenzetti.

Die Kirche Santa Maria dei Servi steht unweit der alten Stadtmauer von Siena

Pinacoteca Nazionale

200 C2 · Palazzo Buonsignori, Via San Pietro 29 · 0577 281 161 · Mo 8.30–13.30 Uhr, Di–Sa 8.15–19.15 Uhr, So 8.15–13.15 Uhr · mittel

Oratorio di San Bernardino

201 E4 · Piazza San Francesco · kein Telefon · Mitte März–Okt. tägl. 10.30–13.30, 15–17.30 Uhr · preiswert

KIRCHEN UND GALERIEN: INSIDER-INFO

Top-Tipps: Denken Sie daran, dass die meisten Kirchen zwei oder drei Stunden lang, meist um die Mittagszeit, geschlossen sind.

- Zuweilen dürfen kleinere Kirchen und Museen der einzelnen *contrade* in Siena besucht werden. Weitere Auskünfte erteilt die Touristeninformation (➤ 41).
- Der sieben Tage lang gültige **»Siena Itinerari d'Arte«** (mittel) gestattet den Eintritt in das Museo Civico, das Museo dell'Opera del Duomo, die Taufkappelle, das Spedale di Santa Maria della Scale, die Sant'Agostino, das Oratorio di San Bernadino, die Libreria Piccolomini und den Palazzo delle Papesse (eine moderne Kunstgalerie). Erhältlich an allen Sehenswürdigkeiten.

Außerdem: Den **Palazzo Piccolomini** (Banchi di Sotto 52, Tel. 0577 247 145, Mo–Fr 9–13 Uhr; bei Drucklegung wegen Restaurierung geschlossen; frei) kennen nur wenige Touristen, er ist aber wegen des Stadtarchivs einen Besuch wert. Das älteste Dokument stammt aus dem Jahre 736 n. Chr. Beeindruckend sind jedoch die Tavolette di Biccherna, bemalte Holztafeln, die einst als Decktitel für Dokumente verwendet wurden. Gehen Sie die Stufen vom Innenhof des Palastes zum obersten Stockwerk hoch, wo Sie ein Führer erwartet.

5

San Gimignano

San Gimignano mit seinen zahlreichen alten Türmen wirkt wie ein italienisches Dorf aus dem Bilderbuch. Der Ort gleicht einem »mittelalterlichen Manhattan« mit allerdings unberührten Straßen und einer schönen Berglage. San Gimignano verfügt über ein ausgezeichnetes Kunstmuseum, tolle Aussichtspunkte und zwei reizvolle, freskengeschmückte Kirchen.

Die Hauptplätze

Das Dorf erkundet man am besten vom südlichen Stadttor, der **Porta San Giovanni**, aus. Von dort geht man die Via San Giovanni, die Hauptstraße, entlang zu den zwei miteinander verbundenen Hauptplätzen der Stadt, der Piazza della Cisterna und der Piazza del Duomo. Das Dorf ist winzig und misst von einem zum anderen Ende gerade einmal 750 Meter. Alle Sehenswürdigkeiten lassen sich also bequem bei einem Spaziergang erkunden. Geht man die Via San Giovanni bergauf, liegt rechts **San Francesco**, eine ehemalige Kirche aus dem 13. Jahrhundert, in der heute ein Wein- und Lebensmittelgeschäft untergebracht ist. Von der rückwärtigen Terrasse erhält man einen schönen Ausblick auf die reizvolle Umgebung.

Am oberen Ende der Via San Giovanni erreichen Sie den **Arco dei Becci**, einen mittelalterlichen Torbogen, der noch in den ursprünglichen Maueranlagen steht – ein zweiter Wall mit

Von der Torre Grossa hat man einen Ausblick auf San Gimignano und die herrliche Umgebung

der Porta San Giovanni wurde im 13. Jahrhundert hinzugefügt, als das Dorf über die alte Dorfgrenze hinauswuchs. Der Torbogen führt zur Piazza della Cisterna, die ihren Namen dem mittelalterlichen Brunnen *(cisterna)* in der Mitte des Platzes verdankt. Hier liegen auch zwei der größeren Hotels (➤ 119) neben einigen guten Cafés und *gelaterie* (Eisdielen).

Im Norden grenzt der Platz an die **Piazza del Duomo**, wo sich die schönsten Sehenswürdigkeiten des Dorfes befinden: An der Westseite erhebt sich die **Collegiata**, einst eine Kathedrale, bis das Dorf seinen Bischofssitz verlor. Links davon ragt der **Palazzo del Popolo** (1288) empor, in dem die Touristeninformation (➤ 107) und das Museo Civico untergebracht sind.

Die alten Türme von San Gimignano bescherten dem Städtchen den Spitznamen »Manhattan des Mittelalters«

Collegiata

Die Collegiata entstand wahrscheinlich im Jahre 1056, wurde jedoch 1239 umgebaut und in den Jahren 1460 bis 1468 von dem Architekten und Bildhauer Giuliano da Maiano neu gestaltet. Die schlichte Fassade täuscht: Das Innere ist fast vollständig mit herrlichen Fresken geschmückt, die in drei übereinander liegenden Zyklen angeordnet sind. Die rückwärtige Wand wird von Taddeo di Bartolos ***Jüngstem Gericht*** (1410) eingenommen, flankiert von ***Hölle*** und ***Paradies***, die auf Mauervorsprüngen aufgemalt wurden. Dazwischen befindet sich ein Fresko von Benozzo Gozzoli vom hl. Sebastian (1465), der oft bei Pestepidemien angerufen wurde. Übrigens: Eine der Pestseuchen hatte San Gimignano heimgesucht – ein Jahr, bevor das Gemälde in Auftrag gegeben wurde.

Der **zweite Zyklus** (etwa 1333) an der Südwand wird Lippo Memmi oder Barna da Siena, die beide aus Siena stammten, zugeschrieben. Die drei Gemäldereihen, teilweise beschädigt, zeigen Motive aus dem *Neuen Testament*. Der **Zyklus** (1356–67) auf der gegenüberliegenden Mauer stammt von Bartolo di Fredi, ebenfalls aus Siena. Die Szenen aus dem *Alten Testament* zeigen u.a. Motive der Schöpfung im Lichtraum über der Hauptwand.

Der Brunnen aus dem 13. Jahrhundert steht inmitten der Piazza della Cisterna

Aber die Kirche birgt noch weitere Kunstschätze: In der **Cappella di San Gimignano** (links vom Hochaltar) steht ein Altar mit wunderbarem Schnitzwerk, eine Arbeit von Benedetto da Maiano (einem Bruder von Giuliano). Im rechten (südlichen) Seitenschiff befindet sich die **Cappella di Santa Fina**, die einige Kunstwerke birgt, u.a. einen bezaubernden Altar, einen Marmorschrein und Flachreliefs (1475) von Benedetto da Maiano sowie zwei Fresken von Domenico Ghirlandaio aus

Freskenzyklen in der Collegiata

Florenz über das Leben von Santa Fina, einer Heiligen des 13. Jahrhunderts.

Museo Civico

Nach dem Besuch der Collegiata sollten Sie das Museo Civico besuchen, dessen Turm, die **Torre Grossa** (begonnen 1300), als einziger in San Gimignano besteigbar ist. Die Türme dienten der Verteidigung und waren gleichzeitig Statussymbole der Adligen. In den meisten italienischen Städten und Dörfern gab es einst ähnliche Türme; dass in San Gimignano noch so viele stehen, liegt an der Pest von 1348, die das Dorf so schwer traf, dass es seine Unabhängigkeit aufgab und sich unter den Schutz von Florenz begab. Dadurch zerbrach die Macht der Adligen – und ihre Türme, die ihren Sinn verloren, blieben stehen.

Der erste öffentlich zugängliche Raum des Museums wird **Sala del Consiglio** oder Sala di Dante genannt. Hier versuchte Dante, damals Diplomat im Dienste von Florenz, die Stadträte von San Gimignano für die florentinische Sache zu gewinnen. Der Raum wird von dem riesigen Gemälde von Lippo Memmi, der ***Maestà*** (1317) oder *Thronenden Madonna*, beherrscht. Vier Räume im **zweiten Stock** bilden das Herz des Museums; zu sehen sind hier Gemälde aus Florenz, Umbrien und Siena, u. a. von Filippino Lippi, Pinturicchio und Coppo da Marcovaldo (► 101). Einige der schönsten Bilder stammen jedoch von weniger bekannten Künstlern, dazu zählen die Darstellungen des hl. Gimignano (von Taddeo di Bartolo) sowie des hl. Bartholomäus und der hl. Fina (beide von Lorenzo di Niccolò). Nicht versäumen sollte man ein **Werk aus dem 14. Jahrhundert** von Memmo di Filipuccio – den *Hochzeitszyklus*, der ein Paar im Bad und beim Zubettgehen zeigt.

Die Kirche Sant'Agostino

Gehen Sie von der Piazza del Duomo zur Kirche Sant'Agostino. Nehmen Sie die Via San Matteo oder eine der kleinen Nebenstraßen wie die Via delle Romite. Wenn Sie der erstgenannten Straße folgen, dann stoßen Sie unweigerlich auf die romanische Kirche **San Bartolo** (13. Jh.).

Wie fast alle Kirchen, die die Augustiner *(Agostini)* errichten ließen, steht auch diese Kirche, da der Augustinerorden erst sehr spät mit dem Bau von Kirchen begann, am Ortsrand.

Sant'Agostino ist für den 17-teiligen **Freskenzyklus** von Benozzo Gozzoli bekannt. Er zeigt Begebenheiten aus dem *Leben des hl. Augustinus* (1464–65). Wie in der florentinischen Cappella dei Magi (► 71) fällt auch dieses Werk Gozzolis durch seinen Detailreichtum auf. Das beeindruckende Fresko über dem Hochaltar stammt von Piero del Pollaiuolo und stellt die ***Krönung der Jungfrau*** (1483) dar.

Die **Cappella di San Bartolo** birgt das Grabmal des hl. Bartolo, das 1495 von Benedetto da Maiano fertig gestellt wurde. Auf den zahlreichen und wunderschönen Flachreliefs werden die Wundertaten dieses Heiligen aus dem 13. Jahrhundert dargestellt.

Gozzolis Darstellung des jungen Augustinus in der Kirche Sant'Agostino

SAN GIMIGNANO: INSIDER-INFO

Top-Tipps: Zwischen Ostern und Oktober ist San Gimignano oft von **Tagesausflüglern** aus Florenz oder Siena überlaufen. Um das Dorf wirklich genießen zu können, sollten Sie hier über Nacht bleiben.

- Ein **Kombi-Ticket** ist für das Museo Civico, die Cappella di Santa Fina, das Museo Ornitologico und das Museo d'Arte Sacra erhältlich. Weitere Auskünfte erteilt die Touristeninformation (Tel. 0577 942 243).
- Wenn Sie mit einem Pkw reisen, versuchen Sie nicht, innerhalb der Dorfmauern zu parken. Es gibt einen großen **Autoparkplatz** südlich des Dorfes an der Via Roma, nur einen kurzen Weg von der Porta San Giovanni entfernt. Kleinere Parkplätze liegen an der Straße, die außen an der Stadtmauer vorbeiführt.

Museen und mittelalterliche Straßen

Bevor Sie das Dorf verlassen, sollten Sie einige der ruhigeren Ecken San Gimignanos auf sich wirken lassen: Von Sant'Agostino gehen Sie östlich auf der Via Folgore da San Gimignano zur Kirche **San Iacopo** (13. Jh.), angeblich eine Gründung der Tempelritter. Von hier aus gehen Sie in Richtung Süden zu einer anderen Kirche aus dem 13. Jahrhundert, **San Lorenzo in Ponte** (in der Via Santo Stefano). Westlich der Piazza della Cisterna und der Piazza del Duomo sollten Sie bei der **Rocca** (1353) vorbeischlendern, einer Burgruine inmitten eines ruhigen Parks. Vielleicht möchten Sie auch beim **Museo d'Arte Sacra** vorbeischauen, in dem religiöse Kunst ausgestellt wird, sowie dem **Museo Ornitologico**, einem Vogelkundemuseum. Und wer's mag, der kann auch das **»Foltermuseum«** in der Via del Castello besuchen (tägl. 10–20 Uhr, teuer).

KLEINE PAUSE

Mittag essen kann man in der **Osteria del Carcere** (➤ 122), in der **Osteria delle Catene** (➤ 123) oder im **Dorando** (➤ 122).

Collegiata und Cappella di Santa Fina

204 B3 · Piazza del Duomo · 0577 940 008 · April–Okt. Mo–Fr 9.30–19.30 Uhr, Sa 9.30–17 Uhr, So 13–17 Uhr; Nov.–Dez. und März Mo–Fr 9.30–17 Uhr, So 13–17 Uhr; Jan. und Feb. nur Gottesdienste · mittel

Museo Civico und Torre Grossa

204 B3 · Palazzo del Popolo, Piazza del Duomo · 0577 940 340 · März–Okt. tägl. 9.30–19.30 Uhr; Nov.–Feb. Sa–Do 10–17.30 Uhr · mittel

Sant'Agostino

204 A4 · Piazza Sant'Agostino · kein Telefon · April–Okt. tägl. 7–12, 13–19 Uhr; Nov.–März 7.30–12, 15–18 Uhr · frei

Museo d'Arte Sacra

204 B3 · Piazza Pecori · 0577 942 226 · April–Okt. tägl. 9.30–19.30 Uhr; Nov.–Mitte Jan. und März tägl. 9.30–17 Uhr; Ende Jan.–Feb. geschl. · mittel

Museo Ornitologico

204 A3 · Via Quercecchio · 0577 941 388 · April–Sept. tägl. 9.30–18 Uhr; Jan.–März und Okt.–Dez. evtl. geschl. · preiswert

7

Arezzo

Arezzo ist vor allem wegen eines Freskenzyklus' von Piero della Francesca bekannt, wobei die Bedeutung dieses Meisterwerks aus der Renaissance das historische Stadtzentrum oft vergessen lässt: Das Viertel ist eine faszinierende Mischung aus Kirchen, Plätzen, mittelalterlichen Straßen und Museen.

Die beeindruckende mittelalterliche Piazza Grande in Arezzo; die Apsis der Santa Maria della Pieve ist links zu sehen

Das ursprünglich etruskische Arezzo entwickelte sich zu einem römischen Zentrum und blühte bis ins Mittelalter, als seine Position auf den wichtigen Handelsrouten über die Apenninen großen Wohlstand brachte. Arezzo stieg vor allem als wichtiges Goldwaren- und Schmuckzentrum auf – Handwerke, die noch heute hier ausgeübt werden; allerdings verlor die Stadt etwas von ihrer wirtschaftlichen und strategischen Bedeutung, als sie im Zweiten Weltkrieg bombardiert wurde. Die Vororte der Stadt sind daher modern und wenig einladend, sodass die fast erhaben wirkende, mittelalterliche Insel im Stadtzentrum noch schöner wirkt.

Die Legende des Wahren Kreuzes

Doch diese Insel kann auf Sie warten – erst sollten Sie dem **Freskenzyklus des Piero della Francesca** in San Francesco einen Besuch abstatten, einer ansonsten unspektakulären gotischen Kirche aus dem 14. Jahrhundert. Der Zyklus wurde auf die Wände rund um den Hochaltar aufgetragen und zeigt die ***Legende des Wahren Kreuzes*** (1453–66), eine verschlungene Geschichte, die auf der *Legenda Aurea* (Goldene Legende) beruht, einer Sammlung eher zweifelhafter Geschichten aus dem 13. Jahrhundert. Im Grunde folgen die Bilder der Geschichte des Kreuzes, an dem Christus einst gekreuzigt wurde, und zeichnen den Weg des Holzes nach, das wiederum aus dem Baum stammen soll, der auf Adams Grab wuchs; die Geschichte folgt dem Weg des Holzes bis zur

Wiederentdeckung durch Helena, die Mutter des römischen Kaisers Konstantin. Zwar erzählt uns Piero della Francesca diese Geschichte, doch er war vor allem an den künstlerischen Möglichkeiten der Symmetrie interessiert, an Raum und Perspektive. Daher weisen alle seine Gemälde eine geheimnisvolle, fast beunruhigende Wirkung auf – und daher folgt sein Zyklus der Geschichte nicht geradlinig: Beispielsweise dürfte auffallen, dass Piero zwei wichtige Schlachtszenen so malte, dass sie sich spiegelbildlich gegenüberstehen – die großen unteren Tafeln auf der rechten und der linken Wand.

Kirchen, Paläste und Gärten

Nachdem Sie die Fresken angeschaut haben, gehen Sie die kurze Strecke zum Hauptplatz von Arezzo, der steil abfallenden **Piazza Grande**, die von verschiedensten Gebäuden aus allen Epochen gesäumt wird. Beherrscht wird der Platz jedoch auf der linken (West)Seite von der halbrunden und gebogenen Apsis der **Santa Maria della Pieve**, einer schönen romanischen Kirche aus dem 12. Jahrhundert, deren Eingang um die Ecke, am Corso Italia, versteckt liegt. Nehmen Sie sich etwas Zeit für einen Rundgang durch das Innere, da sich hier ein bedeutender Hochaltar mit der *Madonna und den Heiligen* (1320) von Pietro Lorenzetti aus Siena befindet. In der nordwestlichen Ecke des Platzes erhebt sich die **Fraternità dei Laici**, ein Palast aus dem 15. Jahrhundert, der sich seiner gotischen Türen und einer schönen Skulptur (1434) von Bernardo Rossellino im Lichtraum rühmen kann. Am nördlichen oberen Ende der Piazza liegt der **Palazzo delle Logge** (1573) mit einer Loggia, die Giorgio Vasari, ein bekannter Maler, Architekt und Historiker aus Arezzo, gestaltete. Sein früheres Wohnhaus, die **Casa Vasari** nahe San Domenico

Eine Szene aus dem Fresko *Legende vom Wahren Kreuz* von Piero della Francesca in der Kirche von San Francesco

AREZZO: INSIDER-INFO

Top-Tipps: Wie in den meisten toskanischen Städten sollten Sie auch in Arezzo nicht versuchen, im Stadtzentrum zu **parken**; Stellen Sie den Wagen am Bahnhof oder auf den gebührenpflichtigen Parkplätzen außerhalb der Stadtmauern ab. Vom Bahnhof sind es 400 Meter nach San Francesco, etwas näher liegt der Duomo.
• Arezzo ist einer der besten Orte in der Toskana, um **Goldschmuck** einzukaufen.

(➤ 110), ist wegen der wunderschön eingerichteten Räume sehenswert. Gehen Sie von der Piazza Grandeaus in Richtung Norden auf dem Corso Italia und dann links in eine Seitenstraße; Sie passieren das Haus Nr. 28 an der Via dell'Orto, das als **Geburtshaus** eines anderen berühmten Bürgers aus Arezzo gilt, des Dichters und Wissenschaftlers **Petrarca**. Weiter nördlich trifft man auf den **Duomo** der Stadt, der einige Kunstschätze enthält: ein kleines Fresko der *Maria Magdalena* von Piero della Francesca am nördlichen Gang und das Grab von Guido Tarlati (1330), außerdem einige fein gearbeitete Buntglasfenster (1523) und Skulpturen (1334) sowie Fresken aus dem 15. Jahrhundert. Östlich des Doms erstreckt sich der Passeggio del Prato, eine anziehende Park- und Grünanlage, die vom **Fortezzo Medicea** (1538–60) gekrönt wird, einer fünfeckigen Festung. In der anderen Richtung, westlich des Duomo, erhebt sich die gotische **Kirche von San Domenico** (ab 1275) mit einem hervorragenden Altar (ca. 1260) von Cimabue, dem Lehrer Giottos. Südlich davon steht in der Via Garibaldi die **Santissima Annunziata**. Das Museum am Eingang, das **Museo d'Arte Medioevale e Moderna** (Via San Lorentino 8), zeigt eine etwas enttäuschende Sammlung.

Der berühmte Dichter Petrarca stammte aus Arezzo

KLEINE PAUSE

Das **Caffè dei Costantini** gleich außerhalb von San Francesco bietet sich zum Mittagessen an; im Passeggio del Prato kann man sehr schön **picknicken**.

San Francesco
197 E3 · Piazza San Francesco · 0575 20 630
April–Okt. tägl. 8.30–12, 14–19.30 Uhr; Nov.–März 14.30–18.30 Uhr · Kirche: frei; Fresken: teuer

Pieve di Santa Maria
197 E3 · Corso Italia · 0575 22 629
tägl. 8–13, 15–19.30 Uhr · frei

Casa di Vasari
197 E3 · Via XX Settembre 55
0575 409 040 · Mo und Mi–Sa 9–19, So 9–13 Uhr · frei

8

Cortona

Cortona begeistert vor allem durch die herrliche Aussicht: Die Stadt liegt auf einem Hügel und bietet einen grandiosen Panoramablick über die Landschaft der Toskana und Umbrien, bilderbuchgleiche mittelalterliche Straßen und kleine Kirchen und Museen.

Wenn Sie Cortona mit dem Wagen besuchen, werden Sie sich der Stadt wahrscheinlich von Camucia auf der N71 nähern, die an der **Santa Maria del Calcinaio** vorbeiführt, einer nicht zu verfehlenden Renaissance-Kirche, rund 2,5 Kilometer außerhalb der Stadtmauern. Der Kirchenbau begann 1485, und der Grundriss in Form eines griechischen Kreuzes ähnelt der Kirche von San Biagio bei Montepulciano sehr (► 135). Die Kirche verdankt ihren Namen einem Kalkbrenner *(calcinaio)*, der an dieser Stelle eine Marienerscheinung hatte. In jedem Fall ist die Kirche ein reizvolles Bauwerk.

Museen

Hinter den Stadtmauern erstreckt sich die Stadt rund um die Piazza della Repubblica. Von hier aus führt ein kurzer Spaziergang nach Nordwesten über die Piazza Signorelli zur Piazza del Duomo: Hier liegen der nicht besonders beeindruckende Dom und das allerdings sehenswerte **Museo Diocesano**. Höhepunkte des Gemäldemuseums sind zwei Meisterwerke von Fra Angelico, der im Dominikanerkloster der Stadt zwei Jahre lang als Mönch lebte. Angelicos Gemälde, ***Verkündigung*** und ***Madonna und Kind mit Heiligen*** (1428–30), hängen hier neben anderen bemerkenswerten Arbeiten, darunter Werke von Sassetta, Barto-

In Cortona lebt man in gut erhaltenen mittelalterlichen Wohnhäusern

lomeo della Gatta und dem aus Cortona stammenden Luca Signorelli. Versäumen Sie nicht die archäologische Hauptattraktion, einen römischen **Sarkophag** aus dem 2. Jahrhundert n. Chr., der mit Motiven des Kampfes zwischen Dionysos und den Amazonen verziert ist. Die Arbeit begeisterte auch die Renaissance-Bildhauer Donatello und Filippo Brunelleschi.

Das andere wichtige Kunstmuseum in Cortona, das **Museo dell'Accademia Etrusca**, widmet sich vor allem der etruskischen Geschichte. Die Stadt ist eine der ältesten in der Toskana und wurde vermutlich schon im 8. Jahrhundert v. Chr. von Etruskern gegründet. Gezeigt werden u. a. eine Bronzelampe aus dem 5. Jahrhundert v. Chr., die Lampadaria Etrusco, einige sehr schöne etruskische Schmuckstücke, Urnen und Vasen, der Inhalt eines teilweise rekonstruierten Etruskergrabes, eine vielfältige Sammlung an Silber, mittelalterlichen Gemälden, Renaissance-Medaillons und eine beeindruckende, wenngleich chaotische Sammlung antiker ägyptischer Exponate.

Die Burg und Kirchen

Vom Museum aus geht es eigentlich nur nach oben, vor allem wenn Sie die schönsten Aussichten in Cortona genießen und das einladende Straßengewirr im nördlichen Stadtviertel auf sich wirken lassen möchten. Der Weg zur **Fortezza Medicea**, einer Festungsruine, die auf Befehl von Cosimo I. de'Medici 1556 erbaut wurde, ist ein mühsamer Aufstieg. Doch die Aussicht von hier oben ist schier überwältigend: An klaren Tagen kann man im Dunst den Trasimenischen See im benachbarten Umbrien erkennen, einen der größten Seen Italiens. Zwischen den durcheinander daliegenden Mauerresten finden sich Teile der alten römischen und etruskischen Schutzwälle. Direkt unterhalb der Festung erhebt sich die Kirche **Santa Margherita** (1856 wieder erbaut), im Innern das Grab (1362) der Heiligen Margarete von Cortona, der verehrten Schutzheiligen der Stadt.

Wenn Sie zur Stadt zurückgehen, sollten Sie Ihren Weg so planen, dass Sie an der **San Cristoforo**, einer kleinen romanischen Kapelle an der Piazza della Pescaia, und der **San Nicolò** an der Via San Nicolò vorbeikommen. Eine weitere besuchenswerte Kirche ist **San Domenico** mit einem (heute verblichenen)

Santa Margherita wurde im 19. Jahrhundert wieder aufgebaut

Santa Maria del Calcinaio an den Abhängen unterhalb von Cortona

Außenfresko von Fra Angelico. Hinter der Kirche liegt Cortonas größte Grünanlage.

KLEINE PAUSE

La Locanda del Loggiata (➤ 122) bietet gute und leichte Mittagsgerichte an; **Tonino** bietet eine schöne Aussicht (➤ 122).

Museo Diocesano
197 E3 Piazza del Duomo 0575 62 830 April–Sept. Di–So 9.30–13, 15.30–19 Uhr; Nov.–März Di–So 10–13, 15–17 Uhr; Okt.–Nov. Di–So 10–1 Uhr, 15.30–18 Uhr mittel

Museo dell'Accademia Etrusca
197 E3 Piazza Signorelli 0575 630 415 April–Okt. Di–So 10–19 Uhr; Nov.–März Di–So 10–17 Uhr mittel

CORTONA: INSIDER-INFO

Top-Tipps: Versuchen Sie nicht, im Zentrum von Cortona zu **parken**; nehmen Sie stattdessen einen der Parkplätze außerhalb der Stadtmauern, bei den Stadttoren Porta Santa Maria, Porta Colonia oder Porta Sant'Agostino. Sie führen zur Piazza della Repubblica und zum Stadtzentrum.

Nach Lust und Laune!

2 Monteriggioni

Zwar wird San Gimignano als die am besten erhaltene mittelalterliche Stadt der Toskana gefeiert, doch ihr Glanz verblasst neben dem weniger bekannten und kleineren Dorf Monteriggioni: Dieser unverstellte Blick auf das Mittelalter besteht aus einem Ring turmbewehrter Stadtmauern auf einem Hügel inmitten von Olivenhainen – und ohne moderne Gebäude. Das Dorf liegt 13 Kilometer südlich der eher unansehnlichen, modernen Stadt Poggibonsi, etwas westlich der Hauptstraße zwischen Florenz und Siena (hier ist sie ausgeschildert). Wie auch Colle di Val d'Elsa sieht man den Ort von weitem – er ist einen Abstecher wert.

Monteriggioni wurde von Siedlern aus Siena 1203 als Verteidigungsbastion im Norden gegen Florenz erbaut. Die Mauern fügte man 1213 und 1219 hinzu, musste sie aber 1260 neu erbauen (damals wurden auch 14 Türme errichtet), nachdem die Florentiner sie 1244 zerstört hatten. Für die damalige Zeit waren die Verteidigungsanlagen außergewöhnlich und wurden von Dante sogar in seinem *Inferno* erwähnt, wo er die Türme als riesige Giganten in einer Schlucht beschrieb. Die entsprechende Passage aus der Dichtung (Canto XXXI, 40–44) begrüßt Besucher heute auf einer Steintafel am Dorfeingang. Das Dorf besteht aus wenig mehr als einer Pfarrkirche und einem Hauptplatz, der Piazza Roma, einer einzigen Straße, der Via Maggio, und einem 4-Sterne-Hotel mit Restaurant (► 119).

197 D3; es gibt in Monteriggioni keine Touristeninformation; Auskünfte erteilt die Touristeninformation Siena (► 41)

3 Colle di Val d'Elsa

Colle di Val d'Elsa wird nur von wenigen Touristen besucht, da die meisten direkt in das nahe San Gimignano (► 102) fahren. Wer hier jedoch etwas verweilen möchte, wird meist abgeschreckt von Colle Basso, dem ab-

Die Wallanlagen von Monteriggioni: Dante beschrieb die Türme des Dorfes als Riesen in einer Schlucht

Ein Labyrinth wunderschöner blumengeschmückter Gassen macht den Charme von Colle di Val d'Elsa aus

stoßenden und überwiegend modernen Vorort der Stadt. Man sollte sich davon jedoch nicht abschrecken lassen, denn der alte Stadtteil von Colle auf dem Hügel, Colle Alto, bietet ruhige, blumengeschmückte Gassen, alte Kirchen und viele schöne mittelalterliche Ecken.

Man findet sich hier leicht zurecht, besonders nachdem man das Auto am oberen Ende der Straße von Colle Basso geparkt hat. Colle Alto besteht aus wenig mehr als einer einzigen Hauptstraße, der Via del Castello, die sich über die gesamte Länge der Hügelkette des Städtchen entlangzieht. In der Mitte öffnet sich die Straße zur Piazza del Duomo mit dem Dom (1603–19) auf der linken (nördlichen) Seite. Er enthält einen sehr feinen Marmortabernakel aus dem 15. Jahrhundert, der wahrscheinlich von Mino da Fiesole stammt. Links neben dem Dom im Palazzo Pretorio aus dem 14. Jahrhundert ist das kleine Museo Archeologico untergebracht, dessen Ausstellung sich vornehmlich aus etruskischen Grabfunden aus der Umgebung zusammensetzt. Weiter hinunter an der Via del Castello liegt das Museo Civico e d'Arte Sacra. Die Via del Castello wirkt jetzt zunehmend mittelalterlicher, kleine Seitengassen locken zu beiden Seiten der Straße. Der letzte Abschnitt führt an der Santa Maria in Canonica, einer kleinen romanischen Kirche aus dem 12. Jahrhundert, und der Casa-Torre di Arnolfo di Cambio vorbei: In dem Haus wurde angeblich Arnolfo di Cambio, ein Architekt des 13. Jahrhunderts, der u.a. die Kathedrale von Florenz, den Palazzo Vecchio und Santa Croce erbaute, geboren. Nahezu direkt nach dem Turm stößt man auf einen wunderschönen Aussichtspunkt, der als Baluardo bekannt ist, ein Aussichtspunkt mit hervorragender Sicht über Colle Basso und die schöne Landschaft.

Die bereits im Mittelalter ansässige Glasbläserkunst hat bis heute überlebt; etliche Geschäfte säumen die Via di Castello.

Touristeninformation

197 D3 ✉ Via Francesco Campana 43 ☎ 0577 922 791 April–Sept. Mo–Sa 9.30–13, 15.30–19 Uhr; Okt.–März Mo–Sa 10–13, 15–17 Uhr

Museo Archeologico

✉ Piazza del Duomo ☎ 0577 922 954 April–Sept. Di–Fr 10–12, 17–19 Uhr, Sa, So 10–12, 16–19 Uhr; Okt.–März Di–Fr 15.30–17.30 Uhr, Sa, So 10–12, 15.30–18.30 Uhr preiswert

Ein erhaltenes Etruskergrab ist nur einer von vielen verborgenen Schätzen aus Volterras bewegter Geschichte

Museo Civico e d'Arte Sacra
Via del Castello 31 ☎ 0577 923 888
April–Okt. Di–So 10–12, 16–19 Uhr; Nov.–März Sa, So 10–12, 15.30–18.30 Uhr preiswert

4 Volterra

Volterra unterscheidet sich mit seiner einsamen Lage und dem eher düsteren, unheimlichen Erscheinungsbild der Stadt, die auf ihrem Hügel zu lasten scheint, von den anderen sonnigen und idyllischen Städten auf Hügeln in der Region. Doch die alte Etruskerstadt hat viel Geschichte zu bieten: Es gibt hier etliche mittelalterliche Bauten, bezaubernde alte Straßen, zwei kleine Gemäldemuseen und eines der wichtigsten archäologischen Museen der Region. Überall locken außerdem Geschäfte mit Alabaster, dem Stein, der hier seit Jahrhunderten abgebaut und verarbeitet worden ist.

Die Stadt liegt auf einem fast kahlen und windigen vulkanischen Hügel zwischen Siena und der toskanischen Küste, weit ab von den Hauptstraßen und den Touristenpfaden. Nur wenige Besucher verirren sich deshalb hierher, sodass man die Stadt ruhig in die Reiseroute einplanen sollte.

Das mittelalterliche Zentrum des Städtchens, die Piazza dei Priori, umfasst ein reizvolles Gebäudeensemble mit dem Palazzo dei Priori (1208), einem der ältesten Bürgerpaläste Italiens, dem Dom (ab 1120), der marmorgestreiften Taufkappelle aus dem 13. Jahrhundert und der Torre del Porcellino: Der Bau heißt so, weil ein kleines Wildschwein *(porcellino)* in eines der oberen Fenster eingeschnitzt ist. Die künstlerischen Höhepunkte des Doms sind die *Kreuzabnahme* (1228), eine Gruppe mehrfarbiger Holzfiguren in einer Kapelle im rechten südlichen Querschiff, sowie die Tabernakel und flankierenden Engel (1471) am Hochaltar von Mino da Fiesole.

Gleich vor der Taufkappelle findet sich das Museo Diocesano d'Arte Sacra, eine Sammlung von Gemälden, Skulpturen und religiösen Ausstellungsstücken. Im Mittelpunkt steht das Gemälde *Thronende Madonna mit Heiligen* (1521) von Rosso Fiorentino. Fiorentinos Arbeiten bestimmen auch die Kunstgalerie der Stadt und das öffentliche Museum, die Pinacoteca e Museo Civio, wo eine himmlische *Kreuzabnahme* (1521), eines der Meisterwerke der manieristischen Malschule, hängt. Ebenso beeindruckend ist *Gli Sposi* oder *Das verheiratete Paar*, eine etruskische Grabskulptur aus dem Museo Etrusco Guarnacci.

Weitere Überreste etruskischer und römischer Geschichte Volterras finden sich im Parco Archeologico (tägl. 10–12, 16–19 Uhr, frei) oder bei der Ausgrabungsstätte nördlich der Stadt: Hier wurden ein Badekomplex, ein römisches Theater und sonstige Ruinen freigelegt. Wie in jeder toskanischen Stadt streifen Sie auch hier einfach durch die Straßen, um das mittelalterliche Flair zu genießen. Ein guter Endpunkt sind die so genannten *balze*, stark erodierte Klippen, die man am westlichen Stadtrand erreicht.

Touristeninformation

196 C3 ✉ Via G. Turazza 2 ☎ 0588 86 150 Museo Diocesano d'Arte Sacra ✉ Via Roma 13 ☎ 0588 86 290 Mitte März–Okt. tägl. 9.30–13, 15–18.30 Uhr; Nov.–Feb. tägl. 9–13 Uhr preiswert (Kombi-Ticket für die Pinacoteca und das Museo Etrusco Guarnacci)

Pinacoteca e Museo Civico

✉ Palazzo Minucci-Solaini, Via dei Sarti 1 ☎ 0588 87 580 Mitte März–Okt. tägl. 9–19 Uhr; Nov.–Feb. tägl. 9–14 Uhr teuer

Museo Etrusco Guarnacci

✉ Via Don Minzoni 15 ☎ 0588 86 347 Mitte März–Okt. tägl. 9–19 Uhr; Nov.–Feb. tägl. 9–14 Uhr teuer

6 Fiesole

Fiesole ist ein kleines Städtchen auf einem Hügel rund sieben Kilometer nordöstlich von Florenz, sodass es ein beliebtes Ausflugsziel für Großstädter ist, obwohl es hier nach dem Maßstab der Toskana nur wenig zu sehen gibt. Wenn Sie in Florenz jedoch einen Nachmittag Zeit haben, nehmen Sie sich ein Taxi oder den Bus Nr. 7 vor der Bahnstation an der Santa Maria Novella (➤ 50) und schauen sich die Landschaft der Region an.

Die Stadt wirkt vor allem wegen ihrer ländlichen Lage auf einem Hügel so anziehend und bietet einen schönen Blick über Florenz und eine im Sommer willkommene frische Brise. Am Hauptplatz, der Piazza Mino da Fiesole, schauen Sie sich den Dom an. Der Platz ist nach dem gleichnamigen Bildhauer aus dem 15. Jahrhundert benannt; zwei seiner Arbeiten schmücken heute die Cappella Salutati (rechts vom Chor) im Dom.

Vom Platz aus können Sie der Via San Francesco nach oben folgen, um dort die beste Aussicht auf Florenz zu genießen; Sie können wahlweise auch hinuntergehen zum Museo Bandini (weniger anstrengend), einem bescheidenen Museum mit Elfenbeinschnitzereien, Keramiken und Gemälden, bevor Sie zur Area Archelogica weitergehen, östlich der Piazza Mino da Fiesole. Die Ausgrabungsstätte umfasst ein kleines Museum, ein gut erhaltenes römisches Theater aus dem 1. Jahrhundert v. Chr. sowie etruskische Ruinen aus dem 6. Jahrhundert v. Chr.

Weiter südlich können Sie die Kirche von San Domenico besuchen, in der sich ein schönes Gemälde von Fra Angelico befindet, die *Madonna und Heilige mit Engeln* (1430).

Ein kurzer Spaziergang westlich von San Domenico führt zur Badia Fiesolana, einer antiken Abteikirche mit einer reizenden romanischen Fassade.

Touristeninformation

197 D4 ✉ Piazza Mino da Fiesole 36 ☎ 055 598 720 Area Archeologica ✉ Via Marini–Via Portigiani ☎ 055 59 477 April–Sept. tägl. 9.30–19 Uhr; März und Okt. Mi–Mo 9.30–18 Uhr; Nov.–Feb. Mi–Mo 9.30–17 Uhr teuer (Kombi-Ticket für das Museo Bandini)

Museo Bandini

✉ Via Dupré 1 ☎ 055 59 477 April–Sept. tägl. 9.30–19 Uhr; März und Okt. Mi–Mo 9.30–18 Uhr; Nov.–Feb. Mi–Mo 9.30–17 Uhr teuer

Wohin zum … Übernachten?

Preise
Für ein Doppelzimmer gelten folgende Preise:
€ unter 90 Euro **€€** 90–155 Euro **€€€** über 155 Euro

Im Zentrum der Toskana liegen einige der bekanntesten Städte und Landschaften der Region, sodass man Hotels oft Wochen im Voraus buchen muss, vor allem in Siena und San Gimignano.

AREZZO

Castello di Gargonza €€
Angesichts des Mangels an guten Hotels in Arezzo ist dieser umgewandelte mittelalterliche Flecken mit Burg und Kirche inmitten schöner Landschaft eine ideale Wahl vor Ort. Das Hotel liegt sechs Kilometer westlich von Monte San Savino, einem Dorf zehn Kilometer südwestlich von Arezzo. Die Zimmer müssen allerdings mindestens für drei Nächte gebucht werden, sodass man das Hotel als Basis und nicht als Zwischenstopp einplanen sollte. Im Dorf kann man wochenweise auch Apartments und Ferienhäuschen anmieten.

197 E3
Castello di Gargonza, Monte San Savino
0575 847 021; Fax 0575 847 054
Nov. und z.T. im Jan. geschl.

Cavaliere Palace Hotel €€
Die meisten Hotels in Arezzo wenden sich an Geschäftsreisende, sodass man hier nur übernachten sollte, wenn man muss (Cortona wäre die bessere Wahl). Doch wenn Sie in Arezzo bleiben, ist dieses kürzlich modernisierte 4-Sterne-Hotel mit 27 Zimmern eine gute Wahl.

197 E3
Via Madonna del Prato
0575 26 836; Fax 0575 21 925;
E-Mail: info@cavalierehotels.com
teilweise im Aug. geschl.

CHIANTI

Castello di Spaltenna €€€
Wie viele Städte und Dörfer in Chianti ist Gaiole nicht außergewöhnlich, aber mit dem Castello di Spaltenna bietet es eines der besten 4-Sterne-Hotels der Region: Das Haus liegt in einer tollen Burg und einem Kloster aus dem 13. Jahrhundert auf einem Hügel am Stadtrand. Die 21 Zimmer und acht Apartments sind individuell eingerichtet. Das Hotel verfügt mit dem Ristorante La Pieve über ein erstklassiges Restaurant sowie Fitnessclub, Tennisplätze und einen Swimmingpool.

197 D3
Pieve di Spaltenna, Gaiole
0577 749 483; Fax 0577 749 269;
www.spaltenna.it
Hotel Jan.–Mitte März geschl., Restaurant Mo geschl.

CORTONA

Hotel Italia €
Das Italia liegt zentral an einer Seitenstraße gleich südlich von Cortonas Hauptstraße Via Roma. Die Zimmer sind sauber und nett eingerichtet. Das Hotel empfiehlt sich wegen der guten Preise; einige Zimmer im ersten Stock bieten eine gute Aussicht. Das alles gilt auch für das im gleichen Besitz befindliche und ähnlich preiswerte Hotel Sabrina in der Nähe (Via Roma 37, Tel. 0575 630 397, Fax 0575 605 763); allerdings sind die Zimmer hier etwas kleiner, wenn auch gediegener eingerichtet.

197 E3
Via Ghibellina 7
0575 630 254; Fax 0575 630 763
ganzjährig

Il Falconiere €€€

Das 4-Sterne-Hotel mit Swimmingpool liegt in einer wunderschön restaurierten Villa aus dem 17. Jahrhundert, rund drei Kilometer außerhalb der Stadtmauer, an der Straße SS71 nach Arezzo. Alle zwölf Zimmer sind hervorragend mit zeitgenössischen Möbeln eingerichtet.

197 E3
Località San Martino a Bocena 370
0575 612 679; Fax 0575 612 927; www.ilfalconiere.com
Hotel zeitweise im Nov. geschl.; Restaurant Mo, Nov.–März geschl.

San Michele €€

Dieses 4-Sterne-Hotel ist das beste am Platze und in einem umgebauten Renaissance-Palast untergebracht. Die 34 Zimmer weisen originale architektonische Elemente auf, das Zimmer im alten Turm ist am schönsten.

197 E3
Via Guelfa 15
0575 604 348; Fax 0575 630 147; E-Mail: sanmichele@ats.it
Mitte Jan.–Feb. geschl.

MONTERIGGIONI

Monteriggioni €€€

Dieses stilvolle 4-Sterne-Hotel verfügt über nur zwölf Zimmer. Da es im Herzen eines der schönsten Orte der Toskana liegt, sollte man rechtzeitig im Voraus buchen. Die Zimmer bieten modernen Komfort wie Klimaanlage und ein geschmackvolles Interieur. Es gibt einen Garten und einen Swimmingpool. Sehr gut essen lässt sich im Restaurant Pozzo (Piazza Roma 2, Tel. 0575 304 127, So abends, Mo und eine Woche im Aug. geschl.).

197 D3
Via I Maggio 4
0577 305 009; Fax 0577 305 011
eine Woche im Jan. geschl.

SAN GIMIGNANO

La Cisterna €€

San Gimignano verfügt über mehrere 3-Sterne-Hotels; die zwei Häuser, die jeweils die beste Mischung aus Lage, Ausstattung und gutem Preis-Leistungs-Verhältnis bieten, liegen am selben Platz. La Cisterna versteckt sich in der Ostecke der Piazza della Cisterna und ist mit seinen 50 Zimmern größer als der Konkurrent Leon Bianco. Im Gegensatz zur Konkurrenz besitzt es ein ausgezeichnetes Restaurant, Le Terrazze. Im Zimmerpreis ist das Frühstück inbegriffen.

196 C3
Piazza della Cisterna 24
0577 940 328; Fax 0577 942 080; www.sangimignano.com/lacisterna
zwischen Dreikönigsfest und Mitte März geschl.

La Collegiata €€€

Wer nicht unbedingt aufs Geld schauen muss, der sollte in diesem 4-Sterne-Hotel absteigen, das in einem umgebauten Konvent aus dem 16. Jahrhundert untergebracht ist. Zum Haus, das rund zwei Kilometer nördlich der Stadtmauern liegt, gehören ein Restaurant, ein Swimmingpool und eine einzigartige Aussicht auf San Gimignano.

196 C3
Località Strada 27
0577 943 201; Fax 0577 940 566
Anfang Jan.–Anfang Feb. geschl.

Leon Bianco €€

Dieses 3-Sterne-Hotel liegt ideal wie das Cisterna nur einen Steinwurf entfernt von der Collegiata und dem Museo Civico (➤ 104), ist mit 25 Zimmern jedoch kleiner und intimer. Die Zimmer und öffentlichen Bereiche sind hell und geräumig, es gibt zahlreiche Gewölbedecken und Terrakottafußböden; wie auch im Cisterna stammt der Bau aus dem Mittelalter und weist viele zeitgenössische Elemente auf. Beide Hotels haben auch Zimmer mit Aussicht auf die Landschaft. Zwar gibt es kein Restaurant, aber man kann das Frühstück auf einer hübschen Terrasse einnehmen oder dort etwas trinken.

196 C3
Piazza della Cisterna 13
0577 941 294; Fax 0577 942 123
zeitweise Nov.–Dez. und Jan.–Feb. geschl.

SIENA

Antica Torre €€

Das 3-Sterne-Hotel hält, was der Name verspricht: ein Hotel in einem alten mittelalterlichen Turm, das seit einigen Jahren einen hervorragenden Ruf genießt. Um eines der acht sehr schönen, aber nur mittelgroßen Zimmer in dem kleinen Gebäude aus dem 16. Jahrhundert zu bekommen, sollte man frühzeitig buchen. Versuchen Sie, ein Zimmer auf dem oberen Stockwerk zu ergattern, da man hier eine bessere Aussicht hat. Das Hotel liegt etwa 600 Meter östlich vom Campo in einer Seitenstraße der Via di Pantaneto, in der Nähe der Kirche Santa Maria dei Servi. Das Frühstück wird im mittelalterlichen Keller angeboten.

201 F2
Via Fieravecchia 7
0577 222 255; Fax 0577 222 255
ganzjährig

Certosa di Maggiano €€€

Diese wunderschöne umgewandelte Abtei aus dem 14. Jahrhundert ist eines der besten Hotels der Toskana und wird gerne gebucht. Das Hotel verfügt über atemberaubende, mit Antiquitäten eingerichtete Zimmer auf einem schönen Grundstück fünf Kilometer östlich von Siena – trotzdem, als Ausgangspunkt für Siena ist es nicht besonders geeignet. Zur Ausstattung gehören ein beheizter Swimmingpool, Tennisplätze und ein Heliport. Das Hotel ist schwierig zu finden, lassen Sie sich telefonisch Fahrhinweise geben.

201 bei F2
Via di Certosa 82
0577 288 180; Fax 0577 288 189

Hotel Duomo €€

Siena bietet erstaunlicherweise nur wenige gute Hotels in zentraler Lage. Dieses 3-Sterne-Haus mit 23 Zimmern ist das beste Mittelklassehotel der Stadt und liegt bequem nur wenige Minuten südlich des Campo und des Doms in einer hübschen mittelalterlichen Straße. Die tapezierten Räume sind alle sauber und mittelgroß. Die Badezimmer sind meist eher klein. Es gibt außerdem kein Restaurant, und das Hotel wirkt trotz des freundlichen Services etwas unpersönlich. Im Untergeschoss wird das Frühstück serviert.

200 C2
Via di Stalloreggi 38
0577 289 088; Fax 0577 43 043;
www.hotelduomo.it

Palazzo Ravizza €€–€€€

Der aus dem 18. Jahrhundert stammende Palazzo Ravizza ist seit mehr als zwei Jahrhunderten im Besitz derselben Familie. Die 38 Zimmer sind vor kurzem modernisiert worden, doch das Hotel verfügt über zahlreiche Originalgegenstände, Antiquitäten und Möbel. Das Hotel liegt am südwestlichen Rand des historischen Stadtkerns von Siena, etwa 250 Meter vom Hotel Duomo entfernt.

200 B1
Via Piano dei Mantellini 34
0577 280 462

Tre Donzelle €

Um hier eines der 27 Zimmer zu ergattern, sollte man weit im Voraus buchen. Das saubere und gut geführte 2-Sterne-Hotel liegt unweit der Banchi di Sotto, etwa eine Minute Fußweg vom Campo entfernt. Auch das familiengeführte Hotel Picolo Hotel Etruria mit seinen 13 Zimmern ist eine gute Wahl; es liegt nur einige Meter weiter an der Via delle Donzelle 3 (Tel. 0577 288 088; Fax 0577 288 461).

201 D3
Via delle Donzelle 5
0577 280 358; Fax 0577 223 933

Villa Sacciapensieri €€€

Das ruhige Hotel liegt in einer Villa aus dem 19. Jahrhundert auf einem Hügel rund drei Kilometer nördlich der Stadt. Die 30 Zimmer und Suiten sind unterschiedlich groß, sodass man sich mehrere ansehen sollte. Zum Haus gehören Tennisplätze, ein Pool und ein ausgezeichnetes Restaurant.

201 bei E5
Via di Sacciapensieri 10
0577 41 441; Fax 0577 270 854;
E-Mail: villasca@tin.it

Wohin zum … Essen und Trinken?

Preise
Die Preise gelten pro Person für ein Drei-Gänge-Menü mit Wein:
€ unter 26 Euro **€€** 26–52 Euro **€€€** über 52 Euro

Die Öffnungszeiten werden zwar für jedes Restaurants angegeben, diese können jedoch nach Jahreszeit, Besucherzahl oder schlicht nach Laune des Gastwirtes variieren.

AREZZO

Antica Osteria L'Agania €
Dieses belebte und angenehm ausgefallene Restaurant sollte man früh besuchen, da Reservierungen nicht angenommen werden. Das Interieur wirkt bunt zusammengewürfelt, u. a. alte Fotos, Bilder, Weinflaschen sowie Knoblauch- und Paprikagirlanden.

197 E3
Via Mazzini 10
0575 295 381
Di–So 12.30–14.30, 19.30–22.30 Uhr; Mo und zeitweise im Juni geschl.

Buca di San Francesco €€
Im zentral gelegenen Restaurant werden seit 1929 toskanische Spezialitäten serviert wie *ribollita* (Gemüsesuppe), *agnello* (gebratenes Lamm) und auch feinere Gerichte wie *pollo del valdarno* (Brathähnchen in Anis). Das Lokal liegt unweit der Kirche von San Francesco mit dem Freskenzyklus von Piero della Francesca – deshalb ist es oft stark besucht.

197 E3
Via San Francesco 1
0575 23 271
12.30–14.30, 19.30–22.30 Uhr; Mo abends und in der Regel 2 Wochen im Juli geschl.

La Torre di Gnicche €
Dieses freundliche kleine Restaurant versteckt sich in einem Palazzo aus dem 14. Jahrhundert und ist eine Mischung aus Weinbar und Café: Serviert werden kleine Speisen, Käse, eine ausgezeichnete Weinauswahl (auch offen) und einige einfache warme Gerichte, z.B. *zuppa di cipolle* (Zwiebelsuppe).

197 E3
Piagga San Martino 8
0575 352 035
18–1 Uhr; Mi und 1. Woche im Aug. und 2 Wochen im Jan. geschl.

Trattoria Il Saraceno €
Das preiswerte, familienbetriebene Restaurant liegt nur einige Minuten östlich der Kirche von San Francesco und bietet toskanische Gerichte an, darunter *ribollita* und Rindfleisch mit Steinpilzen.

197 E3
Via Mazzini 6a
0575 27 644; www.ilsaraceno.com
12.30–14.30, 19.30–22.30 Uhr; Mi, 2 Wochen im Jan. und 2 Wochen im Juli oder Aug. geschl.

CHIANTI

Badia a Coltibuono €€€
Das bekannte Restaurant liegt im Refektorium eines restaurierten Klosters aus dem 8. Jahrhundert. Serviert werden toskanische Speisen, aber je nach Saison auch Wildgerichte.

197 D3
Badia a Coltibuono, 5 km nördl. von Gaiole
0577 749 031
12.30–14.30, 19.30–22.30 Uhr; Nov.–März geschl.

COLLE DI VAL D'ELSA

L'Antica Trattoria €€–€€€
Das elegante Restaurant liegt nicht im mittelalterlichen Teil von Colle di Val d'Elsa, sondern am Rand eines geschäftigen, modernen Platzes in der unteren Stadt. Davon sollte man sich jedoch nicht abschrecken lassen, denn die feine toskanische Küche gehört zum besten in der unmittelbaren Region. Die Speiseräume wirken mittelalterlich, die Bedienung ist professionell. Die Weinauswahl sowie Getränke von der Bar sind hervorragend.

197 D3
Piazza Arnolfo di Cambio 23
0577 923 747
12.30–14.30, 19.30–22.30 Uhr; 2 Wochen im Dez. und Jan. geschl.

CORTONA

La Locanda del Loggiato €€
Man kann an dem stimmungsvollen mittelalterlichen Backsteingewölbe und der guten Lage unweit des Hauptplatzes kaum etwas bemängeln, nur Speisen und Bedienung sind nicht immer auf der Höhe. Für ein einfaches Mittagessen ist das Restaurant allemal gut; im Sommer können Sie draußen auf der Terrasse essen.

197 E3
Piazza Pescheria 3
0577 630 575
12.30–14.30, 19.30–22.30 Uhr; Nov. und Mo (Sept.–Juni geschl.)

Osteria del Teatro €–€€
Die beste Wahl in Cortona mit einem anheimelnden Interieur: An den Wände hängen Fotos bekannter Schauspieler. Die Küche konzentriert sich auf lokale Spezialitäten: Das *antipasto dell'osteria* ist eine von verschiedenen Vorspeisen; anschließend probiert man *ravioli ai fiori di zucca* (gefüllte Pasta mit feiner Zucchini) oder *pappardelle alle lepre* (Bandnudeln mit Hasenfleisch).

197 D3
Via Maffei 5
0575 630 556
12.30–14.30, 19.30–22.30 Uhr; Mi, 2 Wochen im Nov. geschl.

Tonino €€
Das Tonino ist laut, groß, modern und immer voll – aber dennoch strömen die Leute aus Cortona wegen der Aussicht auf das Val di Chiana und des berühmten *antipatissimo* (15 verschiedene Vorspeisen) hierher.

197 E3
Piazza Garibaldi 1
0575 630 500
12.30–14.30, 19.30–22.30 Uhr; Mo nachmittags und Di geschl.

SAN GIMIGNANO

Dorandò €€–€€€
Das Restaurant versucht historische Rezepte aus der etruskischen und mittelalterlichen Vergangenheit der Toskana nachzukochen. Das kleine Restaurant mit nur 36 Plätzen in drei winzigen Speiseräumen ist allerdings recht teuer.

196 C3
Vicolo dell'Oro 2
0577 941 862; www.tin.it/dorando
12.30–14.30, 19.30–22.30 Uhr; Mitte Jan.–Mitte März und Mo (im Winter) geschl.

Gelateria di Piazza €
In diesem Eiscafé gibt es das beste Eis in ganz San Gimignano; die Eiscreme wird ohne künstliche Zusatzstoffe und ausschließlich aus Naturprodukten hergestellt.

196 C3
Piazza della Cisterna 4
0577 942 244
tägl. 9–24 Uhr; Nov.–Feb. geschl.

Osteria del Carcere €
San Gimignano kann sich als Touristenort glücklich schätzen, zwei Osterias zu haben, das Carcere und das Catene, deren schlichte Einrichtung und einfache, aber gute Küche und ausgewogene Preise nicht durch Touristenströme verdorben wurden. Das Carcere ist ein kleines Restaurant in der Nähe der Piazza della Cisterna. Man kann hier einfache toskanische Gerichte genießen.

196 C3
Via del Castello 13
0577 941 905
12.30–14.30, 19.30–22.30 Uhr; Mi und Do mittags geschl.

Osteria delle Catene €
Obwohl das Dorf von Touristen oft überlaufen ist, hat es diese nette Osteria geschafft, sich nicht dem Geschmack der Massen anzupassen. Die Besitzer Gino und Virgilio bieten eine Vielfalt einfacher, aber keineswegs langweiliger Gerichte an, darunter *nana col cavolo nero* (Ente mit Rotkohl) und *coniglio alla Vernaccia* (Hase in Vernaccia-Weißwein).

196 C3
Via Mainardi 18
0577 941 966
12.30–14.30, 19.30–22.30 Uhr; Mi und zeitweise im Jan. und Dez. geschl.

SIENA

Antica Osteria da Divo €€
Man kann sich wohl kaum illustere Speiseräume als im Da Divo vorstellen, etwas westlich vom Dom gelegen. Die einzigartigen Gewölberäume, stimmungsvoll beleuchtet und mit edlen, dunklen Stoffen geschmückt, gehen auf das frühe Mittelalter zurück. Die feine toskanische Speisekarte bietet u.a. Hasenbraten mit frischem Pecorinokäse oder ein Safranrisotto mit Spargel.

200 B3
Via Franciosa 25
0577 284 381
tägl. 12.30–14.30, 19.30–22.30 Uhr

Antica Trattoria Botteganova €€€
Die sublimen Speisen in dem eleganten Restaurant brachten der Trattoria einen Michelin-Stern ein – allerdings liegt das Haus außerhalb der alten Stadtmauern. Das Restaurant finden Sie an der Straße 408, nördlich der Stadt. Zu den Spezialitäten hier zählen *tortelli di pecorino con fonduta di parmigiano e tartufo* (Pasta gefüllt mit Käse, serviert in Trüffelsauce). Auch die Mittagsgerichte (eine kleinere aber preiswertere Auswahl) bieten eine ähnlich hohe Qualität.

201 bei E5
Via Chiantigiana 29, bei der Viale Pietro Toselli
0577 284 230
12.30–14.30, 19.30–22.30 Uhr; Mo und Jan., sowie Juli–Aug. geschl.

Antica Trattoria Papei €
Die kleine Trattoria am Marktplatz hinter dem Campo erhält zu Recht viel Lob für ihre gute toskanische Küche zu günstigen Preisen.

201 D2
Piazza del Mercato 6
0577 280 894
12.30–14.30, 19.30–22.30 Uhr; Mo geschl.

Le Logge €€
Wenige toskanische Restaurants sind hübscher als dieses, das in einer mittelalterlichen Apotheke unweit des Campo liegt: Die Qualität der Küche ist leider wechselhaft. Sogar ein Kochbuch mit den Rezepten des Hauses wurde veröffentlicht.

201 D2
Via del Porrione 33
0577 48 013
12.30–14.30, 19.30–22.30 Uhr; So und zeitweise im Juni und Nov. geschl.

Marsili €€
Das Marsili hat sich einiges von seinem mittelalterlichen Dekor bewahrt, vor allem die gemauerten Gewölbedecken. Das Essen ist eine Mischung aus toskanischen Gerichten wie *cinghiale* (Wildschwein) oder *faraona alla Medici* (Perlhuhn mit Mandeln, Pinienkernen und Pflaumen).

200 C2
Via del Castoro 3
0577 47 154
12.30–14.30, 19.30–22.30 Uhr; Mo geschl.

VOLTERRA

Da Badò €
Die beliebte, traditionsreiche Trattoria wird von zwei Brüdern betrieben – und ihre Mutter steht in der Küche am Herd. Suppen wie *zuppa alla volterrana* und herzhafte Hauptgerichte wie *cinghiale* (Wildschwein) sind ausgezeichnet.

196 C3
Borgo San Lazzaro 9
0588 86 477
12.30–14.30, 19.30–22.30 Uhr; Mi, Juli und die ersten 10 Tage im Sept. geschl.

Wohin zum … Einkaufen?

Am besten lässt es sich in der Region in Siena, vor allem rund um die Via di Città, die Banchi di Sopra und Banchi di Sotto einkaufen.

SIENA

Zum Einkaufen empfehlen sich vor allem **Lebensmittel**, insbesondere Olivenöl und *panforte*, ein mit Zimt und anderen Zutaten gewürzter Kuchen. Die Antica Drogheria Manganelli 1879 (Via di Città 71-73, Tel. 0577 280 002, Mi nachmittags geschl.) hat Lebensmittel, Weine und Schnäpse im Angebot. Die Gastronomia Morbidi 1925 (Via Banchi di Sopra 73–75, Tel. 0577 280 268) ist ein 1925 gegründetes Delikatessengeschäft, das kleine Speisen auch zum Mitnehmen verkauft. Für ein Picknick kann man auch auf La Lizza einkaufen, dem wichtigsten Markt von Siena, der jeden Mittwochmorgen nördlich der Stadt, oberhalb der Piazza Matteotti und der Piazza Gramsci, abgehalten wird. Gute **Weine** kauft man in der Enoteca Italiana (Fortezza Medicea, Tel. 0577 288 497), wo die alten Keller der Medici-Burg rund 750 der besten italienischen Weinsorten lagern.

Geschenke und Haushaltsartikel gibt es bei Martini (Via del Capitano 5 und 11, Tel. 0577 288 177), Proveddi (Via di Città 96, Tel. 0577 286 078) und Ceramiche Santa Caterina (Via di Città 74, Tel. 0577 283 098).

CHIANTI

In der Region fährt man an etlichen Weingütern vorbei, die Wein direkt verkaufen. Eine gute Auswahl gibt es in der **Enoteca del Chianti Classico** in Greve (Piazetta Santa Croce 8, Tel. 055 853 297).

Wohin zum … Ausgehen?

Im verschlafenen Siena und den Hügeln des Chianti tobt das Nachtleben nicht gerade in Nachtclubs oder Bars. Die Unterhaltung in dieser Gegend ist vor allem kultureller Natur, bekannt sind Feste wie das Palio (➤ 28f) in Siena. In Siena sind auch einige Musikvereinigungen aktiv, die klassische Konzerte und im Sommer Jazz- und andere Festivals organisieren. Wenden Sie sich an die **Accademia Chigiana** (Tel. 057 746 152) oder die Touristeninformation (➤ 41), um Auskünfte über die jährlich wechselnden Veranstaltungen zu bekommen.

Die Touristeninformation ist auch die beste Adresse für die Fülle von kleinen Festen, die sich um Essen, Wein, religiöse oder historische Ereignisse drehen. Zu den größeren Veranstaltungen, bei denen die Unterkünfte oft ausgebucht sind, gehören das **Giostra del Saraceno** in Arezzo, ein mittelalterliches Turnier, das zweimal jährlich Mitte Juni und in der ersten Septemberwoche stattfindet, sowie das **Festival di San Gimignano**, ein großes Opern-, Klassik- und Kunstfestival, das alljährlich zwischen Ende Juni und Oktober gefeiert wird.

In **Arezzo** gibt es am ersten Sonntag eines jeden Monats einen beliebten Antiquitätenmarkt und im August ein renommiertes Chormusikfestival.

In **Cortona** findet ein stimmungsvoller Wettkampf im Armbrustschießen statt (in mittelalterlichen Kostümen), das Giostra dell'Archidado, das jedes Jahr Ende Mai abgehalten wird.

Südliche Toskana

Erste Orientierung 126
In zwei Tagen 128
Nicht verpassen! 130
Nach Lust und Laune! 142
Wohin zum ... 146

Erste Orientierung

Nirgendwo ist die Toskana schöner als im Süden: Die idyllischen Landschaften südlich von Siena sind lieblicher und vielfältiger als die Region um das Chianti oder die Berggebiete im Norden – und überall verstreut liegen hier alte Abteien, einladende historische Städtchen und winzige Dörfer.

Oben: Die Kirche der Madonna di San Biagio in Montepulciano

Wer nur wenig Zeit hat, sollte die Gegend direkt südlich von Siena besuchen: Hier trifft man auf die typisch toskanische Landschaft, Olivenhaine, steinerne Bauernhäuser, wogende Weizen- und Sonnenblumenfelder und beschauliche Weinberge oder zypressenbedeckte Hügel. Einige der reizvollsten Kleinstädte und Dörfer der Region liegen ebenfalls hier: das für seinen Rotwein berühmte Montalcino, das kleine Renaissance-Juwel Pienza und Montepulciano, ein stolzes, historisches Festungsdorf mit spektakulären Aussichten. In allen drei Orten kann man gut übernachten, wobei Montalcino die erste Wahl wäre, da es unweit zweier interessanter Abteien liegt, Sant'Antimo und Monte Oliveto Maggiore.

Weiter südlich, unterhalb des Val d'Orcia, wird die Landschaft höher, wilder und unberührter. Am schönsten ist die Gegend rund um Monte Amiata, den höchsten Punkt in der südlichen Toskana: Es handelt sich um einen von Buchen bewaldeten Berg, der von einem Kranz kleiner Dörfer und Weiler umgeben ist.

Weiter südlich verändert die Toskana ihr Aussehen, die Landschaft wird ebener. Größere Städte an der Küste wie Grosseto

Vorhergehende Seite: Landschaft bei Pienza

★ Nicht verpassen!

1 **Abbazia di Monte Oliveto Maggiore** ➤ 130
4 **Pienza** ➤ 132
5 **Montepulciano** ➤ 135
7 **Montalcino und Sant'Antimo** ➤ 138

Nach Lust und Laune!

2 Buonconvento ➤ 142
3 San Quirico d'Orcia ➤ 142
6 Bagno Vignoni ➤ 143
8 Monte Amiata ➤ 143
9 Abbadia San Salvatore ➤ 144
10 Sovana ➤ 144
11 Pitigliano ➤ 145

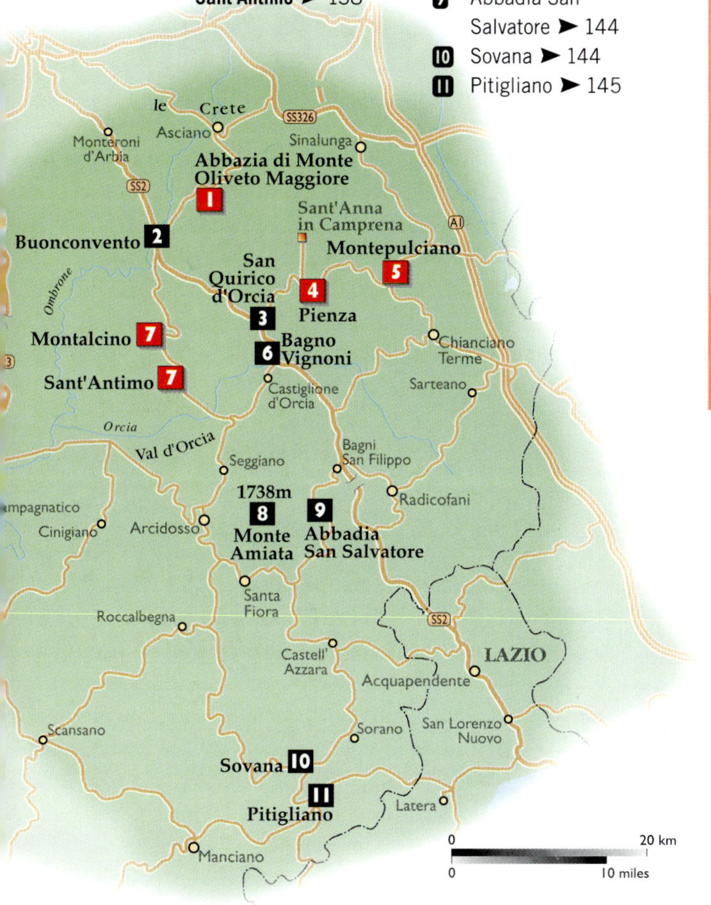

und Piombino wirken glanzlos, auch der dortige Küstenbereich ist wenig einladend, zumal das Landesinnere reizvoller ist: Der kleine Ferienort Castiglione della Pescaia und die Marina di Alberese (beide nur rund 20 Kilometer von Grosseto entfernt) eignen sich bestens für einen Nachmittagsausflug an den Strand. Wer nur wenig Zeit hat, sollte jedoch eher das kleine historische Dorf Sovana und das spektakulär gelegene Pitigliano besuchen: Beide befinden sich jedoch tief im Süden, sodass man mit einem längeren Anfahrtsweg rechnen muss.

Die wunderschöne, wilde Landschaft der südlichen Toskana lädt zur Erkundung mit dem Auto ein. Startpunkt ist die Abbazia di Monte Oliveto Maggiore.

Die südliche Toskana in zwei Tagen

Erster Tag

Vormittags

Von San Gimignano, Montalcino oder Siena aus fahren Sie Richtung Süden, entweder auf der Hauptstraße Nr. 2 (Via Cassia) oder der reizvollen Nr. 438 von Siena durch die Crete-Hügel nach Asciano. Von der Straße Nr. 2 bei Buonconvento oder der kleineren Nr. 438 aus sollten Sie die **Abbazia de Monte Oliveto Maggiore** (➤ 130, rechts) besuchen.

Mittagessen

Essen Sie zu Mittag oder nur einen Imbiss im **Café der Abtei** – oder picknicken Sie einfach.

Nachmittags

Besichtigen Sie für gut eine Stunde das mittelalterliche Stadtzentrum von **Buonconvento** (➤ 142), bevor Sie nach **Pienza** (➤ 132) fahren, wo Sie mit zwei bis drei Stunden Aufenthalt rechnen sollten. Dann geht es weiter nach **Montepulciano** (➤ 135).

Zweiter Tag

Vormittags

Fahren Sie von Montepulciano nach **Bagno Vignoni** (➤ 143), und schauen Sie sich das Dorf (unten) zusammen mit dem Castiglione d'Orcia sowie die anderen

Dörfer und die liebliche Landschaft rund um **Montalcino** an. Danach besuchen Sie Montalcino (oben) und **Sant'Antimo** (➤ 138, rechts: Fresko in der Abtei von Sant'Antimo).

Mittagessen

Das **Grappolo Blu** in Montalcino ist ein kleines, mittelalterliches Restaurant, das zum Mittagessen einlädt (➤ 148).

Nachmittags

Nachmittags fahren Sie weiter in Richtung Süden, um dem **Monte Amiata** (➤ 143) inmitten einer herrlichen Naturlandschaft einen Besuch abzustatten. Eine längere Fahrt führt zu den malerischen Dörfern **Sovana** (unten) und **Pitigliano** (➤ 144). In Sovana bietet sich eine Übernachtung an (➤ 148).

0

Abbazia di Monte Oliveto Maggiore

Die Abtei von Monte Oliveto Maggiore liegt einsam an einem schönen Berghang inmitten von Eichen, Pinien, Zypressen und Olivenbäumen. Die Schönheit der Lage setzte sich im Charme der alten Gebäude fort – und in den großartigen Kunstwerken, u. a. dem Freskenzyklus aus der Renaissance über das Leben des hl. Benedikt von Sodoma und Luca Signorelli.

Der Große Kreuzgang von Monte Oliveto Maggiore mit Fresken von Sodoma und Luca Signorelli

Die Abtei Monte Oliveto Maggiore verdankt ihre Gründung Bernardo Tolomei (1272–1348), einem Mitglied einer wohlhabenden Familie aus Siena, der sein weltliches Leben aufgab, nachdem er erblindet und ihm die Jungfrau Maria erschienen war. Die Familiengräber der Tolomei sind in der Kirche San Francesco in Siena (➤ 101) zu besichtigen.

Bernardo zog sich mit zwei Freunden in die Berge zurück, und zwar an den heutigen Standort der Abtei – und begann mit dem Aufbau einer Benediktiner-Eremitage, die nach sechs Jahren 1320 fertig gestellt wurde. 1344 erkannte Papst Clemens VI. die Anhängerschaft Tolomeis, Olivetaner oder Weiße Benediktiner genannt, an. Diese Splittergruppe wollte zu den bescheidenen Ursprüngen des Benediktiner-Ordens zurückfinden. Später allerdings wurden die Olivetaner diesem Anspruch nicht gerecht, denn die Abtei stieg zu großem Reichtum auf.

Sehenswürdigkeiten

Monte Oliveto dient bis heute als Abtei, große Teile der ausgedehnten Klosteranlagen sind für Besucher geschlossen. Die Hauptattraktionen können jedoch besichtigt werden: der **Choistro Grande** (1426–43) oder Großer Kreuzgang und der Freskenzyklus von Sodoma und Luca Signorelli, der das Leben des hl. Benedikt, des Begründers des Benediktinerordens, darstellt.

Der Mailander Künstler Sodoma schuf den größten Teil der Fresken zwischen 1505 und 1508 – insgesamt 27 Tafeln. Acht

ABBAZIA DI MONTE OLIVETO MAGGIORE: INSIDER-INFO

Top-Tipps: Die Abtei kann von Buonconvento aus, neun Kilometer südwestlich an der Straße N 451, bequem besucht werden. Um allerdings die **schönste Aussicht aus der Ferne** auf die Abtei zu genießen, sollten Sie Richtung Osten auf der Straße weiterfahren, bis Sie etwa einen Kilometer nach der Abtei auf die erste größere Kreuzung treffen, und dann rechts zum Dorf Chiusure abbiegen: Von hier kann man auf das Kloster blicken.

- Die Abtei **schließt mittags** für drei Stunden – planen Sie Ihren Besuch entsprechend.

Freskentafeln stellte Luca Signorelli aus Cortona (➤ 111) im Jahr 1498 fertig.

Der Freskenzyklus beginnt an der Ostseite. Jede der Bildtafeln über das Leben des hl. Benedikt ist mit faszinierenden kleinen Details ausgeschmückt. Die Hauptkirche beeindruckt durch prächtige Holzeinlegearbeiten im Chor (1503–05).

KLEINE PAUSE

Für Erfrischungen sorgt ein **Café** in der Abtei. Für ein **Picknick** bieten sich das schöne Abteigelände oder Aussichtspunkte entlang der Straße N 451 an.

197 D2 · bei Chiusure · 0577 707 611 · tägl. 9.15–12, 15.15–17.45 Uhr (Okt.–April bis 17 Uhr) · frei

Abenddämmerung über der Hügellandschaft rund um die Abtei

4

Pienza

Obwohl Pienza zu den kleinsten Städtchen der Toskana zählt, ist es auf seine Art unvergleichlich. Dieses Kleinod aus dem Mittelalter und der Renaissance liegt inmitten einiger der schönsten Landstriche der Region.

Blick von der Stadtmauer auf den Dom von Pienza

Bis zum Jahre 1459 hieß Pienza noch Corsignano. Dann beschloss Enea Silvio Piccolomini, besser bekannt als Papst Pius II., seinen Geburtsort in eine Renaissance-Stadt umzuwandeln. Er starb jedoch, bevor er seinen ehrgeizigen Plan in die Tat umsetzen konnte. Bis dahin aber waren bereits eine Kathedrale und einige Paläste errichtet sowie die große zentrale Piazza, die Piazza Pio II, angelegt worden. Weitere Sehenswürdigkeiten sind ein kleines, aber interessantes Museum sowie zwei Kirchen aus dem Mittelalter.

Die Vision der Renaissance

Pienza besteht aus wenig mehr als einem Labyrinth kleiner Gassen und einer Hauptstraße, dem **Corso Rossellino**, der seinen Namen Bernardo Rossellino verdankt, jenem Architekten, den Papst Pius mit seinem Plan beauftragt hatte. Der Corso teilt das Dorf in einen westlichen und einen östlichen Bereich, führt an der Piazza Pio II vorbei, in deren Mitte der von zwei Säulen flankierte **Pozzo dei Cani**, ein Renaissance-Brunnen, steht. Auch die den Platz säumende Bebauung wurde als harmonisches Gesamtensemble angelegt und vermittelt einen kleinen Eindruck davon, wie die Stadt ausgesehen hätte, wäre Pius am Leben geblieben.

Das bekränzte Wappen Papst Pius' II. schmückt die **Domfassade** (1462). Im Innern der Kirche hängen fünf prächtige Gemälde, die Pius bei fünf bekannten Malern aus Siena in Auf-

Das Innere des Doms von Pienza wurde nach Vorbildern deutscher Kirchen gestaltet, die Papst Pius II. besucht hatte

trag gegeben hatte. Am schönsten ist die ***Himmelfahrt*** von Vecchietta, die Papst Pius I. zusammen mit den Heiligen Agatha, Callistus und Katharina von Siena zeigt. Das Gemälde ist in der vierten Kapelle der Apsis zu sehen.

Rechts vom Dom erhebt sich der **Palazzo Piccolomini**, die päpstliche Residenz von Pius; bis 1962 lebten hier seine Nachfahren. Eine Besichtigung führt Sie durch die prächtigen Wohnräume, die Bibliothek, das Musikzimmer, den Salon und das päpstliche Schlafzimmer. Zu den sehenswertesten Räumen gehört die **Sala d'Armi**, die Waffenkammer. Ebenso beeindruckend ist die Aussicht von der hinteren Loggia.

Der Pozzo dei Cani, ein Brunnen aus der Renaissance, steht auf der Piazza Pio II

An der Ostseite der Piazza Pio II steht der Palazzo Borgia (auch als Palazzo dei Vescovi bekannt). Hier ist das **Museo Diocesano**, eine umfassende und vielfältige Sammlung von Gemälden, Skulpturen, Teppichen und Porträtbüsten sowie anderen Schätzen aus dem Mittelalter und der Renaissance untergebracht. Zu den Schmuckstücken zählt ein reich bestickter, englischer *piviale* (Umhang), den Pius einst trug.

Das östliche und westliche Pienza

Von der Piazza Pio II aus sollte man die kleinen Gassen im Osten, vor allem die engen Gässchen, die hinter dem Dom auf der nach Süden liegenden Stadtmauer verlaufen, erkunden. Der Blick auf den Monte Amiata ist schier überwältigend. Im Westen führt der Corso Rossellino zur **San Francesco**, einer gotischen Kirche aus dem späten 13. Jahrhundert. Die Pfarrkirche **Pieve di Corsignano** (10. Jahrhundert) liegt rund zehn Minuten Fußweg von der Piazza Dante entfernt.

Die Aussicht von der Stadtmauer Pienzas ist außergewöhnlich

KLEINE PAUSE

Das sehr gut besuchte **Falco** an der Piazza Dante ist für seine schmackhafte, bodenständige Küche bekannt.

Duomo

197 E2 Piazza Pio II kein Telefon tägl. 8–13, 15–19 Uhr; während Gottesdiensten geschl. frei

Palazzo Piccolomini

197 E2 Piazza Pio II 0578 748 503 Juli–Aug. Di–So 10–12.30, 16–19 Uhr; Sept.–Juni 10–12.30, 15–18 Uhr; letzte Führung tägl. 12, 17.30 bzw. 18 Uhr mittel

Museo Diocesano

197 E2 Corso Rossellino 30–Piazza Pio II 0578 749 905 oder 0578 749 071 Mai–Okt. Mi–Mo 10–13, 14–18.30 Uhr; Nov.–April Sa, So 10–13, 15–18 Uhr mittel

PIENZA: INSIDER-INFO

Top-Tipps: In Pienza kann es an manchen Sommertagen vor Touristen nur so wimmeln, daher sollten Sie die Stadt früh am Tage besuchen oder besser noch hier übernachten. Dafür bietet sich ein gutes, **zentral gelegenes Hotel** an (► 147).
- Im Ortszentrum von Pienza gibt es keine **Parkmöglichkeit**, aber man kann den Wagen außerhalb der Stadtmauern, westlich an der Piazza Dante oder auf dem Parkplatz im Norden an der Via Mencatelli unweit des Largo Roma abstellen. Der Largo liegt an der Viale Enzo Mangiavacchi, einer Straße, die von der Piazza Dante aus östlich rund um die Stadtmauer führt.
- Wenn Sie Zeit haben, sollten Sie sich unbedingt die **Ruinen und öffentlichen Gärten**, die außerhalb des Ortsgebietes liegen, westlich der Piazza Dante ansehen.

Außerdem: Die Landschaft rund um Pienza ist sehr reizvoll. Empfehlenswert ist eine Fahrt zur Abtei Sant'Anna in **Camprena**, die acht Kilometer nördlich der ausgeschilderten Straße nach San Quirico liegt. Das Refektorium der Abtei enthält Fresken von Sodoma, dessen Arbeit man auch in der Abtei von Monte Oliveto Maggiore (► 130) bewundern kann. Die Abtei ist für Besucher im Sommer täglich geöffnet; ein vorheriger Anruf (Tel. 0578 748 303) ist aber empfehlenswert; informieren Sie sich auch bei der Touristeninformation in Pienza.

5

Montepulciano

Montepulciano ist eine schöne und typisch toskanische Stadt. Der hoch gelegene Ort bietet herrliche Ausblicke. Sehenswert sind außerdem Kunst und Architektur, darunter eine der schönsten italienischen Renaissance-Kirchen – San Biagio. Erstaunlicherweise verirren sich nur wenige Touristen hierher. Nicht zuletzt lockt der Vino Nobile, einer der besten Rotweine der Region.

Montepulciano lockt mit vielen Sehenswürdigkeiten, ist aber nicht einfach zu erkunden: Die Stadt liegt nämlich auf einer steilen und schmalen Bergkuppe. Die Hauptstraße schlängelt sich von der Piazza Sant' Agnese zur Piazza Grande steil bergauf bis zur Festung, die sich auf dem höchsten Punkt befindet. Machen Sie sich auf einen beschwerlichen Fußweg gefasst.

Die Kirche San Biagio liegt außerhalb von Montepulciano

Am Corso entlang

Dieser Spaziergang beginnt an der Piazza Sant' Agnese und führt zur Piazza Grande, fraglos der Höhepunkt dieser Tour. Am ersten Platz besichtigen Sie die **Kirche Sant' Agnese** mit ihren zahlreichen Gemälden aus dem 14. Jahrhundert. Gehen Sie weiter durch die Porta al Prato, wo der **Corso** seinen Anfang nimmt, der Sie unweigerlich zum höchsten Punkt der Stadt führt. Auf dem Platz gleich hinter dem Tor steht die **Colonna del Marzocco**, eine Säule, die vom florentinischen Wappenzeichen, einem Löwen, gekrönt wird (➤ 64).

Montepulciano stand ab 1511 unter florentinischer Herrschaft. In dieser Zeit erhielt Antonio da Sangallo der Ältere den Auftrag, die Befestigungsanlagen der Stadt auszubessern sowie mehrere Palazzi zu restaurieren oder neu zu errichten. Seine Arbeit wurde von seinem Neffen, Antonio da Sangallo dem Jüngeren, und später von Jacopo Vignola, einem berühmten Architekten der frühen Barockzeit, fortgeführt. Die Porta al Prato und der Palazzo Cocconi (Nr. 70 am Corso) werden von Fachleuten Sangallo dem Älteren zugeschrieben. Vignola gestaltete wahrscheinlich den Palazzo Tartugi (Nr. 82) und den Palazzo Avignonesi (Nr. 91).

Als schönster Palazzo am Corso gilt der **Palazzo Bucelli** (Nr. 73), der auf etruskischen Fundamenten steht. Im 17. Jahrhundert lebte hier Pietro Bucelli, ein fleißiger Antiquitätensammler. An der Piazza Michelozzo erhebt sich die Kirche Sant' Agostino aus dem 13. Jahrhundert. Die Fassade wurde von Michelozzo, einem der Lieblingsarchitekten der Medici, um 1429 gestaltet. Gegenüber erhebt sich die **Torre di Pulcinella**, ein mittelalterlicher Turm mit Stadthaus: Pulcinella, eine Clownsfigur, schlägt zur vollen Stunde die Glocke.

Nach 100 Metern erreicht man die Piazza dell' Erbe und die Loggia del Mercato aus der Renaissance. Biegen Sie hier rechts ab und danach links in die Via di Poggiolo: Der Weg führt Sie vorbei an der Kirche San Francesco und dann am **Museo Civico**, in dem Gemälde, mittelalterliche Skulpturen und andere Kunstwerke ausgestellt werden.

Die winzige Clownsfigur, Pulcinella, schlägt zur vollen Stunde die Glocke der mittelalterlichen Turmuhr

MONTEPULCIANO: INSIDER-INFO

Top-Tipps: Bei Ihrem Besuch in Montepulciano sollten Sie nicht vergessen, eine oder zwei Flaschen des berühmten **Vino Nobile** (Rotwein) in einer der zahlreichen Weinhandlungen zu kaufen (➤ 150).

Außerdem: Außerhalb der Mauern von Montepulciano steht die Renaissance-Kirche **San Biagio**, ein Meisterwerk von Antonio da Sangallo dem Älteren. Zu erreichen ist sie über die Via Ricci, die Porta dei Grassi und die Via di San Biagio. Als man 1518 mit dem Bau der Kirche begann, wurde sie nur von der Peterskirche in Rom übertroffen. Die Lage und die Außenfassade der Kirche sind herrlich, das Innere ist eher schlicht zu nennen.

Das prächtige Gemälde mit Namen *Himmelfahrt* auf dem Hochaltar des Doms stammt von Taddeo di Bartolo

Piazza Grande und der Dom

Über die Via Ricci erreicht man die großartige Piazza Grande, die vom Duomo und mehreren Palazzi gesäumt wird. Dazu gehören u. a. der **Palazzo Cantucci;** hier und auch anderswo in der Stadt wird der Vino Nobile di Montepulciano (► 24) zum Verkauf angeboten. Sie können auch den Turm des gotischen **Palazzo Comunale** aus dem 13. Jahrhundert erklimmen.

Hauptsehenswürdigkeit der Piazza ist natürlich der 1680 neu gestaltete **Duomo**. Hinter der schlichten Fassade verbirgt sich eines der schönsten Kunstwerke der Toskana, Taddeo di Bartolos ***Himmelfahrt*** (1401) am Hochaltar. Die Taufkapelle ist reich geschmückt mit Reliefs und Skulpturen verschiedenster Künstler des Mittelalters und der Renaissance, darunter Andrea della Robbia und Benedetto da Maiano. Besichtigen Sie auch die Fragmente des von Michelozzo gestalteten Grabes (1427–36) des Humanisten Bartolomeo Aragazzi.

KLEINE PAUSE

Das elegante **Caffè Poliziano** (► 149) oder das **La Grotta**, direkt vor der Stadt gelegen, eignen sich vortrefflich für ein Mittagessen.

Museo Civico

197 E2 · Palazzo Neri-Orselli, Via Ricci 10 · 0578 758 687
Di–So 10–13, 15–18 Uhr (Juni–Sept. bis 19 Uhr) · mittel

7

Montalcino und Sant' Antimo

Auch Montalcino erhebt sich, typisch für eine Stadt in der Toskana, auf einem Hügel inmitten idyllischer Landschaft: Von hier oben hat man eine tolle Aussicht. Die Stadt wirkt fast unberührt, die Rotweine – Brunello und Rosso di Montalcino – gehören zu den besten Weinen Italiens, und die wenigen Hotels und Restaurants sind erstklassig.

Montalcino ist eine der ältesten toskanischen Städte und geht auf eine paläolithische oder etruskische Siedlung zurück. Erstmals wurde die Stadt 814 n. Chr. schriftlich erwähnt, und zwar auf einem Schriftstück von Ludwig dem Frommen, Sohn Karls des Großen, das der Abtei von Sant'Antimo Landbesitz zugestand. Berühmtheit erlangte Montalcino 1555, weil es sich als letzte Stadt der Republik Siena Florenz ergab. Im Gedenken an diese heroische Tat führen Fahnenträger aus Montalcino heute noch die dem Palio in Siena vorausgehende Parade an (➤ 28).

Spaziergang durch Montalcino

Beherrscht wird das Stadtbild von der **Rocca** (oder *fortezza*), einer mächtigen Burganlage aus dem 14. Jahrhundert, die sich am südlichen Stadtrand erhebt. Im Bergfried ist eine beliebte *enoteca* (Weinlokal) untergebracht, wo der einheimische Wein auch zum Verkauf angeboten wird. Allerdings sollte man daran denken, dass es preiswertere Weinlokale gibt. Dennoch lohnt sich der (geringe) Eintrittspreis, um die Burgbefestigungen zu besichtigen. Von hier oben hat man eine wunderbare Aussicht über die Crete, eine karge Landschaft mit kahlen Hügeln, und (auf der anderen Seite) über die bewaldeten Abhänge des Val d'Orcia.

Die auf einem Hügel errichtete Medici-Burg überragt Montalcino

Sant'Antimo ist eine der schönsten romanischen Abteien Italiens

Von der Burg führt Sie der Weg nordöstlich auf der Via Panfilo weiter, biegen Sie dann links in die Via dell' Orca ab. Nach einer kurzen Strecke erreichen Sie die Piazza Garibaldi und die alte Kirche **Sant' Egido**. Von der Piazza aus gehen Sie in Richtung Norden und kommen an der kleinen Touristeninformation (links) vorbei und schließlich zur **Piazza del Popolo**, dem zentralen Platz der Stadt, der vom Palazzo Comunale (1292) dominiert wird. Am Platz befindet sich auch ein schönes Café (► 148).

Um das hervorragende **Museo Civico** zu besuchen, gehen Sie den Weg zurück, an der Touristeninformation vorbei und biegen dann durch den ersten Torbogen rechts in die Gasse hinein. Folgen Sie dort den Stufen hinauf und gehen dann weiter geradeaus, vorbei an der Kirche **Sant' Agostino** (14. Jh.). Werfen Sie einen kurzen Blick in die Kirche, in der es zahlreiche schöne Fresken aus dem Mittelalter gibt. Planen Sie dann für den Besuch im gegenüberliegenden Museum rund eine Stunde ein. Zur Ausstellung gehören Gemälde aus dem 14. und 15. Jahrhundert, u. a. von Sano di Pietro, sowie einige Bibelexemplare (12. Jh.) und ein Kruzifix aus Sant'Antimo (12. Jh.).

Die Krypta der im 9. Jahrhundert entstandenen Abtei Sant'Antimo

Nach dem Museumsbesuch sollten Sie sich etwas Zeit nehmen, tanken Sie etwas Atmosphäre, und schlendern Sie nach Lust und Laune umher. Wenn Sie der Via Spagni nordwärts folgen, vorbei am Duomo, dann erreichen Sie die Kirche **Santuario della Madonna del Soccorso** aus dem 17. Jahrhundert, die rechts von einem Park (an der Viala Roma) flankiert wird.

Von hier aus können Sie den nördlichen und östlichen Stadtrand erkunden: Folgen Sie der Via Mazzini von der Piazza Cavour zu Füßen der Viale Roma zurück zum Palazzo Popolo, oder nehmen Sie eine der kleinen Gassen zur Fonte Castellane, einem mittelalterlichen Waschhaus, und zur nahe gelegenen ehemaligen Kirche von San Francesco.

Sant'Antimo

Die Wandelhalle rund um den Hochaltar von Sant' Antimo

Egal, wie lange Sie sich in Montalcino aufhalten (man kann hier wunderbar übernachten): Auf keinen Fall sollten Sie einen mehrstündigen Besuch in **Sant' Antimo** versäumen, einer Abtei, die inmitten einer herrlichen Landschaft etwa zehn Kilometer südlich der Stadt liegt. Die Abtei versteckt sich inmitten einer zeitlos wirkenden, idyllischen Landschaft aus Olivenhainen und bewaldeten Hügeln – allein deshalb lohnt der Besuch. Auch die Abtei selbst bietet viel interessante Historie und eine ausgezeichnete Architektur.

Der Ursprung der Abtei ist sagenumwoben: So soll Karl der Große, Kaiser des Heiligen Römischen Reiches, die Abtei im Jahre 781 gegründet haben. Als Karl der Große, mit seinen Truppen aus Rom kommend, hier vorbeimarschierte, sollen seine Männer von einer geheimnisvollen Krankheit befallen worden sein. Der Kaiser versprach Gott, dass er an dieser Stelle eine Kirche bauen werde, wenn seine Männer gesunden würden. Als die Armee in der Nähe der heutigen Abtei die Zelte aufschlug, soll Gott Karl dem Großen in einem Traum erschienen sein, der ihm riet, seinen Männern einen Trunk aus Kräutern und Wein zu geben. Das Heilmittel wirkte, und so wurde die Abtei von Sant'Antimo gebaut. So viel zu dieser Legende.

MONTALCINO UND SANT'ANTIMO: INSIDER-INFO

Top-Tipps: Versuchen Sie nicht, im Zentrum von Montalcino **zu parken**. Am besten ist es, den Wagen auf dem großen Parkplatz an der Via Aldo Moro an der südlichen Stadteinfahrt unterhalb der Fortezza abzustellen. Von hier sind es nur zwei oder drei Minuten Fußweg zum Stadtzentrum.

- Wenn Sie ausreichend Zeit haben, könnten Sie den Besuch der **Abtei von Sant' Antimo** auch mit einer längeren Fahrt zum Monte Amiata und dem äußersten Süden der Region (➤ 143) oder mit einer Tour durch die kleinen Dörfer des Val d'Orcia verbinden: Castiglione d'Orcia, Rocca d'Orcia und Campiglia d'Orcia. Diese Strecke wäre auch als Teil einer Fahrt nach Pienza und Montepulciano im Osten vorstellbar (➤ 132).
- Sant'Antimo wurde fast 500 Jahren lang nicht genutzt; heute wohnt hier eine kleine Gemeinschaft französischer Mönche. Sonntägliche **Gottesdienste** werden in der Abtei oft von schönen gregorianischen Gesängen begleitet.
- Preisgünstigste Weine, ob **Brunello** oder **Rosso di Motalcino**, gibt es im örtlichen Supermarkt der Winzergenossenschaft, am westlichen Stadtrand zwischen Via Ricasoli und Via della Libertà, zu kaufen.

Außerdem: Das **Wappen** von Montalcino zeigt eine Steineiche oberhalb von sechs Hügeln – ein Hinweis auf die Ableitung des Stadtnamens. *Mons Ilcinus* bedeutet auf lateinisch »Hügel der Steineiche«.

Wahr ist allerdings, dass Papst Hadrian I. im Jahre 781 n. Chr. Karl den Großen mit Reliquien des hl. Antimo beschenkte, eben jenen Reliquien, die heute in der Abtei verehrt werden.

Teile der alten Kirche aus dem 9. Jahrhundert existieren heute noch, doch der Großteil des heutigen Anwesens wurde im 12. Jahrhundert errichtet. Für den Neubau nahm man sich die Mutterkirche der Benediktiner im französischen Cluny zum Vorbild. Ihr Grundriss, eine Wandelhalle mit davon abgehenden Kapellen, ist ungewöhnlich für die Toskana. Nur wenige italienische Kirchen verfügen über einen ähnlichen Grundriss. Das Innere der Abtei und die Fassade sind in jeder Hinsicht atemberaubend: Das schlichte romanische Gebäude ist mit schönen Verzierungen geschmückt, vor allem das Kapitell der zweiten Säule rechts im Kirchenschiff fällt auf – es zeigt Daniel in der Höhle des Löwen.

In der Fiaschetteria Italiana in Montalcino kann man hervorragend Wein kaufen oder sich einfach vom Sightseeing ausruhen

KLEINE PAUSE

Die **Fiaschetteria Italiana** ist ein Café. Wer eine richtige Mahlzeit möchte, sollte in der **Taverna dei Barbi** vorbeischauen (➤ 148).

Touristeninformation

197 D2 ✉ Costa del Municipio 8 ☎ 0577 849 331 🕘 Di–So 10–18 Uhr

Fortezza

197 D2 ✉ Piazza della Fortezza ☎ 0577 849 211 🕘 April–Okt. tägl. 9–13, 14.30–20 Uhr; Nov.–März Di–So 9–13, 14.18 Uhr 💶 Burg und *enoteca*: frei; Festungsanlagen: preiswert

Museo Civico

197 D2 ✉ Ex-Convento di Sant' Agostino, Via Ricasoli ☎ 0577 846 014 🕘 April–Okt. Di–So 10–18; Nov. und Dez. Di–So 10–13, 14–18 Uhr; Jan.–März Di–So 10–13, 14–17.40 Uhr 💶 mittel

Sant' Antimo

197 D2 ✉ bei Castelnuovo dell' Abate, 10 km südl. von Montalcino ☎ 0577 835 659 🕘 Mo–Sa 10.30–12.30, 15–18.30, So 9.15–10.45, 15–18 Uhr 💶 frei

Nach Lust und Laune!

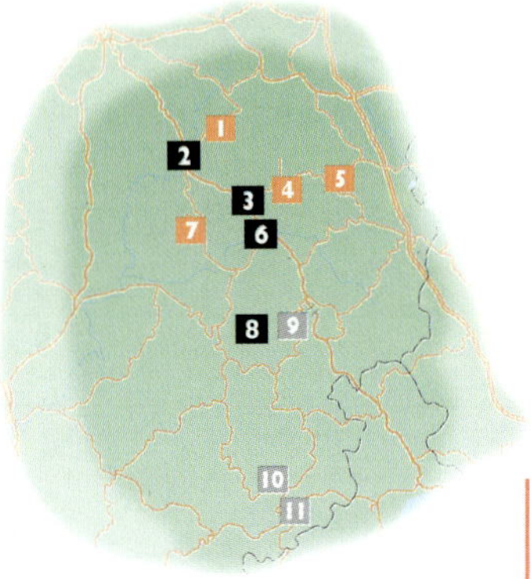

2 Buonconvento

Das 27 Kilometer südlich von Siena gelegene Buonconvento wurde, etwas untypisch für toskanische Städte, nicht auf einem Hügel angelegt. Außerdem muss man, bevor man in das hübsche mittelalterliche Zentrum gelangt, zunächst einmal einen weniger attraktiven Ring aus unansehnlichen Vororten und Industrievierteln durchstoßen.

Die Kleinstadt lässt sich rasch und bequem erkunden, vor allem wenn Sie von der Straße Nr. 2 in Richtung Montalcino fahren oder den Ort Monte Oliveto Maggiore einige Kilometer weiter östlich besuchen (➤ 130).

In Buonconvento ist besonders das Museo d'Arte Sacra besuchenswert. Hier sind einige sehenswerte Gemälde aus Siena zu besichtigen, darunter zum Beispiel *Mariä Verkündigung* von Andrea di Bartolo oder die *Madonna del Latte* (oder *Madonna der Milch*) von Luca di Tommè.

Letzteres Gemälde zeigt eine stillende Madonna – eine in der italienischen Kunst ungewöhnliche Darstellung. Für die Toskana jedoch nicht selten, denn zahlreiche Kirchen beanspruchen für sich, im Besitz einiger Milchtropfen der Jungfrau Maria zu sein.

Comune di Buonconvento

197 D2 Buonconvento hat keine Touristeninformation; Auskünfte erteilt die Comune di Buonconvento (Rathaus) Via Soccini 32 0577 806 012 oder 806 016

Museo d'Arte Sacra

Informationen sind auch im Museo d'Arte Sacra erhältlich Via Soccini 18 0577 807 181 Mitte März–Okt. Do–Di 10.30–13, 14.30–20 Uhr; Nov.–Feb. Sa, So 10–13, 14–17 Uhr mittel

3 San Quirico d'Orcia

Das Stadtbild von San Quirico setzt sich sowohl aus moderner als auch aus mittelalterlicher Bausubstanz zusammen. Die Stadt wirkt verschachtelt und etwas weitläufig, lohnt aber durchaus für einen kleinen Zwischenstopp, wenn man zwischen Siena (44 Kilometer nördlich) und der südlichen Toskana oder Montalcino (15 Kilometer westlich) und Pienza

Die Collegiata in San Quirico d'Orcia mit mittelalterlichen Steinmetzarbeiten an der Fassade

(9,5 Kilometer östlich) unterwegs ist. Das teilweise ummauerte Dorf wurde nach der Kirche San Quirico a Osenna benannt, einer von vielen Kirchen, die an der Via Francigena entstanden sind. Diese Straße war früher ein Streckenabschnitt einer alte Wallfahrtsroute zwischen Rom und dem nördlichen Europa. Hauptsehenswürdigkeit der Stadt ist die an der Piazza Chigi gelegene romanische Kirche Collegiata aus dem 12. Jahrhundert, die auf den Ruinen eines Vorgängerbaus errichtet wurde. Die lombardisch geprägten Verzierungen rund um die Türen sind außergewöhnlich wie auch die Holzeinlegearbeiten im Renaissance-Chorgestühl. Im nördlichen (linken) Querschiff befindet sich Sano di Pietros Gemälde *Madonna und Heilige*. Das Chorgestühl stammt ursprünglich aus einer Kapelle des Doms von Siena (➤ 96).

Am Ortsrand, nahe der Porta Nuova, erstrecken sich die Horti Leonini (tägl. Sonnenauf- bis Sonnenuntergang; Eintritt frei), Renaissance-Gärten aus dem Jahre 1580. Wenn Sie die Via Dante Alighieri entlanggehen, dann kommen Sie am Haus Nr. 38, in dem einst die heilige Katharina von Siena genächtigt haben soll, und an der Kirche Santa Maria Assunta (11. Jh.) vorbei.

197 D2 Touristeninformation Via Dante Alighieri 0577 897 211 April–Okt. Mo–Sa 10–13, 15.30–18.30 Uhr

6 Bagno Vignoni

Bagno Vignoni sollte man möglichst frühmorgens besuchen, um eine der stimmungsvollsten und ungewöhnlichsten Aussichten in der Toskana voll und ganz zu genießen: Inmitten der zentralen Piazza delle Sorgenti befindet sich ein Wasserbecken, das von einer Thermalquelle gespeist wird. Der in der kühlen Morgenluft entstehende Wasserdampf breitet sich wabernd über den Platz aus. Die Schwefelquellen waren schon zur Römerzeit bekannt. In Bagno Vignoni suchten Katharina von Siena und auch Lorenzo de' Medici (➤ 55) Linderung von ihren Leiden. Papst Pius II. ließ im 15. Jahrhundert ein Sommerhaus (heute ein Hotel) unweit des Platzes errichten. Die *picscina* (Becken) mit ihren Renaissance-Arkaden bauten die Medici. Die Nutzung des Wasserbeckens ist heute untersagt, baden kann man im Bassin des nahe gelegenen Hotels Posta Marcucci.

Von Bagno Vignoni aus führen zahlreiche Wege und Pfade, ausgehend vom Hauptplatz, in die landschaftlich reizvolle und zum Teil bewaldete Umgebung.

197 D2 Bagno Vignoni liegt 1 km westlich der Straße Nr. 2 und 5 km südlich von San Quirico d'Orcia

Das Thermalbad auf der zentralen Piazza delle Sorgenti in Bagno Vignoni

8 Monte Amiata

Ob nun von den Stadtmauern von Pienza (➤ 132) oder von vielen anderen Aussichtspunkten in der südlichen Toskana – der einsame Gipfel des Monte Amiata (1738 m) ist nicht zu übersehen. Auffallend und beeindruckend ist die pyramidenähnliche Form dieses erloschenen Vulkans. Da er von Siena und Florenz zu weit entfernt liegt, bleiben größere Touristenströme aus. Wenn man nach Montepulciano oder Pienza unterwegs sein sollte, ließe sich eine Stippvisite zum Monte Amiata einplanen – oder aber als Teil einer längeren Fahrt zwischen Siena und Sovana oder Pitigliano (➤ 144). An einem klaren

Blick auf die Landschaft vom Vulkan Monte Amiata

Tag sollten Sie die herrliche Weitsicht vom Gipfel genießen. Schattige Wälder laden zum Spazieren oder zum Wandern ein. Zahlreiche markierte Pfade wurden für Wanderfreunde angelegt. Wenn Sie Zeit haben sollten, dann besuchen Sie doch die am Fuß des Berges gelegenen Dörfer wie Seggiano, Arcidosso oder Castel del Piano, die alle über einen unverwechselbaren Charme verfügen.

197 D2

9 Abbadia San Salvatore

Das Städtchen wurde nach der Abtei San Salvatore benannt; diese ist neben Monte Oliveto und Sant'Antimo die dritte bedeutende Abtei der Südtoskana. Die Außenbezirke der Stadt besitzen eine überwiegend moderne Bausubstanz. Das Stadtzentrum dagegen birgt ein mittelalterliches Idyll. Hier, an der Via del Monastero, steht auch die Abtei aus dem Jahre 743, die zu den ältesten in der Toskana zählt und angeblich vom lombardischen König Rachis gegründet wurde. Für den Großteil des heutigen Bauwerks wurde das braune Trachytgestein des Monte Amiata verwendet. Ihr heutiges Aussehen verdankt die Abtei den Umbau- und Restaurierungsarbeiten des Jahres 1036 (vor allem die Krypta) und des 13. Jahrhunderts. Der Grundriss besteht aus einem lateinischen Kreuz, dem ersten dieser Art in der Toskana. Leider besitzt die Abtei heute kaum Kunstschätze. Diese wurden 1559, nachdem die Stadt an die Medici fiel, nach Florenz geschafft. Besonders sehenswert aber ist die Krypta, in der 35 kannelierte Säulen stehen.

197 E2

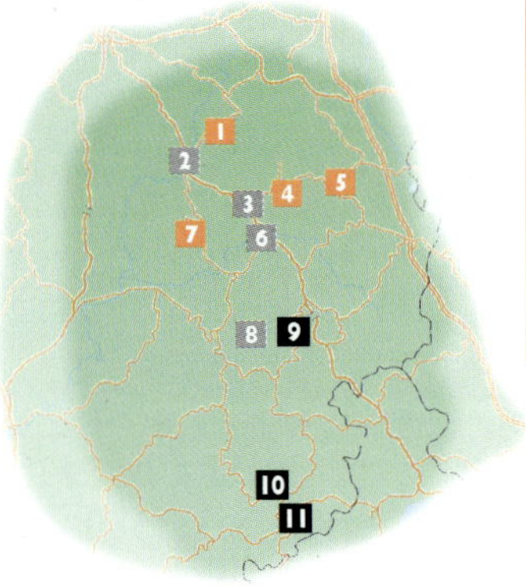

10 Sovana

Im Vergleich zur übrigen Toskana ist die Landschaft südlich des Monte Amiata an der Grenze zur Region Lazio eher unspektakulär zu nennen. Es gibt hier kaum sehenswerte Städtchen und Dörfer. Eine Ausnahme bilden die Dörfer Sovana und Pitigliano. Das winzige Sovana besteht aus wenig mehr als einer einzigen Straße, der Via di Mezzo. In ihrer Blütezeit war die Siedlung jedoch eines der wichtigsten regionalen Zentren, diente als Machtbasis der Aldobrandeschi-Nobilität und war Geburtsort von Hildebrand, der 1073 als Gregor VII. zum Papst gewählt wurde.

Dies dürfte mit der Grund sein, warum die hiesige Kirche Santa Maria (13. Jh.) an der Piazza del Pretorio zu den schönsten Pfarrkirchen der Toskana zählt. Der einfach gestaltete Innenraum wird von reizvollen Fresken und einem frühchristlichen *ciborium* (Altarbaldachin) aus dem 8. oder 9. Jahrhundert geprägt.

An die Herrschaft der Aldobrandeschi in Sovana erinnert die Cattedrale di SS Pietro e Paolo, die in Anbetracht des kleinen Ortes übergroß wirkt. Sie erreichen die Kirche, indem Sie einer der beiden Gassen, die von der Piazza del Pretorio bergab führen, folgen. Das Bauwerk entstand in verschiedenen Epochen: Viele der Steinmetzarbeiten wurden im 8. Jahrhundert ausgeführt; der größte Teil der Apsis und der Krypta gehen auf das 10. Jahrhundert zurück. Die Fresken und Verzierungen an den Säulenkapitellen im Kirchenschiff entstanden ab dem 12. Jahrhundert.

Sovana liegt in einem ehemaligen etruskischen Siedlungsgebiet. Zahlreiche etruskische Nekropolen und Gräber wurden in dieser Gegend freigelegt. Einige interessante Gräber, u. a. in Felsnischen, liegen etwa zehn Kilometer vor der Stadt, wenn man in Richtung Osten nach Sorano fährt. In Sovana gibt's einige gute Hotels und Restaurants (➤ 149).

197 D1

11 Pitigliano

Pitigliano thront majestätisch auf einem mächtigen Felssporn. Dicht gedrängt, zwängen sich die Burg und die mittelalterlichen Häuser auf den Vulkanfelsen. Der Ort wurde bereits im 6. Jahrhundert v. Chr. von den Etruskern besiedelt. Seine Blütezeit erlebte der Ort im 13. und 14. Jahrhundert, als hier die mächtige Familie der Orsini herrschte, aus der nicht weniger als drei Päpste hervorgingen. Bis zum Zweiten Weltkrieg lebte hier auch eine jüdische Gemeinde – die Synagoge an der Via Zuccarelli hat die Zeit überstanden. Jenseits der Piazza Garibaldi erheben sich ein Aquädukt und die Burg, die beide im 16. Jahrhundert von dem Architekten Giuliano da Sangallo errichtet wurden. Innerhalb der Festung steht der Palazzo Orsini, der für seine wunderschön dekorierten Räume bekannt ist. Zu den Höhepunkten von Pitigliano gehören ein Spaziergang durch die herrlich verwinkelten mittelalterlichen Gassen und der Ausblick auf den Monte Amiata.

197 D1 ✉ Museen mit unregelmäßigen Öffnungszeiten; Auskünfte erteilt das kleine Besucherzentrum an der Via Roma ☎ 0564 614 433 oder das Rathaus 0564 616 322

Beeindruckender Blick auf das mittelalterliche Pitigliano, das auf einem vulkanischen Felsen liegt

Wohin zum ... Übernachten?

Preise
Für ein Doppelzimmer gelten folgende Preise:
€ unter 90 Euro **€€** 90–155 Euro **€€€** über 155 Euro

Montalcino und Pienza eignen sich sehr gut als Ausgangspunkt, um andere Städte und die Landschaft der südlichen Toskana zu erkunden. Hotelzimmer sollte man im Voraus reservieren. Montepulciano liegt nicht ganz so zentral, bietet aber die größte Auswahl an Unterkünften. Eine Vielfalt von Privatzimmern, der *agriturismo* (➤ 42) und Landhotels bieten sich als Alternativen an. Näheres bei den Touristeninformationen (➤ 41).

MONTALCINO

Albergo Il Giglio €

Das 3-Sterne-Hotel liegt nur etwas südlich der Piazza Garibaldi und ist seit Jahren eine feste Größe in der Hotellerie von Montalcino. Eine Zeit lang litt der Standard in diesem Haus, doch eine Renovierung hat das Hotel wieder zur alten Qualität zurückgeführt, und es ist eine gute Alternative zum Dei Capitani. Die zwölf Zimmer sind traditionell mit zeitgenössischen Möbeln eingerichtet und harmonieren so mit dem mittelalterlichen Hotelgebäude. Die schönsten Zimmer haben sogar originale Fresken an den Wänden und bieten einen Blick auf die Landschaft. Es gibt ein recht gutes Restaurant, doch locken viele gute Alternativen in der Stadt. Das Frühstück ist teuer, man sollte daher den Kaffee und ein Croissant in der Fiaschetteria (➤ 148) zu sich nehmen.

197 D2
Via Soccorso Saloni 5
0577 848 167; Fax 0577 848 167
im Jan. teilweise geschl.

Dei Capitani €€

Das in ein 3-Sterne-Hotel umgewandelte Stadthaus ist eines der jüngsten und attraktivsten Hotels in Montalcino; es liegt nur wenige Minuten südöstlich der Piazza Cavour, am nördlichen Stadtrand. Alle 21 Zimmer sind komfortabel, frisch und modern eingerichtet. Alle Zimmer sind mit Telefon, Klimaanlage und Fernseher ausgestattet. Außerdem verfügt das Hotel über eine Terrasse, einen kleinen Garten und eine Bar. Es gibt im Dei Capitani zwar kein Restaurant, Frühstück wird allerdings serviert und ist im Preis inbegriffen. Einige Parkplätze sind vor dem Hotel verfügbar. In einer *dipendenza* (Anbau) sind fünf weitere Zimmer untergebracht.

197 D2
Via Lapini 6
0577 847 227; Fax 0577 847 239
Mitte Jan. – Ende Feb. geschl.

MONTEPULCIANO

Duomo €–€€

Diesen Familienbetrieb kann man wirklich ganz unbesorgt aufsuchen: Das 3-Sterne-Hotel ist sehr gastfreundlich, und das alte Wohnhaus liegt nur wenige Schritte vom Dom und der Piazza Grande entfernt. Die 13 hellen, modernen und schlichten Räumen sind mit Marmor- bzw. Fliesenböden ausgelegt.

197 E2
Via San Donate 14
0578 757 473; Fax 0578 757 473

Il Marzocco €

Das 3-Sterne-Hotel ist das beste Haus in Montepulciano: Es liegt in einem Palazzo aus dem 16. Jahrhundert und wird seit Generationen von einer Familien (über 100 Jahre) geführt. Das Hotel liegt gleich hinter der Porta al Prato am nördlichen Ende des Corso.
Die 16 Zimmer sind mit zeitgenössischen Möbeln eingerichtet, einige verfügen über Terrassen.
Es gibt einige wenige Hotelparkplätze, das Hotelrestaurant ist recht solide – ein Plus, da die Stadt nur wenige gute Alternativen bietet.

197 E2
Piazza Girolamo Savonarola 18
0578 757 262; Fax 0578 757 530
Mitte Jan.–Mitte Feb. geschl.

La Terrazza €

Man findet in Montepulciano sicher preiswertere Privatunterkünfte, aber wer ein günstiges und sauberes Hotel sucht, liegt bei diesem 2-Sterne-Hotel genau richtig. Es liegt zentral an einer ruhigen Seitenstraße, die südlich von der Kirche San Francesco verläuft und nur wenige Minuten von der Piazza Grande entfernt ist.

197 E2
Via Piè al Sasso 16
0578 757 440; Fax 0578 757 440

PIENZA

Il Chiostro di Pienza €€€

Bis in die Neunzigerjahre hinein gab es in Pienza kein zentral gelegenes Hotel. Dann wurde dieses hervorragende 3-Sterne-Hotel unweit der Hauptstraße eröffnet; seinen Namen verdankt es dem Innenhof (*chiostro*) des Konvents aus dem 15. Jahrhundert, der für das Hotel umgewandelt wurde. Typisch für ein Haus, das zur exklusiven Relais & Chateaux-Gruppe gehört, sind die öffentlichen Bereiche und die 37 Zimmer, die schlicht, aber elegant mit historischen Möbeln und geschmackvollen Stoffen eingerichtet sind. Viele originale Details blieben erhalten, vor allem die Holzdecken, Steingewölbe und einige Freskenreste. Zum Hotel gehören ein kleiner Garten, ein Fitnessclub, ein Pool und ein Restaurant. Das Frühstück ist im Preis inbegriffen.

197 E2
Corso Rossellino 26
0578 748 400; Fax 0578 748 440

Corsignano €€

Dieses 3-Sterne-Hotel liegt außerhalb der Stadtmauern, einen kurzen Fußweg westlich der Piazza Dante, unweit der Hauptstraße nach Pienza. Das moderne Hotelgebäude besitzt insgesamt 36 Zimmer; diese sind sauber und bequem, obwohl die Einrichtung etwas in die Jahre gekommen ist. Das Haus verfügt über kein Restaurant. Das Frühstück ist im Preis inbegriffen.

197 E2
Via della Madonnina 11
0578 748 501; Fax 0578 748 166
Mitte Jan.–Mitte Feb. geschl.

VAL D'ORCIA

Castello di Ripa d'Orcia €€

Das 3-Sterne-Hotel ist in einem *borgo* (befestigtes Dorf) aus dem 13. Jahrhundert untergebracht. Es liegt inmitten sehr schöner Landschaft, sodass Ruhe und Entspannung garantiert sind. Gleich hinter den Mauern beginnen markierte Wanderwege. Die neun Zimmer und sieben Apartments sind groß und schlicht eingerichtet; sie werden nächte- oder wochenweise vermietet. Auch Mahlzeiten werden angeboten.

197 D2
Via della Contea 1, Ripa d'Orcia
0577 897 376;
E-Mail: castellorpadorcia.com

Weitere Unterkünfte in Sovana und dem nahe gelegenen Montepulciano sowie Monte Amiata sind die Hotels Etrusca, La Chiusa und Silene, ➤ 148f.

Wohin zum … Essen und Trinken?

Preise
Die Preise gelten pro Person für ein Drei-Gänge-Menü mit Wein:
€ unter 26 Euro **€€** 26–52 Euro **€€€** über 52 Euro

Die Küche im Süden der Toskana ist regional geprägt und einfach. Wein ist in dieser Gegend ein echter Genuss – es gibt drei hervorragende Rotweine: Vino Nobile, Brunello und Rosso di Montalcino. Die Öffnungszeiten werden zwar für jedes Restaurant angegeben, diese können jedoch nach Jahreszeit, Besucherzahl oder schlicht nach Laune des Gastwirtes variieren.

BAGNO VIGNONI

Osteria del Leone €

Die traditionelle und sehr gut besuchte Osteria bietet eine einfache Küche mit toskanischen Klassikern wie Kutteln oder *pappardelle*. Außerdem werden herzhafte Gerichte wie Wildschein, Wildfenchel und *anatra all'uva* (Ente mit Weintrauben) serviert.

197 D2
Via dei Mulini 3
0577 887 300
12.30–14.30, 19.30–22.30 Uhr; Mo, letzte 2 Wochen im Nov. und Feb. geschl.

MONTALCINO

Fiaschetteria Italiana €

Die Fiaschetteria Italiana, Café und Bar, ist eine Institution in Montalcino: Kein Wunder, denn das elegante Interieur aus dem 19. Jahrhundert und die zentrale Lage am Hauptplatz sind mehr als einladend. Im Sommer kann man draußen sitzen.

197 D2
Piazza del Popolo 6
0577 849 043
12.30–14.30, 19.30–22.30 Uhr; Di geschl.

Taverna dei Barbi €€

Das gehobene Restaurant liegt an einem Brunello-Weinberg, fünf Kilometer südöstlich von Montalcino. In dem geschmackvoll eingerichteten, rustikalen Speiseraum, in dessen Mitte ein steinerner Kamin steht, kann man lokale Spezialitäten schlemmen und den köstlichen Wein des Hauses probieren.

197 D2
Frattorio dei Barbi, La Croce, Località Podernovi
0577 849 357
12.30–14.30, 19.30–22.30 Uhr; Di nachmittags, Mi (außer Aug.), Jan. und 2 Wochen im Juli geschl.

Taverna Il Grappolo Blu €

In dem kühlen, steinernen mittelalterlichen Restaurant gibt es zwei kleine Speiseräume mit 35 Nischen. Im Restaurant geht es leger zu. Die phantasiereichen Nudelgerichte werden oft mit scharfen Soßen sowie mit viel Knoblauch und Chili serviert. Auch die Weinauswahl kann sich sehen lassen, darunter Tropfen aus Caparzo und Castello Romitorio, die besonders empfehlenswert sind.

197 D2
Via Scale di Moglio 1
0577 847 150
12.30–14.30, 19.30–22.30 Uhr; Fr geschl.

MONTE AMIATA

Silene €€

Manche Gäste nehmen weite Anfahrtswege in Kauf, um im Silene zu essen, das sich außerhalb von Pescina befindet, einem der winzigen Dörfer, die rund um den Gipfel des Monte Amiata liegen. Die Küche verwendet Zutaten der Region: Pilze, Spargel, Reh, Wildschwein, Trüffeln und Schnecken. Die sieben Zimmer des benachbarten 3-Sterne-Hotels sollte man lange im Voraus buchen.

197 D2
ausgeschildert ab Pescina, 4 km östl. von Seggiano
0564 950 805; Fax 0564 950 553
12.30–14.30, 19.30–22.30; Mo und im Jan. geschl.

MONTE OLIVETO

Da Ottorino €
Diese Pizzeria liegt rund neun Kilometer nördlich der Abtei von Monte Oliveto Maggiore, am Stadtrand von Asciano. Das Restaurant ist in einem alten Bauernhaus untergebracht. Empfehlenswert sind die saftigen Schinken und warmen *crostini* (geröstetes Brot) als Vorspeise, Pasta wie *pici con pancetta e fagioli* und als Hauptgericht einfach gegrilltes Fleisch wie *vitello con funghi*. Kreditkarten werden nicht akzeptiert.

197 D2
Via Sante Marie 114, Asciano
0577 718 770
12.30–14.30, 19.30–22.30 Uhr; Mo und 2 Wochen im Juli geschl.

MONTEPULCIANO

Caffè Poliziano €
Auf Grund seiner guten Kuchen, Snacks und des Vino Nobile gilt das Caffè Poliziano als das beste Café in Montepulciano. Zum Haus gehört auch ein Restaurant.

197 E2
Via di Voltaia nel Corso 27–29
0578 758 615
Bar: tägl.; Restaurant: Mo–Sa 12.30–14.30, 19.30–22.30 Uhr

La Chiusa €€€
Dieses preisgekrönte Hotelrestaurant ist in einer alten Mühle im Dorf Montefollonico untergebracht, acht Kilometer nordwestlich von Montepulciano. Das Hotel verfügt über 14 teure Zimmer. Auch die Speisen sind nicht gerade billig zu nennen, doch köstlich zubereitete Gerichte wie *crespelli ai funghi* oder *agnello da latto al rosmarino* sind das Geld wert.

197 E2
Via della Madonnina 88, Montefollonico
0577 669 668; Fax 0577 669 593
12.30–14.30, 19.30–22.30 Uhr; Di und Mitte Jan.–Mitte März geschl.

Osteria Borgo Buio €–€€
Das Restaurant liegt in einem Weinkeller aus dem 14. Jahrhundert und ist mit zahlreichen Antiquitäten geschmückt. Die einfache Küche ist toskanisch geprägt: Gemüsetörtchen empfehlen sich als Vorspeise, als Hauptgerichte *coniglio ripieno* (gefülltes Kaninchen) oder *polpettone* (Fleischbällchen) mit Gemüse und Pistazien.

197 E2
Via di Borga Buio
0578 717 497
12.30–14.30, 19.30–22.30 Uhr; Do und Jan. geschl.

PIENZA

Latte di Luna €€
Die Trattoria in der Nähe des Dorfzentrums bietet einfache, aber schmackhafte Speisen an. Versuchen Sie das Tagesgericht oder *pici all'aglione* (Pasta in Knoblauch- und Tomatensauce).

197 E2
Via San Carlo 2–4
0578 748 606
12.30–14.30, 19.30–22.30 Uhr; Di und zeitweise im Feb. und Juni geschl.

SOVANA

Hotel-Ristorante Etrusca €€
Das einfache, aber schöne Interieur des Gebäudes von 1241 bietet einen eleganten Rahmen für dieses Restaurant. Das 2-Sterne-Hotel verfügt über zehn Zimmer.

197 D1
Piazza del Pretorio 16
0564 616 183/614 193
12.30–14.30, 19.30–22.30 Uhr; Mo geschl.

Wohin zum… Einkaufen?

Wein sollte hier ganz oben auf Ihrer Einkaufsliste stehen – in Montalcino (Brunello di Montalcino und Rosso di Montalcino) oder Montepulciano (Vino Nobile di Montepulciano). Auch Olivenöl, Honig und Käse sind bekannte Spezialitäten.

MONTALCINO

In Montalcino gibt es etliche Wein- und Feinkostgeschäfte. Einer der preiswertesten Läden ist der Genossenschaftsladen unweit der Via Ricasoli; einer der schönsten ist die **Fiaschetteria Italiana** an der Piazza del Popolo (➤ 148). Eine Winzerei, bei der keine Anmeldung erforderlich ist, ist die **Fattoria dei Barbi** (La Croce, acht Kilometer südlich von Montalcino, Tel. 0577 848 277, Mo–Fr geöffnet).

PIENZA

Pienza ist für seinen ***pecorino*** (Schafskäse) bekannt. Mancher Käse stammt jedoch aus anderen Gebieten. Ein empfehlenswertes Geschäft ist **La Cornucopia** (Piazza Martiri della Libertà, Tel. 0578 748 150), oder Sie besuchen das **Silvana Cugusi**, zehn Kilometer ab der Straße SS 146 nach Montepulciano an der Via della Boccia Nr. 8 (Tel. 0578 757 558).

MONTEPULCIANO

Das **Contucci** (Via del Teatro 1, Tel. 0578 757 006) vertreibt Vino Nobile. Die **Enoteca Oinochóe** (Via di Voltaia nel Corso 82, Tel. 0578 757 524) führt Wein einheimischer Winzer. Olivenöl erhält man an der Piazza Pasquino Nr. 9, einem Genossenschaftsgeschäft von 650 Olivenbauern.

Wohin zum … Ausgehen?

Die südliche Toskana bietet nur wenig Nachtleben. Dafür finden zahlreiche Festivitäten statt, die sich rund ums Essen und Trinken drehen, vor allem im Sommer und frühen Herbst. Wenden Sie sich an die Touristeninformationen.

MONTALCINO

Der Beginn der Jagdsaison wird mit dem **Torneo dell'Apertura della Caccia** (2. So im August) mit Prozessionen und einem Wettkampf im Bogenschießen gefeiert. Eine ähnliche Veranstaltung ist die Sagra del Tordo (letzter So im Okt.).

PIENZA

Die **Fiera** (1. So im Sept.) feiert den einheimischen Käse im Rahmen eines mittelalterlichen Straßenmarktes und -festes. An manchen Sonntagen kann man den Choralgesängen der Mönche der Abtei Sant' Antimo (➤ 140) lauschen.

MONTEPULCIANO

Als bedeutendstes Festival gilt der **Bravio delle Botti** (letzter So im Aug.), ein Wettkampf im Fässerrollen zwischen den Teilnehmern der acht Stadtviertel mit anschließenden Festlichkeiten. **Maria Himmelfahrt** (14.–16. Aug.) wird mit zahlreichen Theateraufführungen und Konzerten gefeiert.

Nördliche Toskana

Erste Orientierung 152
In drei Tagen 154
Nicht verpassen! 156
Nach Lust und Laune! 168
Wohin zum ... 173

Erste Orientierung

In der nördlichen Toskana gibt es weniger historisch sehenswerte Ortschaften als im Süden. Landschaftlich bestimmend sind bewaldete Gebiete, Berge und Marmorbrüche. Aber nach den faszinierenden Städten Florenz und Siena locken mit Lucca und Pisa zwei Orte, die den Vergleich mit anderen in Italien nicht zu scheuen brauchen.

Lucca ist eine Stadt, in die man sich schnell verlieben kann. Pisa ist weniger anziehend, bietet jedoch mit dem Schiefen Turm und den umliegenden Bauwerken eines der schönsten mittelalterlichen Gebäudeensembles in Italien. Die beiden Städte liegen nur wenige Kilometer voneinander entfernt; dabei empfiehlt sich Lucca für Übernachtungen.

Pisa ist im Zweiten Weltkrieg stark bombardiert worden, sodass die Stadt heute größtenteils moderne Architektur aufweist; Lucca ist dagegen fast unberührt geblieben: Die mit einem Ring von Schutzwällen umgebene Stadt lädt mit ihren kopfsteingepflasterten Gassen aus römischer Zeit, ihren zahlreichen romanischen Kirchen, Museen, Kunstmuseen, Gärten ein – in den Worten des amerikanischen Schriftstellers Henry James steht Lucca für »alles Leichte, den Überfluss, die Schönheit, das Interesse und als leuchtendes Beispiel für andere«. Lucca eignet sich hervorragend zum Spaziergehen oder zur Erkundung mit dem Fahrrad (es gibt mehrere Fahrradverleihstellen). Auch die Einheimischen fahren viel mit dem Rad.

Pisa ist dagegen eine größere Stadt, in der sich die historischen Sehenswürdigkeiten an wenigen Stellen konzentrieren. Dazu gehört vor allem der Campo dei Miracoli oder das »Feld der Wunder«, eine große bebaute Wiese. Besuchenswert sind Kunstmuseen und einige wenige Kirchen. Im Umland von Lucca liegen verschiedene Villen und Gärten verstreut, im Norden lockt die Region

★ Nicht verpassen!

1 **Lucca** ➤ 156
2 **Pisa** ➤ 164

Nach Lust und Laune!

3 Viareggio ➤ 168
4 Carrara ➤ 168
5 Garfagnana ➤ 169
6 Villen und Gärten ➤ 171
7 Pistoia ➤ 172

Seite 151: Der weltberühmte Schiefe Turm von Pisa
Oben: Piazza San Michele, Lucca
Gegenüber: Die Berge der Garfagnana

Garfagnana, die Alpi Apuane, die für ihre Marmorbrüche bekannt sind, sowie die wilden, bewaldeten Berghänge der Orecchiella. Sie eignen sich sehr gut für Wanderungen, zumal es hier viele markierte Wanderwege gibt. Man kann die herrliche Landschaft auch während einer Auto- oder Zugfahrt genießen. Wer einen Tag am Strand verbringen möchte, sollte das bekannte Seebad Viareggio besuchen; Pistoia dagegen hat viel Kunst und Architektur zu bieten.

Drei Tage reichen für einen Besuch in Pisa und Lucca aus, man hat dann sogar noch Zeit für die Villen und Gärten in Lucca oder die vielfältige Landschaft der Garfagnana. Wer in Pisa mit dem Flugzeug ankommt, sollte sich erst die Stadt ansehen und dann nach Lucca fahren, wo man zwei Nächte bleiben sollte.

Die nördliche Toskana in drei Tagen

Erster Tag

Vormittags

Fahren Sie nach **Lucca** (➤ 155), und buchen Sie dort für zwei oder drei Nächte ein Hotel (➤ 173). Schauen Sie in der **Touristeninformation** (➤ 41) vorbei und besichtigen Sie die Kirche San Michele in Foro und die Casa di Puccini (➤ 156). Trinken Sie einen Kaffee im **Caffè di Simo** (➤ 175), und besuchen Sie den Duomo (links).

Mittagessen

Essen Sie in **Da Leo** (➤ 175) zu Mittag, oder machen Sie ein Picknick auf der Stadtmauer von Lucca.

Nachmittags

Schlendern Sie durch die östlichen und nördlichen Stadtteile von Lucca, zur **Piazza del Mercato**, dem **Museo Nazionale di Villa Guinigi**, der **Casa Guinigi** und den Kirchen **Santa Maria Forisportam**, **San Frediano** und **San Pietro Somaldi**. Am späten Nachmittag können Sie in den Geschäften an der Via Fillungo stöbern. Essen Sie bei **Buca di Sant'Antonio** (➤ 174) zu Abend.

Zweiter Tag

Vormittags

Wenn Sie am Vortag die **Stadtmauern** noch nicht besichtigt haben, erkunden Sie diese; fahren Sie dann mit dem Zug nach **Pisa** (➤ 164), um den **Schiefen Turm**, die **Taufkapelle (rechts)** und den **Duomo** anzusehen.

Statten Sie jetzt oder gleich nach dem Mittagessen dem **Museo dell'Opera del Duomo** mit seinen bekannten Skulpturen von Giovanni Pisano einen Besuch ab. Wenn Sie Marktatmosphäre mögen, sollten Sie den Hauptmarkt von Pisa, den **Mercato Vettovaglie** (➤ 175), gleich nach Ihrer Ankunft besuchen, da er am Nachmittag schließt.

Mittagessen

Genießen Sie den Mittag im **La Mescita** (➤ 175) oder in der **Osteria dei Cavalieri** südlich des Campo.

Nachmittags

Besuchen Sie das Museo dell'Opera, und bestaunen Sie die Piazza dei Cavalieri (oben), bevor Sie zur **Kirche von Santa Maria della Spina** und einem oder beiden von Pisas **wichtigsten Museen** (➤ 166) aufbrechen. In der **Pasticceria Salza** (➤ 175) können Sie bei Kaffee, Tee oder einem Imbiss ausspannen. Wenn Sie einkaufen möchten, sind Sie im **Borgo Stretto** (➤ 176) nach 16 Uhr genau richtig (dann öffnen viele Geschäfte nach der Mittagsruhe). Fahren Sie für das Abendessen zurück nach Lucca oder kehren Sie im Gazebo im **Locanda L'Elisa Hotel** (➤ 173) ein.

Dritter Tag

Vormittags können Sie entweder Lucca weiter erkunden oder einige der **Villen und Gärten** im Umland anschauen (➤ 171, Villa Torrigiane, unten). Von hier aus können Sie **Pistoia** (➤ 172) besuchen, von wo aus man Florenz oder Siena sehr gut erreicht. Eine Alternative wäre ein Tagesausflug nach **Garfagnana** (➤ 169), fahren Sie durch das Serchio-Tal, und genießen Sie den Blick auf die Alpi Apuane. Je nach Zeit und Lust könnten Sie auch die Marmorbrüche von Carrara (➤ 168, rechts) oder den Strand von **Viareggio** (➤ 168) besuchen.

0

Lucca

Keine andere Stadt der Toskana besitzt so viel Charme und wirkt so anheimelnd wie Lucca, eine ruhige Provinzstadt, in deren mittelalterlichen Straßen und Plätzen sich in den vergangenen Jahrhunderten scheinbar nichts geändert hat. Die von einer kompletten Befestigungsanlage umgebene Stadt verfügt über herrliche Kirchenbauten, faszinierende Museen und Kunstsammlungen sowie beschauliche Ecken und blumengesäumte Gassen.

Überall rund um die Piazza San Michele stehen mittelalterliche Gebäude

Piazza San Michele

Das Herz der Stadt schlägt an der Piazza San Michele, dem Standort des alten römischen Forums (*foro*); daher auch der Name San Michele in Foro für die wunderschöne **romanische Kirche** im Zentrum des Platzes. Mit ihrem Bau wurde 1070 begonnen, sie blieb aber unvollendet, da nach Fertigstellung der aufwändigen Fassade kein Geld mehr zur Verfügung stand: Kein Wunder, denn ihre reich geschmückte Außenfassade macht sie zu einer der schönsten Kirchen Italiens. Die Kirchenarchitektur zeigt Einflüsse aus Pisa und wurde als romanische Pisa-Architektur bekannt (➤ 157). Der Innenraum der Kirche ist eher nüchtern zu nennen; hier ist nur das Gemälde *Die Heiligen Jerome, Sebastian, Roch und Helena* von Filippino Lippi aus dem 15. Jahrhundert bemerkenswert (am Ende des südlichen Kirchenschiffs).

Nur wenige Minuten entfernt von der Piazza San Michele, liegt die **Casa di Puccini**, das Geburtshaus von Giacomo Puccini (1858–1924), dem Komponisten der Opern *Tosca, La Bohème* und *Madame Butterfly*. Sein früheres Haus dient heute als Konservatorium und beherbergt ein kleines Museum mit Exponaten aus seinem Leben – alte Notenblätter, Kostümentwürfe, Porträts und den Flügel, an dem er seine letzte Oper, *Turandot*, komponierte. Einige Straßen weiter westlich, an der Via San Paolino, steht die Barock-Kirche San Paolini, in der der junge Puccini die Orgel spielte.

Von der Piazza San Michele sollte man entweder auf der Via Vittorio Veneto oder der Via Beccheria zur **Piazza Napoleone** gehen, die nach Napoleon Bonaparte benannt wurde. Das große Gebäude an der Westseite des Platzes heißt **Palazzo della Provincia** (1578–1728), einstmals Sitz der Stadtrats von Lucca. Hinter dem Palast erhebt sich die beeindruckende mittelalterliche Kirche San Romano. Ein kurzer Spaziergang in Richtung Osten von der Piazza Napoleone bringt Sie zur Piazza San Martino, wo der atemberaubende **Duomo di San Martino** steht.

Der Duomo

Mit dem Bau des Doms wurde 1060 begonnen; die Arbeiten an der prächtigen Fassade, einer Nachbildung der Kirche San Michele, wurden jedoch erst um 1241 abgeschlossen. Die asymmetrische Fassade ist eine Folge der Bautechnik. Die Kirche wurde an den Glockenturm angebaut. Der untere Teil des Campanile war ursprünglich ein Wehrturm, der nachträglich aufgestockt wurde. Besonders sehenswert sind die reichen Verzierungen der Fassade, u. a. **Reliefs aus dem 13. Jahrhundert**. Nicola Pisano schuf *Mariäe Verkündigung*, *Geburt Christi*, *Anbetung der Heiligen Drei Könige* und die *Kreuzabnahme* über dem linken Portal. Die Verzierungen zwischen den Portalen werden Guidetto da Como, der den Großteil der Fassade gestaltete, zugeschrieben. Sie zeigen Episoden aus dem Leben des heiligen Martin (San Martino) und die Monate des Jahres mit ihren typischen Arbeiten – betrachten Sie unbedingt die Wildschweinjagd im Dezember.

Der Erzengel Michael krönt die Fassade der Kirche San Michele in Foro

Die auffallende Bogenfassade des Doms

Besonders beachtenswert im **Inneren des Domes** ist der **Tempietto** (1482–85), eine achteckige Kapelle etwa auf halber Höhe des Hauptschiffs, den der Bildhauer Matteo Civitali (1435–1511) aus Lucca für das *Volto Santo* (Heiliges Gesicht), das hölzerne Bild des Gekreuzigten, schuf. Es soll angeblich das authentische Christusbild darstellen, geschnitzt von Nikodemus zur Zeit der Kreuzigung Christi. Wissenschaftler behaupten, dass es sich hierbei um eine Kopie aus dem 13. Jahrhundert einer Nachbildung aus dem 11. Jahrhundert handelt, die wiederum nach einer Statue aus dem 8. Jahrhundert gestaltet wurde.

Civitali schuf auch weitere Arbeiten im Dom, vor allem den Altare di San Regolo (1484) oder das Grab des heiligen Regolus, eines frühen Bischofs von Lucca (an der Wand rechts vom Hochaltar), und das Grab von Pietro da Noceta (1472), Sekretär von Papst Nikolaus V. Das **Grab von Illaria** del Carretto (1408) ist ein Werk des Bildhauers Jacopo della Quercia aus Siena: Es zeigt Illaria,

Drei der »Arbeiten der zwölf Monate« des Jahres, die am Hauptportal des Doms dargestellt sind

die Frau von Paolo Guinigi, einem Mitglied der Familie, die das mittelalterliche Lucca beherrscht hatte. Der Hund zu ihren Füßen war der Lieblingshund der Familie. Das Grab liegt in der Sakristei am südlichen Gang (geringer Eintritt).

Die Eintrittskarte zur Sakristei gestattet auch den Besuch des **Museo della Cattedrale** an der Piazza Antelminelli, das eine Sammlung von Gemälden, Skulpturen und religiösen Artefakten enthält, und der **Kirche von Santi Giovanni e Reparata**. Ausgrabungen in dieser Kirche an der Piazza San Martino haben Mauerreste aus der Römerzeit zu Tage gefördert, außerdem Teile der ersten mittelalterlichen Kathedrale von Lucca und zweier Taufkappellen aus dem 5. und 8. Jahrhundert.

Die Stadtmauer und der Osten von Lucca

Von den Straßen rund um den Dom ist es ein Leichtes, auf die baumbestandene **Stadtmauer** (1544–1645) von Lucca zu gelangen: Man sollte wenigstens einen Teil oder die gesamte Mauer zu Fuß oder mit dem Fahrrad erkunden. Der Schutzwall

Ein Kunstwerk von Fra Bartolommeo im Museo Nazionale di Villa Guinigi

umschließt die Stadt auf einer Gesamtlänge von 4,2 Kilometern. Die Mauern wurden zum Schutz gegen Florenz gebaut und ersetzten damit die älteren mittelalterlichen Wälle. Im 19. Jahrhundert wandelte man die Schutzwälle in die heutige Promenade um.

Vom Dom aus kann man auch sehr gut den östlichen Stadtrand von Lucca besuchen, wo es einige Sehenswürdigkeiten gibt: Da ist zunächst die **Santa Maria Forisportam**, eine unvollendete Kirche aus dem 13. Jahrhundert im Stile der romanischen Pisa-Architektur, die ihren Namen der Tatsache verdankt, dass sie einst außerhalb der römischen und mittelalterlichen Stadtmauern lag. Sie steht an der Kreuzung von Via della Rosa und Via Santa Croce. Südöstlich der Kirche liegt der **Giardino Botanico**, der hübsche und friedliche Botanische Garten von Lucca. Östlich und an der Via Santa Croce und der Via Elisa finden sich insgesamt **vier kleine Kirchen**: Die SS Trinità, San Ponziano, San Gervasio und San Michelotto. Letztere steht gleich am Eingang der Villa Bottini, auch als Villa Buonvisi bekannt, deren italienische Gärten einen Besuch wert sind.

Nördlich der Villa befindet sich das **Museo Nazionale di Villa** Guinigi, das in einem 1418 für die Familie Guinigi entstandenen Palast untergebracht ist. Das Museum umfasst eine große und vielfältige Sammlung von Gemälden, Skulpturen, Stoffen, römischen und etruskischen Funden, daneben Silber und wichtige Kunstwerke des Malers Fra Bartolommeo sowie des Bildhauers Matteo Civitali; Letzterer ist für seine Arbeiten im Dom bekannt. Achten Sie auch auf das schöne Chorgestühl des Doms (1529), das mit Holzeinlegearbeiten verziert ist. Einige Schritte westlich vom Museumseingang an der Via della Quarquonia liegt die Kirche **San Francesco** (13. Jh.), die wegen ihrer Fresken beachtenswert ist.

Die Piazza Anfiteatro liegt über einem alten römischen Amphitheater

Himmelfahrt Christi, Mosaik aus dem 12. Jahrhundert in San Frediano

Spannender als diese Kirche ist jedoch ein Besuch der romanischen Kirche **San Pietro Somaldi**. Sie stammt aus dem 12. Jahrhundert, wurde jedoch auf einer lombardischen Kapelle aus dem Jahre 763 errichtet. Gehen Sie von hier aus in Richtung Süden, und folgen Sie der Via Guinigi, einer der geschichtsträchtigen Straßen von Lucca. Knapp 200 Meter von San Pietro entfernt, steht die **Casa Guinigi**, ein weiterer Palazzo der Familie Guinigi. Auffallend ist vor allem die mittelalterliche Torre Guinigi, unverwechselbar wegen der Steineichen, die auf ihrer Turmspitze wachsen.

Von der Piazza Anfiteatro nach San Frediano

Kehren Sie in Richtung Norden auf die Via Guinigi zurück, und biegen Sie links in die Via Antonio Mordini ab, dann in die erste kleine Gasse rechts, die zur **Piazza Anfiteatro** führt. Die ovale Form des Platzes folgt exakt den Umrissen eines römischen Amphitheaters, das hier einst stand. Steinquader des Amphitheaters wurden im 12. Jahrhundert als Baumaterial für Kirchen und Paläste in Lucca verwendet.

Vom nördlichen Rand des Platzes sind es nur wenige Schritte zur Hauptstraße von Lucca, der Via Fillungo, und zur Kirche **San Frediano** (1112–47), deren Fassade aus dem 13. Jahr-

Der Fontale Lustrale, der Taufstein aus dem 12. Jahrhundert in San Frediano

hundert stammt; im Kircheninnenraum ist vor allem der reich verzierte Taufstein, der **Fontale Lustrale**, aus dem 12. Jahrhundert sehenswert. Dahinter steht eine Kapelle mit dem Grab der hl. Zita, einer aus Lucca stammenden Magd aus dem 13. Jahrhundert. Bemerkenswert sind auch die fein gearbeiteten Fresken (1508–09) von Amico Aspertini in der **Cappella di Sant'Agostino**.

Die Via Fillungo führt zurück in das Stadtzentrum von Lucca. San Frediano am nächsten liegt der **Palazzo Pfanner** (1667), wo die Gärten aus dem 18. Jahrhundert (nicht jedoch der Palast selbst) für Besucher zugänglich sind. Unweit daneben steht die Kirche Sant'Agostino aus dem 14. Jahrhundert und die Kapelle von San Salvatore in Muro. Weiter westlich wartet das Museo Nazionale di Palazzo Mansi auf Ihren Besuch. In diesem weitläufigen Museum sind prächtige Wandteppiche, Textilien, Teppiche und wertvolle Kunstobjekte sowie feines Mobiliar zu besichtigen.

KLEINE PAUSE

An der Piazza San Michele und der Via Fillungo gibt es einige gute Cafés, aber eines der besten ist das **Caffè di Simo** (➤ 174 f) mit einer bezaubernden Einrichtung aus dem 19. Jahrhundert.

Die aufwändig gestalteten Gärten am Palazzo Pfanner

LUCCA: INSIDER-INFO

Top-Tipps: Lucca besucht man am besten mit dem **Zug**; der Bahnhof ist nur einen kurzen Weg von den Stadtmauern entfernt. Wenn Sie die Anfahrt per Auto wählen, können Sie an der Piazzale Giuseppe Verdi parken oder außerhalb der Mauern und dann in das Zentrum gehen.

- Es lohnt sich, in Lucca ein **Fahrrad auszuleihen**. Eher ungewöhnlich für ein so autoverrücktes Land wie Italien, aber die Einheimischen benutzen auch das Fahrrad – Sie können es ihnen gleichtun und die Stadt per Rad erkunden. Es gibt mehrere Fahrradverleihe in der Stadt, u. a. bei der Touristeninformation und an der Piazza Santa Maria.
- Ein **Kombi-Ticket** für den Besuch der Domsakristei, des Museo della Cattedrale und der Kirche Santi Giovanni e Reparata ist günstiger als der Kauf einzelner Tickets.

San Michele
202 C3 · Piazza San Michele · kein Telefon · tägl. 7.30–12.30, 15–18 Uhr; während Gottesdienst geschl. · frei

Casa di Puccini
202 B3 · Corte San Lorenzo 9, Via di Poggio 30 · 0583 584 028 · Juni–Sept. tägl. 10–18 Uhr; Okt.–Dez. Di–So 10–13, 15–18 Uhr; Jan.–März evtl. geschl.; März–Mai Di–So 10–13, 15–18 Uhr · preiswert

Duomo di San Martino
203 D2 · Piazza San Martino · 0583 490 530 · Dom: Mai–Sept. tägl. 9.30–17.45 Uhr; Okt.–April tägl. 9.30–16.45 Uhr; Sakristei: April–Okt. tägl. 10–17 Uhr; Nov.–März Mo–Fr 10–16.45 Uhr, Sa 9.30–18.45 Uhr, So 9–10, 11.30–12, 13–17 Uhr · Dom: frei; Sakristei: preiswert; Kombi-Ticket für das Museo della Cattedrale und Santi Giovanni e Reparata: mittel

Museo della Cattedrale
203 D2 · Via Arcinescorato · 0583 490 530 · April–Okt. Mo–Fr 10–18 Uhr, Sa 10–17 Uhr; Nov.–März Mo–Sa 10–14 Uhr (gelten auch für Santi Giovanni e Reparata) · mittel

Giardino Botanico
203 E2 · Via del Fosso–Via del Giardino Botanico 14 · 0583 442 160 · April–Okt. Mo–Fr 9.30–12.30 Uhr, Sa, So 11–17 oder 12–18 Uhr; Nov.–März Di–Sa 9.30–12.30 Uhr · preiswert

Villa Bottini
203 E3 · Via Elisa · 0583 442 140 · Mo–Sa 9–13 Uhr · frei

Museo Nazionale di Villa Guinigi
203 F4 · Via della Quarquonia · 0583 496 033 · Di–Sa 8.30–19.30 Uhr, So 8.30–13.30 Uhr · mittel

Palazzo Pfanner
202 C4 · Via degli Asili 33 · 0583 491 243 · Gärten: März–Nov. tägl. 10–18 Uhr; Dez.–Feb. nach Anmeldung · preiswert

Museo Nazionale di Palazzo Mansi
202 A3 · Via Galli Tassi 43 · 0583 55 570 · Di–Sa 8.30–19 Uhr, So 8.30–13 Uhr · mittel

2

Pisa

Bei Pisa denkt man vor allem an ein beeindruckendes Gebäude – den Schiefen Turm von Pisa. Dabei übersieht man den prachtvollen Dom und die Taufkapelle, ganz zu schweigen von einer auffallenden, kleinen Kirche, einer geschichtsträchtigen Piazza aus dem Mittelalter und drei Museen voller Kunstschätze.

Jahrhundertelang gehörte Pisa zu den wichtigsten Städten Italiens: Die etruskische, dann römische Siedlung gewann im Mittelalter an Bedeutung und erreichte ihre Blütezeit im 11. und 12. Jahrhundert, als Pisa dank des Seehandels reich wurde und Bauwerke wie den Schiefen Turm finanzierte. Doch mit dem Verlust der Vormachtstellung auf See und der Verlandung des Hafens setzte der Niedergang ein. Nachdem sich die Stadt seit 1406 unter florentinischer Herrschaft befand, war Pisa auf seine Bedeutung als Universitäts- und Kulturstadt reduziert.

Campo dei Miracoli

Wer die Stadt heute besucht, wird viel von der früheren Pracht nicht mehr bestaunen können, denn ein Großteil des histori-

Der Duomo von Pisa, daneben der Schiefe Turm

Skulpturen von Giovanni Pisano schmücken die Fassade der Taufkapelle

schen Stadtkerns wurde im Zweiten Weltkrieg 1944 durch Bomben zerstört. Pisa ist daher in einer Region, die ja gerade für ihr mittelalterliches Flair berühmt ist, eine Ausnahme, denn die Nachkriegsbauten haben nicht nur den Vororten von Pisa, sondern auch dem ursprünglich historischen Stadtkern ein modernes, anonymes Gesicht verliehen. Eine wirkliche Ausnahme ist jedoch der **Campo dei Miracoli** (»Platz der Wunder«), der vom Bombenhagel verschont blieb, mit dem berühmten Schiefen Turm, dem Duomo, der Taufkapelle und dem Camposanto, einem mittelalterlichen Friedhof. Dank umfangreicher Hilfsmaßnahmen konnte der Einsturz des **Schiefen Turms** verhindert werden. Gleichwohl gilt der Turm, eigentlich als Glockenturm für den Dom gebaut, als Hauptattraktion. Dahinter rangieren der Duomo und die Taufkapelle – beide gehören jedoch zu den außergewöhnlichsten mittelalterlichen Bauten der Toskana.

Mit dem **Dombau** wurde im Jahre 1064 begonnen, wesentlich früher noch als in Florenz (1296) und Siena (1179) – ein Indiz für den einstigen Reichtum der Stadt. Die aufwändig verzierte, marmorgestreifte Fassade, vor allem die feingliedrigen Säulen und Bögen an der Fassade dienten später als Vorbild für ähnliche romanische Kirchenbauten im Stil der so genannten Pisa-Architektur in ganz Mittelitalien, insbesondere in Lucca, Siena und Florenz. Dieser Baustil weist auf starken orientalischen Einfluss hin. Auf Grund ihrer weit verzweigten Handelsbeziehungen kam die Stadt mit der Kunst und Architektur des Nahen Ostens sowie des östlichen Mittelmeerraums in Berührung.

Bevor Sie den Dom betreten, sollten Sie sich die Zeit nehmen und den **Portale di San Ranieri** (1180) bewundern, eine Tür, die einst als Haupteingang des Doms diente, sich heute jedoch hinter dem rechten (südlichen) Querschiff gegenüber dem Schiefen Turm befindet. Seine Bronzetafeln zeigen Motive aus dem Neuen Testament, während der Querbalken aus römischen Friesen und Reliefs besteht, die aus einem älteren Gebäude des 2. Jahrhunderts n. Chr. stammen.

Leider wurden viele der Kunstschätze im Innern des Doms 1595 durch einen Brand zerstört. Zwei Meisterwerke überstanden das Feuer – das Mosaik in der Apsis, ***Die Herrlichkeit Christi*** (1302) von Cimabue, und die einzigartige **Kanzel** (1302–11) von Giovanni Pisano, dessen Werk großen Einfluss auf die italienische Kunst ausüben sollte.

Die Arbeiten von Giovanni Pisano und Nicola Pisano schmücken die runde **Taufkapelle** (ab 1152), die unweit des Doms steht. Diesen Künstlern schreibt man auch die meisten der feinen Steinmetzarbeiten zu, die seit 1270–97 die Fassade des Baus zieren. Das Innere der überwiegend schlichten Taufkapelle wird von der von Nicola Pisano 1260 gefertigten Kanzel beherrscht. Ein weiterer Bildhauer aus Norditalien, Guido Bigarelli da Como, schuf 1246 den Taufstein mit Einlegearbeiten.

Nicola Pisano schuf die wunderschöne Kanzel der Taufkapelle

Ein Besuch auf dem **Camposanto**, einem mittelalterlichen Friedhof innerhalb eines großen gotischen Klosters am nördlichen Rand des Campo, erinnert daran, wie knapp diese Kunstschätze 1944 der Vernichtung entgingen. In jenen Tagen war das Kloster Opfer einer Brandbombe, die das Klosterdach zerstörte. Nur wenige kostbare Fresken, einige Grabsteine und *sinopie* – Skizzen, die sich unterhalb der Fresken befinden – konnten gerettet werden. Letztere sind heute im Museo delle Sinopie an der südlichen Seite des Campo ausgestellt.

Die Museen von Pisa

Andere Kunstgegenstände, die vor dem Bombenhagel gerettet wurden, kann man im **Museo dell'Opera del Duomo** besichtigen, einer Sammlung von Gemälden, Skulpturen und anderen Exponaten. Hier werden Skulpturen von Giovanni Pisano und anderen Bilderhauern der Region ausgestellt.

Ein weiteres bedeutendes Museum in Pisa stellt das **Museo Nazionale di San Matteo**, rund 1,5 Kilometer östlich des Campo dei Miracoli, dar. Wenn Sie das Museum zu Fuß erreichen wollen, gehen Sie zunächst zur Piazza dei Cavalieri, einem von mittelalterlichen Bauten gesäumten Platz, legen eine kleine Verschnaufpause an der Piazza Vettovaglie ein: Hier wird täglich (außer sonntags) ein Markt abgehalten. Die Via Dini führt von der Piazza dei Cavalieri zum Borgo Stretto, wo die interessantesten Geschäfte von Pisa liegen. Am südlichen Ende der Straße, am Arno, biegen Sie links ab. Über den Lungarno Mediceo und die Piazza San Matteo erreichen Sie das Museum. Zu den Hauptsehenswürdigkeiten gehören eine Bronzestatue des San Lussorio von Donatello sowie Gemälde von Masaccio, Simone Martini, Fra Angelico und Gentile da Fabriano. Weitere Gemälde, Keramiken und sonstige Kunstgegenstände finden sich im westlich gelegenen **Museo Nazionale di Palazzo Reale**. Auf der anderen

PISA: INSIDER-INFO

Top-Tipps: Wenn Sie nach oder ab Pisa **fliegen** (➤ 36), sollten Sie sich die Sehenswürdigkeiten der Stadt am Ankunfts- oder Abreisetag ansehen – man braucht dazu nur wenige Stunden.

- Einbahnstraßen und eingeschränkte Parkmöglichkeiten erschweren den Besuch der Innenstadt von Pisa und des Campo dei Miracoli mit dem Auto. Man sollte die Stadt daher von Lucca (➤ 156) aus mit dem **Zug** besuchen: Vom Bahnhof zum Campo dei Miracoli sind es zu Fuß nur 15 Minuten. Vom Bahnhofsvorplatz fahren auch Taxis und der Bus Nr. 1 ab.
- Für den Dom, die Taufkapelle, das Museo dell'Opera und den Camposanto gibt es eine Auswahl an **Kombi-Tickets** (mittel–teuer). Auskünfte erhält man unter Tel. 050 561 820. Zur Zeit der Drucklegung war der Schiefe Turm geschlossen.

Flussseite, an der Lungarno Gambacorti, steht die kleine Kirche **Santa Maria della Spina** aus dem 14. Jahrhundert. Ein Dorn aus der Krone Christi, eine *spina*, wird in diesem Gotteshaus aufbewahrt – daher der Name der Kirche.

KLEINE PAUSE

Die **Pasticceria Salza** am Borgo Stretto eignet sich ideal für ein Mittagessen; wer es vornehmer mag, sollte das **Ristoro dei Vecchi Macelli** aufsuchen (➤ 175).

Duomo, Taufkapelle, Museo dell'Opera, Camposanto

196 B4 · Campo dei Miracoli · 050 560 921 · April–Okt. Mo–Sa 10–19 Uhr, So 13–19 Uhr; Nov.–März Mo–Sa 10–12.45, 15–16.45 Uhr, So 15–16.45 Uhr · mittel

Museo Nazionale di San Matteo

196 B4 · Piazza San Matteo · 050 541 865 · Di–So 8.30–19.30 Uhr · mittel

Museo Nazionale di Palazzo Reale

196 B4 · Piazza Carrara, Lungarno Pacinotti 46 · 050 926 539 · Mo–Sa 9–14 Uhr · mittel

Der Palazzo dei Cavalieri (links) und Santo Stefano an der Piazza dei Cavalieri

Nach Lust und Laune!

3 Viareggio

Das Seebad Viareggio hat nur wenige Sehenswürdigkeiten zu bieten – einige Jugendstilgebäude am palmengesäumten Ufer –, aber eigentlich kommt niemand deswegen hierher: Es ist der Strand – einer der schönsten Strände der Region, der als Riviera di Versilia bekannt ist und sich bis zur Grenze nach Ligurien im Norden erstreckt –, der die Menschen anlockt. Bis auf Viareggio und den schicken Ferienort Forte dei Marmi ist dieser Küstenstreifen für Touristen eher uninteressant zu nennen. Kein Wunder also, dass Viareggio mit seinem einstigen mondänen Glanz auch heute noch anziehend wirkt. Viele der Besucher kommen aus Florenz, um der Großstadt für einen Tag zu entfliehen. Das Seebad ist mit dem Auto oder dem Zug nur eine Stunde von der toskanischen Hauptstadt entfernt.

Der breite und lange Sandstrand ist in *stabilimento bagnari* (Badeabschnitte) unterteilt, d. h. man muss für Eintritt und Nutzung des Strandes zahlen. Dass mag man als ärgerlich empfinden, aber dafür wird der Strand sauber gehalten. Im Preis sind außerdem Sonnenstühle, Duschen, Umkleidekabinen und sanitäre Einrichtungen inbegriffen.

In Viareggio gibt es zahlreiche Hotels sowie Pizzerien, Fischrestaurants, Geschäfte und ein reges Nachtleben.

Der Strand von Viareggio wird besonders im Hochsommer gerne von Florentinern aufgesucht

Touristeninformation

196 B4 Viale Carducci 10
0584 962 233 Mo–Sa 9–13, 15–18 Uhr

4 Carrara

Carrara gilt seit langem als Inbegriff für Marmor. Das elfenbeinfarbige und milchig-grau schimmernde Gestein aus Carrara wird schon seit Jahrtausenden in den nahe gelegenen Alpi Apuane abgebaut und hat Bilderhauer von Michelangelo bis Henry Moore begeistert.

Es lohnt sich, den kurzen Weg von der Stadt zu einigen der Marmorbrüche zurückzulegen. Von manchen Straßen aus kann man den Arbeiten in einem der Marmorbrüche zusehen. Marmorbrüche, die gut einzusehen sind, befin-

Die Alpi Apuane sind seit der Römerzeit für ihren Marmorreichtum bekannt

den sich in Colonnata, acht Kilometer östlich der Stadt, und bei Fantiscritti, fünf Kilometer nordöstlich einer kurvenreichen Straße nach Miseglia. Eine weitere kurvenreiche Straße (Nr. 446d) führt in den Norden und bietet tolle Ausblicke, vor allem an der Stelle, wo sie zum Campo Cecina auf 1500 Meter Höhe ansteigt.

Im Gegensatz zum nahe gelegenen Nachbarort Massa hat Carrara einige Sehenswürdigkeit zu bieten. Im Zentrum der Stadt findet sich die Piazza Alberica, die von einigen farbenfrohen mittelalterlichen Häusern umgeben wird. Der Dom aus dem 11.–14. Jahrhundert entstand im romanischen Pisa-Stil und liegt nur einige Schritte nordöstlich von der Piazza del Duomo.

Touristeninformation
196 B4 Viale Galileo Galilei, Marina di Massa 0585 240 063 Juni–Sept. tägl. 9–14, 16–18 Uhr (Okt.–Juli Mo, Do und Fr)

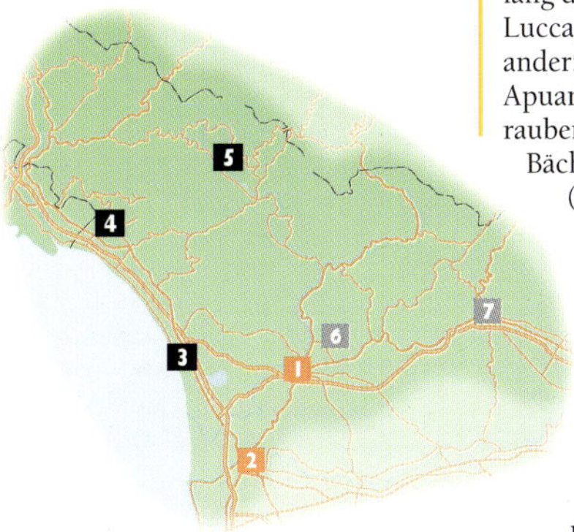

5 Garfagnana

Die Garfagnana, die Tallandschaft entlang dem Fluss Serchio nördlich von Lucca, trennt zwei Bergketten voneinander: Im Westen liegen die Alpi Apuane, ein wilder und atemberaubender Gebirgszug mit reißenden Bächen und zerklüfteten Gipfeln (der höchste Berg, der Pania di Croce, ist 1858 Meter hoch). Östlich davon liegen die bewaldeten Abhänge der Orecchiella, deren höchster Gipfel der Monte Prato (2053 m) ist. Beide Gebirgszüge sind als *parchi naturali* (Naturschutzparks) ausgewiesen.

Die Garfagnana und die sie umgebenden Berge lohnen einen Be-

Garzagnanza ist ein typisches Dorf, wie man es überall in den Gebirgsregionen der Garfagnana findet

such, z. B. wenn Sie mit dem Auto unterwegs sein sollten und einen Tag nach der Besichtigung von Lucca Zeit übrig haben. Von Lucca aus besteht eine Zugverbindung nach Aulla (Eisenbahnstrecke nach La Spezia) nahe der Grenze zwischen der Toskana und Ligurien. Genießen Sie die wildromantische Landschaft vom Zug aus und kehren dann von der Piazza al Serchio nach Lucca zurück.

Die ersten 20 Kilometer ab Lucca durch das Tal sind landschaftlich weniger reizvoll, erst ab dem Dorf Borgo a Mozzano wird die Landschaft schöner. Machen Sie einen kleinen Abstecher nach Bagni di Lucca, einem ruhigen kleinen Kurort, der 27 Kilometer von Lucca entfernt liegt und berühmte Gäste wie die britischen Schriftsteller Lord Byron, Shelley und Robert sowie Elizabeth Barrett Browning willkommen hieß. Fahren Sie auch in den hübschen Bergort Barga, fünf Kilometer abseits der Talstraße. Dort gibt es einen wunderschönen Dom aus dem 10. Jahrhundert zu bewundern.

Castelnuovo di Garfagnana, 14 Kilometer weiter im Tal gelegen, ist der größte Ort der Gegend und dient als Ausgangspunkt für Fahrten in die Berge nach Osten und Westen. Wenn Sie ausreichend Zeit haben sollten, dann machen Sie eine kleine Tour auch durch die Orecchiella. So führt eine kleine Straße nach Norden zum Gebirgsort San Pellegrino in Alpe (1524 m): Hier befindet sich ein ausgezeichnetes Volksmuseum, das Museo Etnografico Provinciale. Hier steigt die Straße bis Foce dei Radici auf 1600 Meter Höhe an. Danach führt die kurvenreiche Straße wieder über Castiglione di Garfagnana zurück nach Castelnuovo (die Rundfahrt beträgt rund 50 Kilometer).

Um ein wunderbares Panorama auf die Alpi Apuane genießen zu können, sollte man die kleine Straße

in Richtung Westen über die Berge nach Massa oder Seravezza nehmen.

Die Alpi Apuane wie auch die Orechiella werden von zahlreichen markierten Wanderwegen durchzogen, die besseren Pfade haben ihren Ausgangspunkt in den Dörfern wie Levigliani an der Westseite des Gebirges. Anders als im Rest der Toskana gibt es in örtlichen Buchhandlungen und an Zeitungsständen sehr detaillierte Wanderkarten. Weitere Auskünfte erteilen die Touristeninformation in Lucca (➤ 167) oder die Naturparkverwaltung in Castelnuovo für die Alpi Apuane (Piazza delle Erbe, Tel. 0583 644 242) bzw. Naturparkverwaltung für die Orechiella, die sieben Kilometer nördlich der Siedlung Corfino an der Nebenstraße nach Sillano liegt (Tel. 0583 619 098 oder 0583 644 911).

Museo Etnografico Provinciale

196 B4 ✉ Via del Voltone 14 ☎ 0583 649 072 Mitte Juni–Mitte Sept. Di–So 9.30–13, 14.30–19 Uhr; Mitte Sept.–Okt. 9–12, 14–17 Uhr; Nov.–Feb. Di–Sa 9–13 Uhr, So 9–12, 14–17 Uhr; März–Mitte Juni Di–So 9–12, 14–17 Uhr preiswert

6 Villen und Gärten

Villen und Gärten findet man fast überall in der Toskana, so auch in der Umgebung von Lucca. Zu den prächtigsten Villen gehört die Villa Reale aus dem 14. Jahrhundert, die 14 Kilometer nordöstlich von Lucca in der Nähe des Dorfes Marlia liegt. Allerdings sind nur die Gärten für Besucher zugänglich: Diese wurden größtenteils im 17. Jahrhundert angelegt, im 19. Jahrhundert jedoch von Elisa Baciocchi, der Schwester von Napoleon Bonaparte, umgestaltet. Nur 200 Meter entfernt, liegt eine kleinere, aber reizvolle Villa, die Villa Grabau – hier sind Villa und Anwesen der Öffentlichkeit zugänglich. Sehenswerter ist die Villa Torrigiani (16. Jh.), auch Villa Camigliano genannt, rund acht Kilometer östlich von Marlia gelegen. Diese verfügt über einen wunderbaren Garten aus der Spätbarockzeit. Nur zwei Kilometer entfernt liegt die Villa Mansi, ca. elf Kilometer nordöstlich von Lucca beim Dorf Segromigno in Monte. Die Fassade der Villa, die aus dem 16. Jahrhundert stammt, wird von Statuen geschmückt, der Garten zeigt neben italienischen auch Einflüsse englischer Landschaftsgärten.

Villa Reale

196 C4 ✉ Marlia ☎ 0583 30 108 oder 0538 30 009 März–Nov. Di–So, Gartenführungen um 10, 11, 15, 16, 17 und 18 Uhr; Dez.–Feb. nach Anmeldung mittel

Elegante Statuen schmücken den Barockgarten der Villa Torrigiani

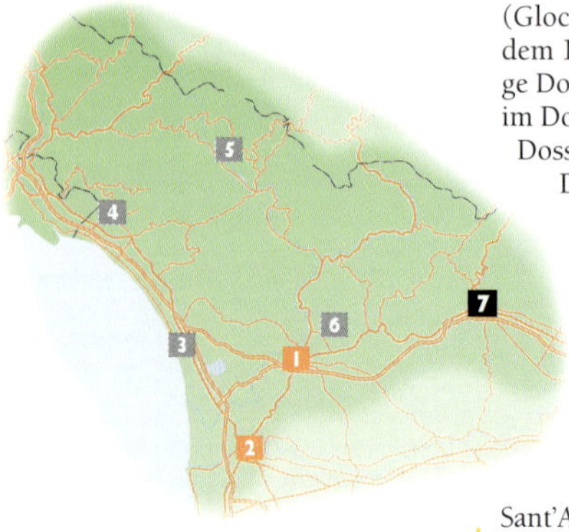

Villa Grabau

196 C4 Marlia 0583 406 098
Ostern–Okt. Di 15–19 Uhr, Mi–So 10–13, 15–19 Uhr; Nov.–Ostern So 11.30–13, 14.30–17.30 Uhr oder nach Anmeldung
Garten: mittel; Villa und Garten: teuer

Villa Torrigiani

196 C4 Camigliano, an der SS 435
0349 465 7033 März–Nov. Mi–Mo 10–12.30, 15 Uhr–Sonnenuntergang teuer

Villa Mansi

196 C4 Segromino in Monte
0583 920 234 oder 0583 920 096
Mai–Sept. Di–So 10–13, 15–18 Uhr; Okt.–April Di–So 10–13, 15–17 Uhr
teuer

7 Pistoia

Pistoia wäre wohl in fast jeder anderen Region außerhalb der Toskana ein sehenswertes, historisches Kleinod – doch in der Toskana gibt es davon mehr als genug. Dummerweise liegt die Stadt in einem relativ dicht bebauten Umland zwischen zwei Hauptverkehrswegen, vor allem aber zwischen zwei verlockenden Zielen – Florenz und Lucca.

Doch wer die Vororte von Pistoia erst einmal hinter sich gelassen hat, der entdeckt einen historischen Stadtkern aus dem Mittelalter und der Renaissance mit der Piazza del Duomo im Zentrum. Hier befinden sich auch der herrliche Campanile (Glockenturm), eine Taufkapelle aus dem 14. Jahrhundert und der prächtige Dom. Zu den Sehenswürdigkeiten im Dom zählt der Silberaltar von Dossale di San Jacopo (1287–1456). Dieser wiegt über eine Tonne und zählt insgesamt 628 Einzelfiguren. Weitere sehenswerte Kirchen in der Stadt sind San Bartolommeo, San Giovanni Fuorcivitas und Sant'Andrea, vor allem wegen der reich verzierten Kanzeln aus dem 13. und frühen 14. Jahrhundert. Besonders die Kanzel (1301) in Sant'Andrea sollten Sie sich anschauen: sie ist ein Werk von Giovanni Pisano.

Versuchen Sie auch, die Chiesa del Tau zu besuchen, die für ihre Fresken aus dem 14. Jahrhundert bekannt ist, oder auch das Spedale del Ceppo, ein Hospital aus dem 13. Jahrhundert, wo ein Fries mit bunt glasierten Terrakottasteinen aus dem 16. Jahrhundert von Della Robbia zu besichtigen ist.

Touristeninformation

196 C4 Piazza del Duomo 4
0573 21 622 Juni–Sept. tägl. 9–13, 15–18 Uhr; Okt.–Juli Mo–Sa

Die glasierten Terrakottaverzierungen über dem Haupteingang des Doms von Pistoia

Wohin zum … Übernachten?

Preise
Für ein Doppelzimmer gelten folgende Preise:
€ unter 90 Euro €€ 90–155 Euro €€€ über 155 Euro

Grundsätzlich muss man Hotels in Lucca und Pisa im Voraus buchen. Der Ferienort Viareggio bietet ein umfassendes Angebot an Unterkünften in allen Preiskategorien. In Lucca werden auch viele Privatunterkünfte angeboten – wenden Sie sich an die Touristeninformation (➤ 41).

LUCCA

La Luna €€

Dieses familienbetriebene 3-Sterne-Hotel mit 29 Zimmern liegt in zwei Palazzi aus dem 17. Jahrhundert, die sich zu beiden Seiten eines verschlafenen Innenhofes gegenüberliegen. Alle Zimmer sind mit Telefon und Fernseher ausgestattet; die Zimmer sind sehr unterschiedlich eingerichtet, darunter einige größere Suiten und apartmentähnliche Zimmer. Es gibt kein Restaurant, aber ein günstiges Frühstück wird angeboten.

202 C4
Via Fillungo–Corte Compagni 12
0583 493 634; Fax 0583 490 021
Jan. geschl.

Locanda L'Elisa €€€

Dieses luxuriöse 5-Sterne-Hotel, Mitglied der Relais & Chateaux-Gruppe, ist eine Klasse für sich und verwöhnt Sie bei einem romantischen Aufenthalt. Das frühere Haus von Napoleons Schwester, Elisa Baciocchi, ist eine neoklassizistische Villa und liegt 4,5 Kilometer südlich von Lucca an der Straße nach Pisa, in der Nähe der Villa La Principessa. Es gibt hier nur zwei Zimmer und acht prächtige Suiten, die alle wunderschön im Stil des 18. Jahrhunderts mit zeitgenössischem Mobiliar eingerichtet sind. Alle Zimmer haben einen Blick auf den Park der Villa. Es gibt einen großen Swimmingpool und ein bekanntes Restaurant, Il Gazebo, das in einem englischen Wintergarten liegt.

202 bei B1
Via Nuova–Strada Statale del Brennero 1952
0583 379 737; Fax 0583 379 019
zeitweise im Nov.; Dez., Jan. und Feb. geschl.; Restaurant So geschl.

Piccolo Hotel Puccini €

Dieses reizvolle, kleine 3-Sterne-Haus ist die beste Wahl im Stadtzentrum von Lucca: Es liegt nur wenige Minuten von der Piazza San Michele entfernt in einem friedlichen Renaissance-Palazzo aus dem 15. Jahrhundert, in der Nähe des Geburtsorts des Komponisten Giacomo Puccini (➤ 157). Die 14 gemütlichen, hellen Zimmer, einige mit Blick auf den kleinen Platz und die Puccini-Statue, sind geschmackvoll eingerichtet. Es gibt nur wenige hauseigene Parkplätze, die man im Voraus reservieren muss. Das Hotel verfügt über kein Restaurant.

202 B3
Via di Poggio 9
0583 55 421; Fax 0583 53 487

Villa La Principessa €€€

Das 4-Sterne-Hotel liegt rund 4,5 Kilometer südlich von Lucca an der kurvenreichen Straße Via Nuova nach Pisa. Teile des Hotels gehen auf das Jahr 1320 zurück, als hier ein Palazzo für Castruccio Castracani aus Lucca gebaut wurde. Der größte Teil des heutigen Baus und des attraktiven Anwesens stammt jedoch aus dem 18. Jahrhundert.

Es gibt 40 geräumige Zimmer und Suiten, die alle mit Fernseher, Telefon und Klimaanlage ausgestattet und im eleganten Pariser Stil des 18. Jahrhunderts mit zeitgenössischen Möbeln und Antiquitäten eingerichtet sind.

204 bei B1
Via Nuova–Strada Statale del Brennero 1616
0583 370 037; Fax 0583 379 136
Nov.–März geschl.

PISA

Hotel Amalfitana €
Das 3-Sterne-Hotel ist eine gute Wahl, wenn man eine zentrale Lage genau zwischen dem Fluss und dem Campo dei Miracoli, gleich südlich des Orto Botanico (➤ 164), sucht. Alle 21 Zimmer sind sauber und modern, ausgestattet mit Telefon, Fernseher und Klimaanlage. Auch Parkplätze sind vorhanden.

196 B4
Via Roma 44
050 29 000; Fax 050 25 218

Royal Victoria €€
Der herzliche Service und der elegante, wenngleich altmodische Stil erfüllt wohl genau die Vorstellung, die man sich von einem Hotel macht, das seit 1839 von der selben Familie geführt wird. Die Lage am Ufer des Arno, zwischen dem Bahnhof und dem Campo dei Miracoli, eignet sich vortrefflich für einen Einkaufsbummel zum Borgo Stretto und zur Piazza dei Cavalieri. Der Schiefe Turm und andere Sehenswürdigkeiten sind nur einen zehnminütigen Fußweg entfernt. Die 48 Zimmer sind sauber und bequem, mit und ohne Badezimmer. Es gibt auch Drei- und Vierbettzimmer. Gegen einen Aufpreis bekommt man einen Parkplatz zugewiesen.

196 B4
Lungarno Pacinotti 12
050 940 111; Fax 050 940 180

Wohin zum ... Essen und Trinken?

Preise
Die Preise gelten pro Person für ein Drei-Gänge-Menü mit Wein:
€ unter 26 Euro **€€** 26–52 Euro **€€€** über 52 Euro

Die allgemeinen Öffnungszeiten der Restaurants können nach Saison, Besucherzahl oder schlicht nach Laune des Gastwirtes variieren.

LUCCA

Buca di Sant'Antonio €€
Das Buca liegt etwas verborgen in einer Gasse an der südwestlichen Ecke der Piazza San Michele und gilt seit langem als eines der besten Restaurants in der Innenstadt. Serviert werden traditionelle Gerichte aus Lucca. Speisen wie *tordelli Lucchesi* (Pasta, gefüllt mit Borretsch, Rind- und Schweinefleisch), *zuppa di farro* (eine spezielle Gemüsesuppe), *capretto allo spiedo* (Zicklein am Spieß) und *semifreddo Buccellatto* (Erdbeercreme).

202 B3
Via della Cervia 3
0583 312 199
12.30–14.30, 19.30–22.30 Uhr; So nachmittags, Mo und zeitweise im Juli geschl.

Caffè di Simo €
Das schönste Café in Lucca begeistert durch sein Belle-Époque-Interieur

aus Messing, Marmor und Spiegeln. Puccini ist nur eine der vielen Berühmtheiten, die hier Kuchen, Gebäck, Kaffee und Snacks genossen haben. Auch die Eiscreme gehört zum besten Speiseeis, das man in Lucca bekommen kann.

202 C3
Via Fillungo 58
0583 496 234
12.30–14.30, 19.30–22.30 Uhr; Mo geschl.

Da Leo €

Das familienbetriebene Da Leo ist kein Restaurant für ein ruhiges Abendessen zu zweit – dafür geht es in diesem lebhaften und legeren italienischen Restaurant mit nur zwei Speiseräumen viel zu laut zu. Serviert werden einfache und preiswerte toskanische Gerichte wie hausgemachte Pasta, gegrilltes Fleisch und Suppen. Das Restaurant ist zwar in einem mittelalterlichen Gebäude untergebracht, ist aber im Stil der Nachkriegszeit eingerichtet. Kreditkarten werden nicht akzeptiert.

202 C3
Via Tegrimi 1
0583 492 236
12.30–14.30, 19.30–22.30 Uhr; So geschl.

La Mora €€€

Die erlesene Küche mit Gerichten aus Lucca und der Garfagnana wurde sogar mit einem der begehrten Michelin-Sterne ausgezeichnet. Aber um in den Genuss dieser feinen Küche zu kommen, muss man in das Dörfchen Ponte a Mariano fahren, das acht Kilometer nordwestlich von Lucca liegt. Eine Reservierung ist ratsam.

203 ab D5
Via Sesto di Ponte a Moriano 1748
0583 406 402
12.30–14.30, 19.30–22.30 Uhr; Mi und zeitweise im Jan. und Juni geschl.

PISA

La Mescita €

Wer sich unter Studenten, Universitätsprofessoren und Einheimische mischen möchte, ist in dieser gemütlichen, zentral gelegenen und preiswerten Trattoria genau richtig. Die Speisekarte wechselt täglich – zu den Gerichten gehören z. B. *pappardelle con fiori di zucca* (Bandnudeln mit Zucchini), Wildfenchel und Ricotta-Salat oder *baccalà bollito con i ceci* (gekochter Salzkabeljau mit Hülsenfrüchten). Auch die Käseauswahl ist hervorragend. Das Haus mit seinen Gewölbedecken stammt aus dem 15. Jahrhundert, die Atmosphäre ist herzlich und lebendig. Da das Lokal stets gut besucht ist, sollten Sie rechtzeitig reservieren.

196 B4
Via Cavalca 2, Ecke Piazza della Vettovaglie
050 544 294
12.30–14.30, 19.30–22.30 Uhr; Mo und teilweise im Aug. geschl.

Pasticceria Salza €

Das beliebteste Café in Pisa wird seit den Zwanzigerjahren im Familienbetrieb geführt und liegt in der Haupteinkaufsstraße von Pisa. Beachtenswert ist die Auswahl an Sandwiches (mehr als 40). Heiße Sandwiches und einfache Pastagerichte werden mittags in einem separaten Raum (mit Bedienung) serviert. Kreditkarten werden nicht akzeptiert.

196 B4
Borgo Stretto 46
050 580 144
12.30–14.30, 19.30–22.30 Uhr; Okt.–Mai Mo geschl.

Ristoro dei Vecchi Macelli €€€

Das Vecchi Macelli (»altes Schlachthaus«) gilt seit langem als das beste und eleganteste Restaurant von Pisa. Bekannt ist das Lokal wegen seiner vielen Fleisch- und Fischgerichte und Speisen wie *spaghetti verde con i frutti di mare* (grüne Pasta mit Meeresfrüchten) oder *vitello* (Kalb) in Trüffelsoße. Das Restaurant liegt nahe am Fluss Arno am westlichen Stadtrand. Eine Reservierung ist ratsam.

196 B4
Via Volturno 49
050 20 424
12.30–14.30, 19.30–22.30 Uhr; Mi und So mittags, 2 Wochen im Aug. geschl.

Wohin zum … Einkaufen?

LUCCA

Die besten Einkaufsstraßen für Schuhe, Bekleidung, Porzellan und andere Artikel sind die Via Fillungo und die Via del Battistero.

Olivenöl aus Lucca zählt zu den besten in ganz Italien. Man kann es in Supermärkten und in Lebensmittelläden *(alimentari)* kaufen. **Taddeucci** (Piazza San Michele 34, Tel. 0583 494 933, Do geschl.) ist eine holzgetäfelte Bäckerei; probieren Sie hier örtliche Spezialitäten wie *buccellato*, ein Anis- und Rosinengebäck. Selbst gemachte Schokolode bekommt man bei **Caniparoli** (Via San Paolino 96, Tel. 0583 534 561, So nachmittags und Mo geschl.); Käse aus der Region bei **Cacioteca** (Via Fillungo 242, Tel. 0583 496 346, Mi nachmittags und So geschl.). Guten Wein erhält man bei **Vini Liquori Vanni** (Piazza del Salvatore 7, Tel. 0583 491 902, Mo vormittags und So geschl.).

Der **Mercato del Carmine** auf der Piazza del Carmine findet jeden Morgen (bis auf Mi und So) statt.

PISA

In Pisa liegen die besseren Geschäfte am Borgo Stretto und am Corso Italia. Der Lebensmittelmarkt **Mercato Vettovaglie** wird jeden Vormittag (7–13.30 Uhr) außer sonntags auf der Piazza delle Vettovaglie abgehalten.

Schokolode kauft man am besten bei **De Bondt** (Via Turati 22–Corte San Domenico, Tel. 050 501 896, So nachmittags und Mo geschl.). **Coltelleria Fontana** (Corso Italia 124, Tel. 050 41 369) verkauft Küchengeräte wie traditionelle Raviolischneider. **Melani** (Corso Italia 44, Tel. 050 502 323) hat eine überwältigende Auswahl an Glas und Porzellan, Küchen- und Kochutensilien.

Wohin zum … Ausgehen?

LUCCA

Luccas bedeutendstes Festival ist das **Luminaria di Santa Croce**, ein Fackelzug am 14. September. Das Fest fällt zusammen mit dem **Settembre Lucchese**, einer Konzertreihe mit klassischer Musik und anderen Veranstaltungen (Sept.–Okt.). Ein ähnliches Lichtfest, das **Luminaria di San Paolino**, wird am 11. und 12. Juli gefeiert, zum Gedenken an den Schutzheiligen von Lucca. Weitere Musikfestivals sind das **Estate Musicale Lucchese** (Juli) mit Konzerten, die u. a. auf der Piazza Anfiteatro stattfinden, sowie das **Stagione Lirica**, opernähnliche Aufführungen (Sept.–Nov.) im Teatro del Giglio (Tel. 0583 47521).

PISA

Das bedeutendste Festival in Pisa ist das **Festa di San Ranieri** (16.–17. Juni). Am nächsten Tag findet eine historische Ruderregatta in mittelalterlichen Kostümen zu Ehren des Schutzheiligen von Pisa statt. Schließlich folgt das Gioco del Ponte, ein Wettbewerb im Tauziehen (ebenfalls in mittelalterlicher Bekleidung), der auf der Ponte di Mezzo (letzter So im Juni) ausgetragen wird.

Für weitere Veranstaltungen erkundigen Sie sich bei der Touristeninformation oder in den Lokalzeitungen, vor allem wenn Sie ein Domkonzert oder Abendkonzert auf dem Campo dei Miracoli besuchen möchten.

Spaziergänge & Touren

1 Siena 178
2 Chianti 181
3 Südliche Toskana 184

1 SIENA

Spaziergang

LÄNGE: 2 Kilometer **DAUER:** rund 2–3 Stunden
START: Piazza San Domenico ✚ 200 B4
ZIEL: Piazza del Duomo ✚ 200 C2

Diese Wanderung beginnt im Norden der Stadt, führt Sie in das Herz des alten Siena und dann nach Süden an mittelalterlichen Kirchen und Palästen vorbei zum Campo, einem der schönsten Plätze Italiens. Der Rundgang geht weiter durch die südlichen, seltener besuchten Stadtviertel und erreicht seinen Höhepunkt an der beeindruckenden Piazza mit dem Dom und dem Spedale di Santa Maria della Scala.

1–2

Beginnen Sie Ihren Spaziergang an der **Piazza San Domenico**, wo sich die Kirche gleichen Namens befindet, die Sie wegen der Fresken von Sodoma (➤ 101) besuchen sollten. Die Kirche hinter sich lassend, gehen Sie auf der Via della Sapienza in Richtung Osten vom Platz (werfen Sie noch einmal rechts einen Blick auf den Dom) und an der Via del Paradiso links vorbei. Etwa 100 Meter weiter rechts liegt die **Biblioteca Communale degli Intronati**, eine 1759 gegründete Bibliothek in einem Bau aus dem 13. Jahrhundert, der wahrscheinlich als Hospital diente. Heute lagern hier mehr als eine halbe Million Bücher und andere Dokumente, darunter die wertvollen Briefe der hl. Katharina von Siena. Unweit davon, an der kleinen Kreuzung, steht die **Kirche San Pellegrino alla Sapienza**.

0 200 metres
0 200 yards

2–3

Gehen Sie an der Kirche weiter geradeaus; Sie gelangen jetzt zur Banchi di Sopra, einer größeren Straße, die der Via Francigena durch die Stadt folgt, einer alten Wallfahrtsroute zwischen Rom und dem nördlichen Europa. Vor Ihnen liegt die **Piazza Salimbeni** mit ihren drei schönen Palästen, dem Palazzo Tantucci (1548) links, dem Palazzo Salimbeni aus dem 13. Jahrhundert weiter hinten und dem **Palazzo Spannochi** (1470) rechts. Die Familie Salimbeni stellte wichtige Bank- sowie Seiden- und Kornkaufleute; Ambrogio Spannochi war Schatzmeister des aus Siena stammenden Papstes Pius II. Ein 75 Meter langer Abstecher führt links auf der Banchi di Sopra zur **Kirche Santa Maria delle Nevi** (unregelmäßige Öffnungszeiten), die wegen ihres wunderschönen Altarbildes *Madonna della Neve* (1477) von Matteo di Giovanni bekannt ist.

3–4

Kehren Sie (südlich) zur Banchi di Sopra zurück; nach 175 Metern sehen Sie die **Kirche San Cristoforo** links. Die romanische Kirche wurde im späten 18. Jahrhundert nach der Zerstörung durch ein Erdbeben wieder aufgebaut. Gegenüber liegt der **Palazzo Tolomei**, Teil des ursprünglichen befestigten Hauses der Tolomei, einer der mächtigsten Kaufmannsfamilien des mittelalterlichen Siena. Der Palazzo ist das älteste Wohnhaus der Stadt und geht mindestens auf das Jahr 1205 zurück. Gehen Sie weiter südlich zur Kreuzung von Banchi di Sotto und Via di Città und zur Loggia della Mercanzia (1428–44), einer gotischen Loggia mit drei Bögen. Kleine Gassen zu beiden Seiten führen zur **Piazza del Campo** (➤ 92).

4–5

Bestaunen Sie den Campo, vielleicht beim Ausspannen in einem der vielen Cafés, und verlassen Sie den Platz an der Ostseite über die Vicolo dei Pollaiuoli oder die Via dei Rinaldini. Beide Straßen führen zur Banchi di Sotto, wo Sie rechts einbiegen sollten. Gleich rechts steht der **Palazzo Piccolomini,** ein 1469 begonnener, majestätischer Palazzo. Im Innern findet sich im oberen Stockwerk das wenig bekannte Archivio di Stato (Staatsarchiv), das für Besucher geöffnet ist und zahlreiche faszinierende Kunstwerke enthält (➤ 101). Unweit des Palastes steht die **Logge del Papa** (Papst-Loggia), die 1462 auf Anordnung des aus der Toskana stammenden Papstes Pius II. (Enea Silvio Piccolomini) gebaut wurde. Folgen Sie der Abzweigung rechts an der Kreuzung zur Via del Porrione, die nach dem lateinischen »Emporium« oder »Marktplatz« benannt ist, denn die römischen Märkte befanden sich einst ganz in der Nähe.

5–6

Überqueren Sie die Via del Porrione, und gehen Sie durch den Torbogen die Vicolo delle Scotte hinunter. Dabei passieren Sie die **Sinagoga**

KURZE PAUSE

Das Café **Nannini** an der Banchi di Sopra 95–99 empfiehlt sich für eine Pause.
An der Ecke der Piazza (zur Via della Cerchia) liegt das **Il Vinaio dell'Eremita** (Tel. 0577 49 490; So geschl.), ein einfaches Weinlokal, ideal für einen Imbiss oder eine kleine Mahlzeit.

(Synagoge) von Siena auf der rechten Seite. Sie ist das Herz des jüdischen Viertels der Stadt, das 1571 auf Anordnung von Cosimo I. de' Medici entstand. Biegen Sie links auf die Via di Salicotto ab und dann die erste Straße rechts, bis Sie die Piazza del Mercato erreichen. Überqueren Sie den Platz, und halten Sie sich rechts, um in die Via del Mercato zu gehen; biegen Sie gleich links ab, um Ihren Weg auf der Via Giovanni Dupré fortzusetzen. An der Kirche San Giuseppe links nehmen Sie die Via Sant'Agata geradeaus bis zu einem geschotterten Platz links und der **Kirche Sant'Agostino** mit ihren Gemälden von Sodoma und Ambrogio Lorenzetti (➤ 97).

6–7

Gehen Sie durch den Bogen auf die Via San Pietro und an der Kirche von San Pietro (rechts hinter Ihnen) und dem roten Backsteinbau der **Pinacoteca Nazionale** dahinter (➤ 99) vorbei. Gleich vor der Kirche biegen Sie links auf die Via di Castelvecchio (eine leicht zu übersehende Gasse) ab und halten sich rechts zur Via di Stalloreggi. Biegen Sie links in den Arco delle Due Porte ab, einen Torbogen, der Teil der Stadtmauern aus dem 11. Jahrhundert war. Nach dem Torbogen biegen Sie rechts ab und folgen der ruhigen Via del Fosso di San Ansano bis zur Piazza della Selva, wo die Via Franciosa oder die Via Girolamo zur Piazza del Duomo bzw. zur Piazza San Giovanni führen. Am letzteren Platz kann man das Baptisterium sehen und dann rechts den **Duomo** und das **Museo dell'Opera del Duomo** (➤ 95) besichtigen.

In Siena: Blick auf die Piazza del Campo von der Spitze der Torre del Mangia

2 CHIANTI

Tour

LÄNGE: 110 Kilometer **DAUER:** 1 Tag
START: Siena 197 D3
ZIEL: Siena 197 D3

Diese Fahrt führt Sie durch das Zentrum des Chianti, einer wunderschönen Region zwischen Florenz und Siena. Die oft wilde Landschaft ist durch sanft gewellte Hügel, fruchtbares Ackerland, dicht bewaldete Berghänge, einsame Villen und viele Weinberge geprägt. Viele Nebenstraßen und oft gewundene Routen durchqueren die Gegend. Um von Florenz nach Siena zu gelangen, sollte man der Chiantigiana (Straße 222) folgen, einer Panorama- und »Wein«-Straße, die auf 65 Kilometern zwischen beiden Städten durch das Herz des Chianti führt.

Top-Tipp

Auf der Karte erscheinen die Entfernungen nicht sehr groß, doch die Straßen im Chianti sind kurvenreich und langsam zu befahren – kalkulieren Sie daher mehr Zeit ein, als eigentlich zum Besuch der Region notwendig erscheinen mag.

1–2

Beginnen Sie die Tour in Siena, und nehmen Sie die Straße 222, die Chiantigiana. Fahren Sie etwa zwei Kilometer auf der Hauptstraße westlich von Sienas Bahnhof; die Straße 222, die auch als *»Raccorda Siena–Firenze«* (die wichtigste zweispurige Straße zwischen Siena und Florenz) bekannt ist, ist bald ausgeschildert.Dann tauchen auch die ersten Straßenschilder nach **Castellina in Chianti** auf. Nach 6,5 Kilometern fahren Sie durch das Dorf Quercegrossa (»Große Eiche«) – ein Großteil der Wälder im Chianti besteht aus Eichen. Danach folgen 7,5 Kilometer kurvenreiche Straße, die Sie zu dem kleinen Dorf **Fonterutoli** bringt.

2–3

Von hier sind es rund vier Kilometer nach **Castellina in Chianti**, eine der wichtigsten Städte der Region. Der Name »Castellina« (wörtlich: »kleine Burg«)

Die weltberühmten Weinberge des Chianti sieht man überall in der Region

Weinberge prägen die Landschaft im Chianti

erinnert an die einstige strategische Bedeutung der Kleinstadt: Jahrhundertelang lag die Stadt an der Grenze zwischen den von Siena und Florenz beherrschten Gebieten – und gehörte mal zur einen und zur anderen Seite. Castellina war einst das Hauptquartier der so genannten Chianti-Liga. Dieses Militärbündnis vereinte die drei größten Städte des Chianti: Gaiole in Chianti, Castellina in Chianti und Radda in Chianti. Florenz hatte diese Allianz zu Beginn des 13. Jahrhunderts ins Leben gerufen. Ihr Symbol war der *Gallo Nero* (Schwarzer Hahn) – heute das Gütezeichen für einen guten Chianti-Wein. Halten Sie in der Stadt an, und besichtigen Sie die Via delle Volte, eine Straße, die rund um die alte Stadtmauer führt. Vom nördlichen Stadtrand von Castellina nehmen Sie die Straße 429 nach **Radda in Chianti** (10 km) und ignorieren die Abzweigung links nach Greve in Chianti nach etwa einem Kilometer. Im Zentrum von Greve biegen Sie auf eine kleine Nebenstraße ab, die Sie nach zwei Kilometern zur Kirche San Giusto in Salcio führt.

3–4

San Giusto in Salcio, eine bereits 1018 erwähnte Pfarrkirche, ist die älteste Kirche im Chianti. Kehren Sie nach Radda zurück, und halten Sie sich ostwärts auf der Hauptstraße, die durch das Dorf führt. Nach 3,5 Kilometern biegen Sie an der großen Kreuzung links ab; fahren Sie etwa sechs Kilometer auf dieser schönen Straße weiter, bis Sie eine Kreuzung erreichen, wo Sie links zur **Badia a Coltibuono** (1 km), einer reizvollen Abtei aus dem 11. Jahrhundert, abbiegen.

4–5

Kehren Sie anschließend zu dieser Kreuzung zurück, und biegen Sie rechts ab, um auf der Hauptstraße bis nach Gaiole in Chianti (4,7 km) zu fahren. Dort angekommen, fahren Sie die Hauptstraße entlang in Richtung Süden, bis Sie nach 2,7 Kilometern die Kreuzung mit der Straße 408 nach Radda

KURZE PAUSE

In den zahlreichen Weingütern im Chianti werden Weinproben angeboten, meist sind diese gut ausgeschildert (➤ 20). Allerdings sollten Fahrer auf Alkohol besser verzichten. Die italienische Polizei führt mittlerweile regelmäßig Alkoholkontrollen durch.

Die **Antica Trattoria La Torre** an der Piazza del Comune 15 in Castellina in Chianti (Tel. 0577 740 236, Fr und 1.–15. Sept. geschl.) ist eine einfache, aber beliebte Trattoria, die von der Familie Stiaccini seit 1895 betrieben wird.

In **Radda in Chianti** lädt ein elegantes Restaurant zum Mittagessen ein: Il Vignate an der Via XX Settembre 23 (Tel. 0577 738 094, Jan.–Feb. geschl., teuer).

In **San Regolo** gibt es ein kleines Restaurant, das ideal für ein spätes Mittag- oder frühes Abendessen geeignet ist: die Trattoria San Regolo (Tel. 0577 747 136, Mo geschl.).

In **Castelnuovo** lockt das Begodi, ein nettes Weinlokal (Via della Società Operai 11, Tel. 0577 355 116, Mo geschl., kleine Mahlzeiten: preiswert).

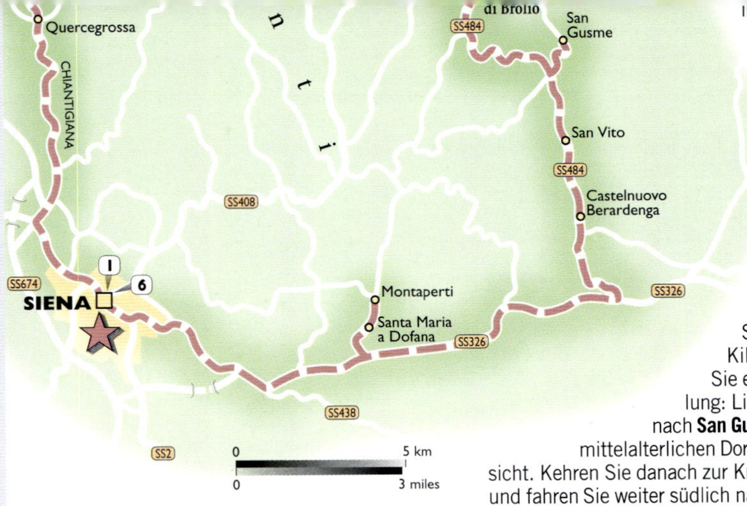

erreichen; biegen Sie hier links ab, und fahren Sie weitere 2,7 Kilometer bis zu nächsten größeren Kreuzung. Biegen Sie links nach San Regolo ab, und nach fünf Kilometern erreichen Sie eine Kreuzung. Dort folgen Sie den Schildern zum **Castello di Brolio** aus dem 12. Jahrhundert (Tel. 0577 747 104 oder 0577 747 156, tägl. geöffnet im Sommer). Im Castello befindet sich auch eines der ältesten Weingüter im Chianti.

5–6

Von der Kreuzung unterhalb des Castello di Brolio führt die Straße 484 nach Süden. Nach 7,5 Kilometern erreichen Sie eine Straßengabelung: Links gelangen Sie nach **San Gusme** (1 km), einem mittelalterlichen Dorf mit schöner Aussicht. Kehren Sie danach zur Kreuzung zurück, und fahren Sie weiter südlich nach **Castelnuovo Berardegna** (4,6 km), dem südlichsten Dorf des Chianti, und dann weiter zur Hauptstraße Nr. 326. Fahren Sie rechts auf die 326 und dann in Richtung Siena (17 km); machen Sie einen Abstecher über Santa Maria a Dofana (8 km) nach **Montaperti** (2 km), Schauplatz eines glanzvollen Sieges von Siena über Florenz im Jahre 1260.

3 SÜDLICHE TOSKANA

Tour

LÄNGE: 175 Kilometer **DAUER:** 2 Tage
START: Siena 197 D3
ZIEL: Pienza 197 E2

Auf dieser Tour entdecken Sie die historischen Kleinstädte und Dörfer südlich von Siena und einige der schönsten Landschaften der Toskana.

1–2

Beginnen Sie die Tour in **Siena**, und fahren Sie auf der Umgehungsstraße (326) an den Ostrand der Stadt. Etwa 5,2 Kilometer vom Stadtzentrum entfernt, biegen Sie auf die Straße 438 ab. Auf dieser Straße gelangen Sie nach 21 Kilometern nach **Asciano** und durchqueren dabei die Crete, eine Region mit kahlen Lehmhügeln, die sich im Sommer in ein Meer aus Weizen-, Flachs-, Sonnenblumen- und anderen Feldern verwandelt. In Asciano gibt es mehrere Kirchen und kleine Museen; besonders sehenswert ist das Museo d'Arte Sacra mit bedeutenden mittelalterlichen Gemälden. Weitere Auskünfte erteilt die Touristeninformation der Stadt (Corso Matteotti 18, Tel. 0577 719 510, Nov.–April geschl.).

2–3

Vom Zentrum in Asciano führt eine kleine Straße südöstlich nach San Giovanni d'Asso (ausgeschildert). Nach acht Kilometern Fahrt biegen Sie bei Montefresco rechts ab und folgen einer weiteren Nebenstraße mit schönen Aussichten drei Kilometer lang durch Chiusure (hier hat man einen guten Blick auf die Abtei) bis zur Kreuzung mit der 451

KURZE PAUSE

Im Café an der **Abbazia di Monte Oliveto Maggiore** (➤ 130) werden kleine Mahlzeiten angeboten. Das Weinlokal **Fiaschetteria Italiana** oder das Restaurant **Taverna Il Grappolo Blu** in Montalcino (➤ 148) sind empfehlenswert.

Biegen Sie links ab und nach einem Kilometer noch einmal links zur **Abbazia di Monte Oliveto Maggiore** (➤ 130). Besichtigen Sie hier die Fresken von Sodoma und Signorelli im Kreuzgang. Kehren Sie auf die Straße 451 zurück, halten Sie sich links und fahren neun Kilometer bis nach **Buonconvento** (➤ 142).

3–4

In Buonconvento fahren Sie südlich auf der Hauptstraße SS2, der Via Cassia; nach zwei Kilometern folgen Sie an einer Gabelung rechts der Ausschilderung nach **Montalcino** (14 km). An der Kreuzung am südlichen Stadtrand unterhalb der Festungsmauer folgen Sie auf der mittleren Straße den Schildern nach Castelnuovo dell'Abate (10 km) und der **Abtei von Sant'Antimo** (➤ 139). Die Abtei liegt in einer atemberaubenden Landschaft, ist jedoch zwischen 12.30 und 15 Uhr sowie sonntags

Die Abtei Sant'Antimo in der Region Montalcino ist ein mittelalterliches Juwel

von 10.45 bis 15 Uhr geschlossen. Fahren Sie hinter Castelnuovo weiter in Richtung Südosten, bis Sie nach neun Kilometern die Kreuzung bei **Ansidonia** erreichen. Wenn Sie nur wenig Zeit haben, biegen Sie nach links ab und erreichen nach 17,5 Kilometern die Dörfer **Castiglione d'Orcia** und **Bagno Vignoni** (➤ 143) sowie **San Quirico** (➤ 142). Von San Quirico aus kann man nach Siena auf der SS2 (43 km) zurückkehren. Wenn Sie jedoch noch Zeit haben, sollten Sie auf der 146 die 9,5 Kilometer bis nach **Pienza** (➤ 132) weiterfahren. Von hier aus sind es auf der Straße 146 noch einmal 13,5 Kilometer bis nach Montepulciano – Sie könnten aber auch die hübsche Straße östlich von Pienza nach Montepulciano nehmen: Sie führt durch das winzige und befestigte **Monticchiello.**

4–5

Von Ansidonia führt eine Abzweigung nach rechts auf die Straße 323, die wiederum nach Seggiano (6 km) führt. 500 Meter hinter dem Ortsende von Seggiano sollten Sie links nach Pescina (4 km) abbiegen. Nach weiteren fünf Kilometern durch den schönen Birkenwald auf den Hängen des Monte Amiata erreichen Sie eine Kreuzung. Dort biegen Sie links ab. Nach etwa zwei Kilometern folgt eine weitere Kreuzung, wo Sie rechts abbiegen und nach fünf Kilometern in Gipfelnähe des **Monte Amiata** (1738 m, ➤ 143) anhalten. An klaren Tagen hat man von hier oben eine herrliche Weitsicht.

5–6

Fahren Sie nun fünf Kilometer den Berg hinunter. Am Fuß des Monte halten Sie sich rechts und fahren 8,5 Kilometer bis nach **Abbadia San Salvatore** (➤ 144). Schauen Sie sich hier die Abtei an, und folgen Sie dann der einzigen Straße von der Stadt aus nordwärts nach Zaccaria (4,5 km). Hinter dem Dorf biegen Sie links in die SS2 ein (7,5 km). Südöstlich des kleinen Kurortes **Bagni San Filippo** erhebt sich das befestige Dorf **Radicofani** (814 m), das weithin sichtbar ist. Wenn Sie ausreichend Zeit haben, fahren Sie die 9,6 Kilometer bis zu diesem Ort. Im mittelalterlichen Dorfzentrum können Sie die **Kirchen** San Pietro und Sant'Agata besichtigen. Fahren Sie danach auf der SS2 zurück nach **San Quirico d'Orcia** (20 km, ➤ 142). Als Alternative bietet sich die landschaftlich schönere Strecke ab Le Conie (3 km vor der SS2) an. Diese verläuft nordwärts durch Contignano (11,5 km) und La Vittoria bis nach Pienza (27,5 km).

Top-Tipp

Die kleine (nur im Sommer geöffnete) Touristeninformation in Radicofani liegt an der Via R. Magi 25 (Tel. 0578 55 684; Mo–Sa 8–14 Uhr).

Die einsame Landschaft rund um Montepulciano ist typisch für weite Teile der südlichen Toskana

Praktisches

INFORMATION VORAB

- Offizielle Website der Toskana: www.turismo.toscana.it
- Offizielle Website von Florenz: www.firenze.turismo.toscana.it
- Galleria degli Uffizi: www.uffizi.firenze.it
- Alitalia: www.alitalia.it
- Italienisches Ministerium für Kunst und Kultur: www.beniculturali.it
- Service-Provider in Florenz: www.fionline.it
- Staatliche Italienische Eisenbahn: www.fs-on-line.com

Touristeninformation Flor
Via Cavour 1r
☎ 055 290 832/833
Borgo Santa Croce 29r
☎ 055 234 0444
Piazza della Statione
☎ 055 212 245

REISEVORBEREITUNG

WICHTIGE PAPIERE

● Erforderlich
○ Empfohlen
▲ Nicht erforderlich

	Deutschland	Österreich	Schweiz
Pass/Personalausweis	●	●	●
Visum	▲	▲	▲
Weiter- oder Rückflugticket	▲	▲	▲
Impfungen (Tetanus und Polio)	▲	▲	▲
Krankenversicherung (➤ 192, Gesundheit)	●	●	●
Reiseversicherung	○	○	○
Führerschein (national)	●	●	●
Kfz-Haftpflichtversicherung	●	●	●
Fahrzeugschein	●	●	●

REISEZEIT

Florenz

Hauptsaison   Nebensaison

JAN	FEB	MÄRZ	APRIL	MAI	JUNI	JULI	AUG	SEPT	OKT	NOV	DEZ
9°C	11°C	14°C	19°C	23°C	27°C	30°C	29°C	26°C	20°C	14°C	11°C

Sonnig   Bedeckt   Regnerisch   Wechselhaft

Die oben aufgeführten Temperaturen stellen das **durchschnittliche tägliche Maximum** für jeden Monat dar. Am schönsten ist das Wetter im Mai, Juni, Juli, August und September. Im Juli und August kann es in den Städten sehr heiß und unerträglich werden, die Temperaturen auf dem Land sind angenehmer. Im Sommer sowie im September und Oktober sind Gewitter nicht ungewöhnlich.
Die Winter (Januar–Februar) sind kurz und kalt, in höheren Lagen ist Schneefall möglich, besonders in der Bergregion der nördlichen Toskana. Der Frühling setzt im März ein (in Bergregionen später), dennoch kann es im März und April feucht und sehr regnerisch sein. Das Herbstwetter ist wechselhaft, es gibt oft klare, sonnige Tage.

Deutschland	**Österreich**	**Schweiz**
Staatliches Italienisches Fremdenverkehrsamt (ENIT)	Staatliches Italienisches Fremdenverkehrsamt (ENIT)	Staatliches Italienisches Fremdenverkehrsamt (ENIT)
Kaiserstraße 65	Kärtnerring 4	Uranierstraße 32
60329 Frankfurt/Main	1010 Wien	8001 Zürich
☎ 0 69/23 74 30	☎ 01/5 05 43 74	☎ 01/2 11 79 17
Fax 0 69/23 28 94	Fax 01/5 05 02 48	Fax 01/2 11 38 85

ANREISE

Mit dem Flugzeug: Die Toskana besitzt zwei Flughäfen: den Flughafen Galileo Galilei in Pisa und den kleineren Flughafen Amerigo Vespucci (Peretola) außerhalb von Florenz. Die meisten europäischen Veranstalter fliegen nach Pisa, nur kleinere Maschinen können in Peretola landen. Um nach Florenz oder in die nördliche Toskana zu gelangen, kann man auch den Guglielmo-Marconi-Flughafen in Bologna anfliegen (► 38).

Preise: An Ostern, Weihnachten und während der Ferienzeit im Sommer kosten die Flugtickets am meisten. Viele Fluggesellschaften belohnen Kunden für frühzeitiges Buchen mit Preisnachlässen. Außerdem gibt es inzwischen zahlreiche günstige Pauschalangebote.

Mit dem Auto: Von Deutschland aus ist die Toskana gut mit dem Auto zu erreichen. Fahrten über Land können jedoch angesichts kurvenreicher Straßen recht lang werden; nachts sind die Straßen oft schlecht beleuchtet. In den Stadtzentren gelten oft strenge Beschränkungen; in einigen Städten darf man nur außerhalb parken.

Mit dem Zug: Zahlreiche Schnell- und Nachtzüge fahren von den meisten europäischen Hauptstädten nach Florenz oder Pisa. Die Staatliche Italienische Eisenbahn, die Ferrovie dello Stato, bietet Hochgeschwindigkeitsverbindungen zwischen italienischen Großstädten an, von Florenz und Pisa hat man dann Anschluss zu anderen größeren Städten in der Toskana.

ZEIT

Zwischen der Toskana und deutschen Städten gibt es keine Zeitverschiebung. Im März wird die Uhr um eine Stunde auf die Sommerzeit vorgestellt, im Oktober wird sie wieder um eine Stunde zurückgestellt.

WÄHRUNG

Währung: Seit Januar 2002 ist der Euro die offizielle italienische Währung. Die offizielle Abkürzung für den Euro ist EUR. Die italienische Lira ist ab Ende Februar 2002 kein offizielles Zahlungsmittel mehr. Die EURO-Banknoten gibt es in folgenden Nennwerten: 5, 10, 20, 50, 100, 200 und 500 Euro; Münzen in Nennwerten zu: 1, 2 und 5 für den Eurocent, 10, 20 und 50 für den goldfarbenen Eurocent. Zusätzlich gibt es eine 1-Euro-Münze, innen silberfarben und außen mit goldfarbenem Rand, und eine 2-Euro-Münze, innen goldfarben und außen mit silberfarbenem Rand. Die Kopfseite der Euromünzen trägt ein einheitliches europäisches Bild, die Rückseite versieht jeder Mitgliedsstaat mit einem eigenen Motiv. Alle Münzen und Banknoten sind in jedem Mitgliedsstaat gültig. Zwischen Lira und Euro besteht ein fester Wechselkurs (1000 Lira = 0,52 Euro).

Kreditkarten: Die meisten Kreditkarten *(carta di credito)* werden in größeren Hotels, Restaurants und Geschäften akzeptiert; kleinere Geschäfte bevorzugen Bargeld.

ZEITUNTERSCHIED

GMT	Florenz	Berlin	Wien	Zürich
12 Uhr	13 Uhr	13 Uhr	13 Uhr	13 Uhr

DAS WICHTIGSTE VOR ORT

KONFEKTIONSGRÖSSEN

Italien	Deutschland	Österreich	
46	46	46	Anzüge
48	48	48	
50	50	50	
52	52	52	
54	54	54	
56	56	56	
7	41	41	Schuhe
7.5	42	42	
8.5	43	43	
9.5	44	44	
10.5	45	45	
11	46	46	
37	37	37	Hemden
38	38	38	
39/40	39/40	39/40	
41	41	41	
42	42	42	
43	43	43	
34	36	36	Kleider
36	38	38	
38	40	40	
40	42	42	
42	44	44	
44	46	46	
4.5	38	38	Schuhe
5	38	38	
5.5	39	39	
6	39	39	
6.5	40	40	
7	41	41	

FEIERTAGE

1. Jan.	Neujahr
6. Jan.	Heilige Drei Könige
März/April	Ostermontag
25. April	Befreiungstag
1. Mai	Tag der Arbeit
15. Aug.	Mariä Himmelfahrt
1. Nov.	Allerheiligen
8. Dez.	Tag der Unbefleckten Empfängnis
25. Dez.	Weihnachten
26. Dez.	Santo Stefano

Zusätzlich gibt es in manchen Städten weitere religiöse Feiertage, an denen die Geschäfte geschlossen sein können. Ein wichtiger Feiertag in Florenz ist der 24. Juni (Tag des hl. Johannes).

ÖFFNUNGSZEITEN

Geschäfte, Büros, Banken, Postämter, Museen, Apotheken

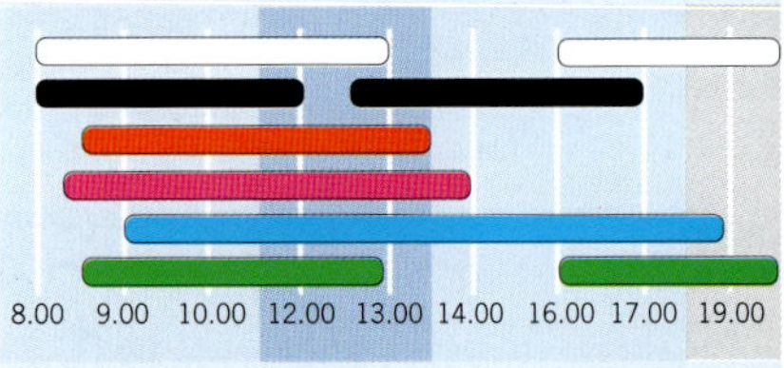

tagsüber, mittags, abends

Geschäfte: Gewöhnlich Di–Sa 8–13, 16–20 Uhr; Mo 16–20 Uhr; variabel je nach Saison. Viele Geschäfte in größeren Städten sind durchgehend geöffnet.
Büros: Mo–Fr 8–12, 12.30–17 Uhr.
Banken: Mo–Fr 8.30–13.30 Uhr; größere Filialen haben teilweise auch am Samstag oder länger unter der Woche geöffnet.
Postämter: Mo–Fr 8.15–14, Sa 8.15–12 oder14 Uhr.
Museen: Di–Sa 9–19, So 9–13 Uhr.
Apotheken: Mo–Sa 8.30–13 und 16–20 Uhr. Bahnhofsapotheke Florenz 24 Stunden lang geöffnet.

NOTRUF 113

POLIZEI 113 oder 112

FEUERWEHR 113 oder 115

KRANKENWAGEN 113 oder 118

SICHERHEIT

Die Toskana ist im Normalfall recht sicher – Taschendiebe gibt es aber in touristischen Orten.

- Tragen Sie Geld und Wertsachen in einer Bauchtasche oder in einem Brustbeutel.
- Halten Sie Ihre Tasche fest und geschlossen.
- Halten Sie Ihre Kamera fest, legen Sie sie keinesfalls auf einem Tisch im Café oder ähnlichen Orten ab.
- Lassen Sie Wertsachen und Schmuck im Hotelsafe.
- Lassen Sie niemals Gepäck oder andere Gegenstände unbeaufsichtigt im Auto.
- Achten Sie auf Taschendiebe!
- Vermeiden Sie nachts Parkanlagen.

Polizei:
113 von jedem Telefon

TELEFONIEREN

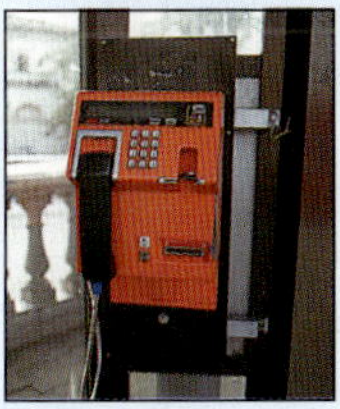

Apparate der Telecom Italia (TI) finden Sie an der Straße, in Bars, Tabakgeschäften und Restaurants. Die meisten funktionieren mit Münz- oder Telefonkarten *(scheda telefonica)*, die man in Postämtern, Läden und Bars erhält. Vor dem ersten Benutzen müssen Sie die markierte Ecke abtrennen. Auch wenn Sie sich in Florenz selbst befinden, ist es notwendig, zuerst die Ortsvorwahl und dann die Rufnummer zu wählen. Mo–Sa gilt zwischen 22 und 8 Uhr Mondscheintarif. Wählen Sie für R-Gespräche 170, für Gespräche über Vermittlung die 12.

Internationale Vorwahlnummern von Italien ins Ausland:
Deutschland: 0049
Österreich: 0043
Schweiz: 00419

POST

Das Hauptpostamt von Florenz *(ufficio postale)* befindet sich in der Via Pellicceria 3. Briefkästen sind rot oder blau und besitzen zwei Einwurfschlitze: einen für Sendungen innerhalb der Stadt (*Per La Città*) und einen für alle anderen Orte *(Altre Destinazioni)*.

ELEKTRIZITÄT

In Italien herrscht 220 Volt Wechselstrom, die Steckdosen unterscheiden sich häufig von den in Deutschland üblichen. Packen Sie einen Adapter ein (im Haushaltsgeschäft erhältlich).

TRINKGELD

Sie müssen nicht überall Trinkgeld geben, und es werden keine hohen Summen erwartet. In etwa gilt:

Pizzeria	auf 2,5 oder 5 Euro aufrunden
Trattoria	auf 2,5 oder 5 Euro aufrunden
Restaurant	10–15 % oder nach Ermessen
Barkeeper	nach Ermessen
Führungen	nach Ermessen
Taxis	auf 0,50 Euro aufrunden
Gepäckträger	0,50 bis 1 Euro pro Koffer
Zimmermädchen	0,50 bis 1 Euro pro Tag

BOTSCHAFTEN UND KONSULATE

Deutschland ☎ 06492131

Österreich ☎ 068558241

Schweiz ☎ 06809571

GESUNDHEIT

Krankenversicherung: Schließen Sie auf jeden Fall eine Reisekrankenversicherung ab. EU-Bürger sollten vor Reiseantritt einen Auslandskrankenschein (E 111) bei ihrer Krankenkassen besorgen.

Arzt: Fragen Sie im Hotel nach deutsch- oder englischsprachigen Ärzten.
Zahnarzt: Die Reisekrankenversicherung sollte auch zahnärztliche Behandlungen abdecken, die in Italien problemlos, aber teuer zu haben sind.

Gesundheit: Denken Sie daran, ausreichend zu trinken, und benutzen Sie im Sommer einen Sonnenhut und Sonnencreme, um Sonnenbrand, -stich und Dehydration vorzubeugen. Auch eine Mückenschutzcreme ist im Sommer nützlich. In der Toskana gibt es Giftschlangen **(vipere)**, deren Biss im Allgemeinen nicht lebensgefährlich ist.

Medikamente: Rezeptpflichtige und andere Medikamente erhalten Sie in Apotheken (*farmacie*), am grünen Kreuz erkennbar.

Trinkwasser: Das Leitungswasser ist trinkbar, das Wasser von öffentlichen Brunnen ebenfalls, es sei denn, es ist *»Acqua non Potabile«*. Mineralwasser ist preisgünstig.

ERMÄSSIGUNGEN

Senioren (über 60), die Bürger der Europäischen Union sind, erhalten bei den meisten staatlichen Museen und Galerien Ermäßigungen.
Schüler unter 18 Jahren erhalten ebenfalls Ermäßigungen.
Zeigen Sie Ihren Personalausweis vor.

EINRICHTUNGEN FÜR BEHINDERTE

Mittelalterliche Innenstädte sind für Rollstuhlfahrer nicht leicht zu bewältigen, viele Bürgersteige sind aber inzwischen mit abgesenkten Bordsteinen versehen. In Florenz haben die neueren Busse (graugrüne Farbe) Einstiegsvorrichtungen für Rollstühle. Viele Museen haben spezielle Rampen. Touristeninformationen informieren über behindertengerechte Hotels.

KINDER

In den meisten Hotels, Bars und Restaurants sind Kinder herzlich willkommen. Mit kleinen Kindern müssen Sie auf den belebten Straßen von Florenz äußerst vorsichtig sein.

TOILETTEN

Herrentoiletten sind mit *Signori*, Damentoiletten mit *Signore* gekennzeichnet.

ZOLL

Die Einfuhr von seltenen oder bedrohten Arten ist entweder illegal oder bedarf einer Sondererlaubnis.
Vor dem Kauf sollten Sie sich über die Einfuhrbedingungen ihres Heimatlandes kundig machen.

IMMER ZU GEBRAUCHEN

Ja/nein **Sì/no**
Bitte **Per favore**
Danke **Grazie**
Bitte, gerne **Di niente/prego**
Auf Wiedersehen **Arrivederci**
Guten Morgen **Buongiorno**
Guten Abend **Buona sera**
Wie geht's? **Come sta?**
Wie viel? **Quanto costa?**
Ich möchte gerne ... **Vorrei ...**
Offen **Aperto**
Geschlossen **Chiuso**
Heute **Oggi**
Morgen **Domani**
Montag **Lunedì**
Dienstag **Martedì**
Mittwoch **Mercoledì**
Donnerstag **Giovedì**
Freitag **Venerdì**
Samstag **Sabato**
Sonntag **Domenica**

NACH DEM WEG FRAGEN

Ich habe mich verlaufen
Mi sono perso/a
Wo ist ...?
Dove si trova...?
der Bahnhof **la stazione**
das Telefon **il telefono**
die Bank **la banca**
die Toilette **il gabinetto**
Nach links **Volti a sinistra**
Nach rechts **Volti a destra**
Geradeaus **Vada dritto**
An der Ecke **All'angolo**
Straße **la strada**
Gebäude **il palazzo**
Ampel **il semaforo**
Kreuzung **l'incrocio**
Schilder für ...
le indicazione per ...

IM NOTFALL

Hilfe! **Aiuto!**
Können Sie mir bitte helfen?
Mi potrebbe aitutare?
Sprechen Sie Deutsch?
Parla tedesco?
Ich verstehe nicht **Non capisco**
Könnten Sie bitte schnell einen Arzt rufen? **Mi chiami presto un medico, per favore?**

IM RESTAURANT

Ich möchte einen Tisch reservieren
Vorrei prenotare un tavolo
Einen Tisch für zwei Personen, bitte
Un tavolo per due, per favore
Könnten wir die Speisekarte haben?
Ci porta la lista, per favore?
Was ist das? **Cosa è questo?**
Eine Flasche/ein Glas ...
Una bottiglia di/un bicchiere di ...
Die Rechnung, bitte
Ci porta il conto

ÜBERNACHTEN

Haben Sie ein Einzel-/Doppelzimmer?
Ha una camera singola/doppia?
Mit/ohne Bad/Toilette/Dusche
Con/senza vasca/gabinetto/doccia
Ist das Frühstück inbegriffen?
E'inclusa la prima colazione?
Ist das Abendessen inbegriffen?
E'inclusa la cena?
Haben Sie Zimmerservice?
C'è il servizio in camera?
Kann ich das Zimmer sehen?
E' possible vedere la camera?
Ich nehme das Zimmer
Prendo questa
Vielen Dank für Ihre Gastfreundschaft
Grazie per l'ospitalità

ZAHLEN

0	**zero**	12	**dodici**	30	**trenta**	200	**duecento**
1	**uno**	13	**tredici**	40	**quaranta**	300	**trecento**
2	**due**	14	**quattordici**	50	**cinquanta**	400	**quattrocento**
3	**tre**	15	**quindici**	60	**sessanta**	500	**cinquecento**
4	**quattro**	16	**sedici**	70	**settanta**	600	**seicento**
5	**cinque**	17	**diciassette**	80	**ottanta**	700	**settecento**
6	**sei**	18	**diciotto**	90	**novanta**	800	**ottocento**
7	**sette**	19	**diciannove**	100	**cento**	900	**novecento**
8	**otto**	20	**venti**			1000	**mille**
9	**nove**			101	**cento uno**	2000	**duemila**
10	**dieci**	21	**ventuno**	110	**centodieci**		
11	**undici**	22	**ventidue**	120	**centoventi**	10000	**diecimila**

SPEISEKARTE

acciuga Anchovis
acqua Wasser
affettati geschnittenes Räucherfleisch
affumicato geräuchert
aglio Knoblauch
agnello Lamm
anatra Ente
antipasti Vorspeisen
arista Schweinebraten
arrosto gebraten
asparagi Spargel
birra Bier
bistecca Steak
bollito gekochtes Fleisch
braciola Minutensteak
brasato geschmort
brodo Brühe
bruschetta getoastetes Brot mit Knoblauch oder Tomaten-auflage
budino Pudding
burro Butter
cacciagione Wild
cacciatore, alla herzhafte Tomatensoße mit Pilzen
caffè corretto/ macchiato Kaffee mit Likör, Schnaps oder mit einem Tropfen Milch
caffè freddo Eiskaffee
caffè lungo leichter Kaffee
caffè latte Milchkaffee
caffè ristretto starker Kaffee
calamaro Tintenfisch
cappero Kaper
carciofo Artischocke
carota Karotte
carne Fleisch
carpa Karpfen
casalingo hausgemacht
cassata sizilianische Fruchteiscreme
cavolfiore Blumenkohl
cavolo Kohl
ceci Kichererbsen
cervello Hirn
cetriolino Gewürzgurke
cetriolo Gurke
cicoria Chicoree
cinghiale Wildschwein
cioccolata Schokolade
cipolla Zwiebel
coda di bue Ochsenschwanz
coniglio Hase
contorni Gemüse
coperto Gedeckgebühr
coscia Keule
cotoletta Schnitzel
cozze Muscheln
crostini Canapés, u. a. mit Tomaten, Knoblauch, Olivenöl
crudo roh
digestivo Digestif
dolci Kuchen/Desserts
erbe aromaticke aromatische Gewürze
fagioli Bohnen
fagiolini grüne Bohnen
faraona Perlhuhn
facito gefüllt mit
fegato Leber
finocchio Fenchel
formaggio Käse
forno, al gebacken
frittata Omelette
fritto frittiert
frizzante moussierend
frulatto schaumig geschlagen
frutti di mare Meeresfrüchte
frutta Frucht
funghi Pilze
gamberetto Shrimps
gelato Eiscreme
ghiaccio Eis
gnocchi Kartoffelnudeln
granchio Krebs
gran(o)turco süßer Mais
griglia, alla gegrillt
imbottito gefüllt
insalata Salat
IVA Mehrwert-steuer
latte Milch
lepre Hase
lumache Schnecken
manzo Rind
merluzzo Kabeljau
miele Honig
minestra Suppe
molluschi Schalentiere
olio Öl
oliva Olive
ostrica Auster
pancetta Schinken
pane Brot
parmigiano Parmesankäse
passata gesiebt oder püriert
pastasciutta getrocknete Pasta mit Soße
pasta sfoglia Blätterteig-gebäck
patata fritte Pommes frites
pecorino Schafs-milchkäse
peperoncino scharfer Paprika
peperone rote/ grüne Paprika
pesce Fisch
petto Brust
piccione Taube
piselli Erbsen
pollame Truthahn
pollo Huhn
polpetta Fleischbällchen
porto Portwein
prezzemolo Petersilie
primo piatto erster Gang
prosciutto Räucher-schinken
ragù Fleischsoße
ripieno gefüllt
riso Reis
salsa Soße
salsiccia Wurst
saltimbocca Kalb mit Schinken und Salbei
secco trocken
secondo piatto Hauptgang
senapa Senf
servizio compreso Bedienung inbegriffen
spuntini Snacks
sugo Soße
tonno Thunfisch
uovo strapazzate Rühreier
uovo affrogato/ in carnica pochiertes Ei
uovo al tegamo/ fritto Spiegelei
uovo alla coque weich ge-kochtes Ei
ouvo alla sodo hart ge-kochtes Ei
vino bianco Weißwein
vino rosso Rotwein
vino rosato Roséwein
verdure Gemüse
vitello Kalb
zucchero Zucker
zuppa Suppe

Reiseatlas

Kapiteleinteilung: siehe Übersichtskarte auf den Umschlaginnenseiten

Reiseatlas

- Staatsgrenze
- Sonstige Grenze
- Hauptstrecke
- Autobahn
- Hauptstraße
- Nebenstraße
- Nationalpark
- Stadtgebiet
- Große Stadt
- Wichtige Stadt
- Stadt
- Dorf
- Sehenswürdigkeit (im Text)
- Sehenswürdigkeit

Cityplan

- Fußgängerzone
- Bahnlinie
- Stadtmauer
- Information
- Wichtiges Gebäude
- Sehenswürdigkeit (im Text)

A
B
C
5
4
3
2
1
Ferriere
SS359
Bardi
Fornova di Taro
San Polo d'Enza
Réggio nell'Emilia
Rubiera
Módena
A22
SS12
Langhirano
EMILIA-ROMAGNA
SS62
A15
Borgo Val di Taro
Berceto
Parma
Enza
Scandiano
Formígine
SS63
Casina
Sassuolo
Spilamberto
Maranello
Sécchia
Vignola
Corníglio
Pontremoli
Castelnovo ne' Monti
Serramazzoni
SS12
Varese Ligure
Lavagna
SS523
Sestri Levante
SS1
A12
SS62
SS63
Villa Minozzo
2121m Monte Cusna
SS486
Pavullo nel Frignano
Panaro
Fivizzano
2053m Monte Prato
Garfagnana
Pievepélago
Fanano
Cinqueterre
Aulla
Corfino
2165m Monte Cimone
SS324
Lévanto
Piazza al Sérchio
San Pellegrino in Alpe
Riomaggiore
SS330
Sarzana
Carrara
Castelnuovo di Garfagnana
Porretta Terme
La Spézia
Lérici
Barga
Riserva Naturale Orrido di Botri
Portovénere
Alpi Apuane
Levigliani
1858m Pania di Croce
Montemarcello
Massa
San Marcello Pistoiese
Riviera di Levante
Riviera di Versilia
Seravezza
Bagni di Lucca
Sérchio
Borgo a Mozzano
Forte dei Marmi
Pietrasanta
SS64
Camaiore
Villa Reale
Villa Mansi
Pistoia
Villa Torrigiani
Márlia
Viareggio
Montecatini Terme
Grotta Giusti
Massarosa
SS435
SS1
Lucca
A11
Monsummano Terme
Torre del Lago Puccini
A11
SS12
Villa Medici di Póggio a Caiano
Vinci
Pisa
San Giuliano Terme
Lastra
A12
Fucécchio
Cascina
Empoli
Arno
Pontedera
San Miniato
SS429
Ponsacco
Castelfiorentino
Livorno
Collesalvetti
Certaldo
Péccioli
A12
SS439
I di Gorgona
San Gimignano
Rosignano Marittimo
Volterra
SS68
SS68
Cécina
SS439
Cecina
Pomarance
Marina di Bibbona
Colline
SS1
Castagneto Carducci
I di Capraia
San Vincenzo
Campíglia Marittima
Massa Marittima
SS439
Populónia
Piombino
Follónica
SS1
Necropoli Etrusca
Canale di Piombino
Cavo
I d'Elba
Portoferráio
1089m Monte Capanne
Lacona
Porto Azzurro
Punta Ala
Fetováia
Marina di Campo
Capolíveri
Castiglione della Pescáia
Marina di Alberese
I Pianosa
PARCO NATURALE DELLA MAREMMA
F
Corse
Monte Argentario
0
20
40
60 km
0
10
20
30
40 miles
I di Montecristo
I del Giglio

D
E
F
5
4
3
2
1
San Giovanni in Persiceto
Malalbergo
Portomaggiore
Comacchio
Castelfranco Emilia
Castel Maggiore
Reno
Molinella
Argenta
Valli di Comacchio
SS9
SS64
Búdrio
SS16
SS309
BOLOGNA
SS253
Medicina
Consélice
Alfonsine
Casalecchio di Reno
SS9
Bagnacavallo
Ravenna
Sasso Marconi
Pianoro
Castel San Pietro Terme
Lugo
Imola
A14dir
Russi
Montone
SS16
SS65
Faenza
A14
SS71
Savio
Cérvia
Monzuno
SS610
A1
Brisighella
Castrocaro Terme
Forlì
Forlimpopoli
Cesenático
Castiglione dei Pépoli
Modigliana
Méldola
Cesena
Bellária
Igea Marina
Firenzuola
Predáppio
Savignano sul Rubicone
Marradi
Santarcángelo di Romagna
Rímini
SS302
Rocca San Casciano
SS310
Bidente
Marecchia
Riccione
SS325
SS67
Mercato Saraceno
Verúcchio
Cattólica
Borgo San Lorenzo
Santa Sofia
San Marino
San Piero a Sieve
RSM
Prato
Villa Medicea di Careggi della Petraia & di Castello
Dicomano
1654m
Sársina
Novalféltria
San Leo
Morciano di Romagna
Sesto Fiorentino
Monte Falterona
Bagno di Romagna
SS71
Montefeltro
Fóglia
Montelabbate
Fiésole
SS70
Stia
Camaldoli
Pennabilli
Sassocorvaro
Signa
Pontassieve
Badia Prataglia
SS258
MARCHE
FIRENZE
Vallombrosa
Chiusi della Verna
Urbino
Poppi
Casentino
A1
Reggello
Bibbiena
Pieve Santo Stefano
Urbánia
SS3
San Casciano in Val di Pesa
1591m
Arno
Figline Valdarno
Caprese Michelangelo
Sant'Angelo in Vado
Acqualagna
SS222
Pratomagno
SS257
Gróppina
Subbiano
Sansepolcro
Apécchio
SS424
Greve in Chianti
San Giovanni Valdarno
Cagli
Montevarchi
SS71
San Giustino
SS2
Anghiari
Poggibonsi
Gaiole in Chianti
Cantiano
Castellina in Chianti
Búcine
Arezzo
Monterchi
Città di Castello
1701m
Monte Catria
A1
SS73
Colle di Val d'Elsa
Monteriggioni
Chianti
SS298
SS2
Siena
Castiglion Fiorentino
Gubbio
SS219
Monte San Savino
SS219
Brólio
Montécchio
Metallifere
SS73
Rapolano Terme
Umbértide
Le Crete
Foiano della Chiana
Cortona
SS416
SS3
SS298
Abbazia di Monte Oliveto Maggiore
Asciano
Sinalunga
Passignano sul Trasimeno
Valfábbrica
Montecontieri
Torrita di Siena
San Galgano
SS75
Lago Trasimeno
Magione
Perúgia
Monticiano
Buonconvento
San Quirico d'Orcia
Montepulciano
Castiglione del Lago
1290m
Monte Subásio
Assisi
Pienza
Montalcino
SS220
Torgiano
SS223
Bagno Vignoni
Chianciano Terme
Chiusi
Deruta
Spello
SS3
Roccastrada
Sant'Antimo
Orcia
Nestore
Tevere
Città della Pieve
Foligno
SS73
Abbadia San Salvatore
Cetona
Bevagna
Marsciano
Cinigiano
SS321
Montefalco
SS3
Trevi
Rovine di Roselle
Arcidosso
1738m
Monte Amiata
SS317
Ombrone
SS2
UMBRIA
SS316
SS322
SS323
Roccalbegna
Todi
Grosseto
A1
SS448
Spoleto
Acquapendente
Maremma
Sorano
Monti Volsini
Orvieto
Acquasparta
SS418
Monteluco
Scansano
Albegna
Bolsena
Parco dell'Uccellina
Magliano in Toscana
Sovana
Latera
Lago di Bòlsena
SS3
SS204
Pitigliano
Cívita
Lugnano in Teverina
Terni
Manciano
Montefiascone
Amélia
SS1
Capodimonte
Narni
Marta
Bomarzo
Porto Santo Stefano
LAZIO
Orbetello
Canino
Bagnáia
Orte
SS3
SS513
Ansedonia
Viterbo
SS312
Tuscánia
SS204
Vignanello
Monti Sabini
Porto Ercole
L. di Vico
Caprarola
Magliano Sabina
Montalto di Castro
Vetralla
Ronciglione
Tevere
I. di Giannutri
Tarquinia
Blera
Cívita Castellana

Firenze

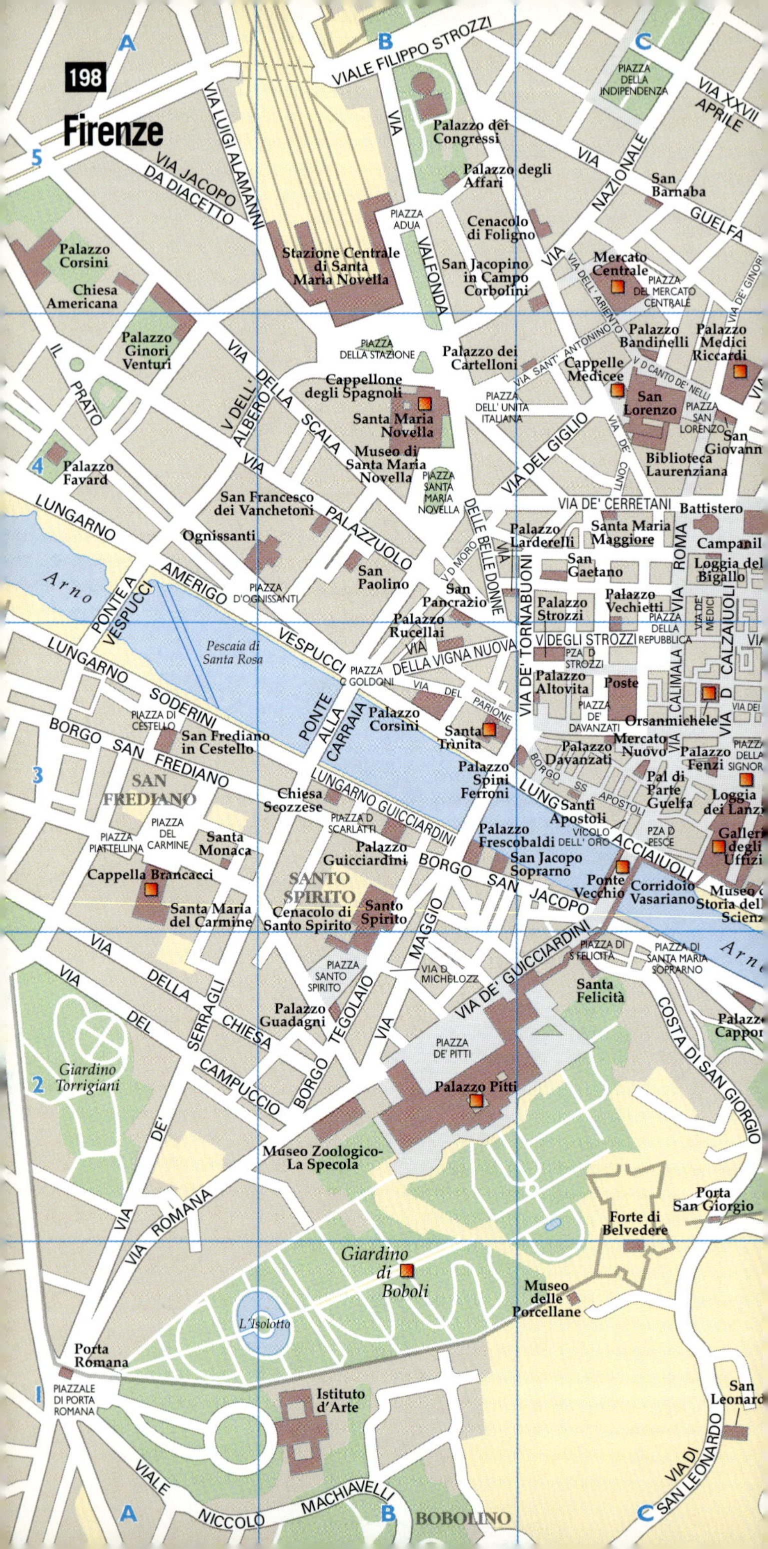
A
B
C
5
4
3
2
1
Viale Filippo Strozzi
Via Luigi Alamanni
Via Jacopo da Diacetto
Piazza della Indipendenza
Via XXVII Aprile
Palazzo dei Congressi
Palazzo degli Affari
Via Nazionale
San Barnaba
Guelfa
Palazzo Corsini
Chiesa Americana
Stazione Centrale di Santa Maria Novella
Piazza Adua
Valfonda
Cenacolo di Foligno
San Jacopino in Campo Corbolini
Mercato Centrale
Piazza del Mercato Centrale
Via dell' Ariento
Via de' Ginori
Palazzo Ginori Venturi
Il Prato
Piazza della Stazione
Palazzo dei Cartelloni
Via Sant' Antonino
Palazzo Bandinelli
Palazzo Medici Riccardi
Cappelle Medicee
V. d. Canto de' Nelli
San Lorenzo
Piazza San Lorenzo
San Giovanni
Via della Scala
V. dell' Albero
Cappellone degli Spagnoli
Santa Maria Novella
Museo di Santa Maria Novella
Piazza dell' Unità Italiana
Via del Giglio
Via de' Conti
Biblioteca Laurenziana
Palazzo Favard
Via Palazzuolo
San Francesco dei Vanchetoni
Piazza Santa Maria Novella
Via de' Cerretani
Battistero
Lungarno Amerigo Vespucci
Ognissanti
Via delle Belle Donne
Palazzo Larderelli
Santa Maria Maggiore
Campanile
Arno
San Paolino
Piazza d'Ognissanti
V. d. Moro
San Gaetano
Loggia del Bigallo
Ponte A. Vespucci
San Pancrazio
Palazzo Strozzi
Palazzo Vecchietti
Via Roma
Via de' Medici
Piazza della Repubblica
Via de' Tornabuoni
Palazzo Rucellai
V. degli Strozzi
Pescaia di Santa Rosa
Via della Vigna Nuova
Pza d. Strozzi
Via de' Calzaiuoli
Piazza C. Goldoni
Via del Parione
Palazzo Altovita
Poste
Via Calimala
Lungarno Soderini
Ponte alla Carraia
Palazzo Corsini
Piazza de' Davanzati
Orsanmichele
Via dei
Piazza di Cestello
San Frediano in Cestello
Santa Trinita
Mercato Nuovo
Palazzo Davanzati
Palazzo Fenzi
Piazza della Signoria
Borgo San Frediano
Palazzo Spini Ferroni
Borgo SS. Apostoli
Pal. di Parte Guelfa
Loggia dei Lanzi
San Frediano
Chiesa Scozzese
Lungarno Guicciardini
Santi Apostoli
Piazza d. Scarlatti
Piazza del Carmine
Piazza Piattellina
Santa Monaca
Palazzo Guicciardini
Palazzo Frescobaldi
Vicolo dell' Oro
Pza d. Pesce
Lungarno Acciaiuoli
Galleria degli Uffizi
Borgo San Jacopo
San Jacopo Soprarno
Cappella Brancacci
Santo Spirito
Ponte Vecchio
Corridoio Vasariano
Museo di Storia della Scienza
Santa Maria del Carmine
Cenacolo di Santo Spirito
Via Maggio
Via della Chiesa
Via de' Serragli
Piazza di S. Felicità
Piazza di Santa Maria Soprarno
Via del Campuccio
Piazza Santo Spirito
Via d. Michelozzi
Via de' Guicciardini
Santa Felicità
Costa di San Giorgio
Palazzo Guadagni
Via Tegolaio
Borgo Tegolaio
Piazza de' Pitti
Palazzo Capponi
Giardino Torrigiani
Palazzo Pitti
Museo Zoologico-La Specola
Via Romana
Porta San Giorgio
Forte di Belvedere
Giardino di Boboli
Museo delle Porcellane
L'Isolotto
Porta Romana
Piazzale di Porta Romana
Istituto d'Arte
San Leonardo
Via di San Leonardo
Viale Niccolò Machiavelli
Bobolino

D
E
F
D
E
F
5
4
3
2
1
Palazzo Pandolfini
Chiesa Inglese
Chiostro dello Scalzo
Cenacolo di Sant' Apollonia
VIA SAN GALLO
Giardino dei Semplici
Museo Botanico
Museo di San Marco
San Marco
Museo di Mineralogia
Università
Biblioteca Marucelliana
Galleria dell' Accademia
Santissima Annunziata
PIAZZA DEL LUNGO
VIALE GIACOM MATTEOTTI
VIA PIER CAPPONI
VIA DEGLI ARTISTI
VIA DEI DELLA ROBBIA
VIA GINO CAPPONI
Giardino della Gherardesca
Palazzo Capponi
Cimitero degli Inglesi
VIA GIUSEPPE LA FARINA
VIA CAVOUR
PIAZZA DELLA SANTISSIMA ANNUNZIATA
Museo Archeologico Nazionale
VIA GIUSEPPE GIUSTI
VIALE ANTONIO GRAMSCI
Museo dell' Opificio delle Pietre Dure
VIA LAURA
VIA PINTI
Palazzo Paneiatichi Ximenes
VIA RICASOLI
Palazzo Niccolini
VIA DEI SERVI
Santa Maria degli Angeli
VIA DEGLI ALFANI
Spedale degli Innocenti
PIAZZA F BRUNELLESCHI
VIA DELLA PERGOLA
BORGO PINTI
Santa Maria Maddalena dei Pazzi
PIAZZA MASSIMO D'AZEGLIO
Palazzo Pucci
Ospedale di Santa Maria Nuova
Palazzo Niccolini
PIAZZA DUOMO
Duomo
Museo dell' Opera del Duomo
Sant' Egidio
VIA FIESOLANA
VIA LUIGI C FARINI
VIA GIOSUÈ CARDUCCI
VIA DELLA MATTONAIA
Palazzo Guadagni
Museo di Firenze com'era
Teatro della Pergola
Tempio Israelitico
Palazzo Canonici
Museo di Antropologia
VIA DI MEZZO
Palazzo Salviati
VIA DEL PROCONSOLO
Palazzo Altoviti
Palazzo degli Albizi
Mercato delle Pucci
Sant' Ambrogio
BORGO DEGLI ALBIZI
PIAZZA G SALVEMINI
BORGO LA CROCE
PIAZZA CESARE BECCARIA
Casa di Dante
Palazzo Pazzi
Poste e Telegrafi
Badia Fiorentina
VIA DE' PANDOLFINI
VIA ALLEGRI
VIA DE' MACCI
Casa Buonarroti
Mercato Sant'Ambrogio
PIAZZA SAN FIRENZE
Museo Nazionale del Bargello
VIA ISOLA D. STINCHE
Teatro Verdi
VIA GHIBELLINA
VIA DELL' AGNOLO
VIALE GIOVINE ITALIA
VIALE GIOVANNI AMENDOLA
Palazzo Gondi
San Firenze
Santa Simone
Palazzo Serristori
BORGO SANTA CROCE
VIA GHIBELLINA
BORGO DE' GRECI
Palazzo Vecchio
PIAZZA S REMEGIO
Casa dell' Antella
Santa Croce
VIA DI SAN GIUSEPPE
VIA DELLE CASINE
VIA DE' NERI
VIA DE' BENCI
Cappella dei Pazzi
VIALE DELLA ...
Palazzo Vita
VIA D. MOSCA
Borsa
Museo Horne
Palazzo Corsini
Biblioteca Nazionale
Museo dell' Opera di Santa Croce
LUNGARNO GENERALE DIAZ
VIA TRIPOLI
PIAZZA PIAVE
LUNGARNO DELLA ZECCA VECCHIA
Santa Lucia dei Magnoli
Pescaia di San Niccolò
Arno
Palazzo Torrigiani
Museo Bardini
LUNGARNO SERRISTORI
Palazzo Serristori
PIAZZA G POGGI
LUNGARNO BENVENUTO CELLINI
VIA DI SAN NICCOLÒ
San Niccolò
Porta San Niccolò
Palazzo de' Mozzi
SAN NICCOLÒ
VIALE GIUSEPPE POGGI
VIA DI BELVEDERE
VIA DEL MONTE ALLE CROCI
PIAZZALE MICHELANGELO
VIALE MICHELANGELO
VIA DELL' ERTA CANINA
VIALE GALILEO GALILEI
San Salvatore al Monte
MONTE ALLE CROCI
San Miniato al Monte
0 100 200 300 400 metres
0 100 200 300 400 yards

Siena

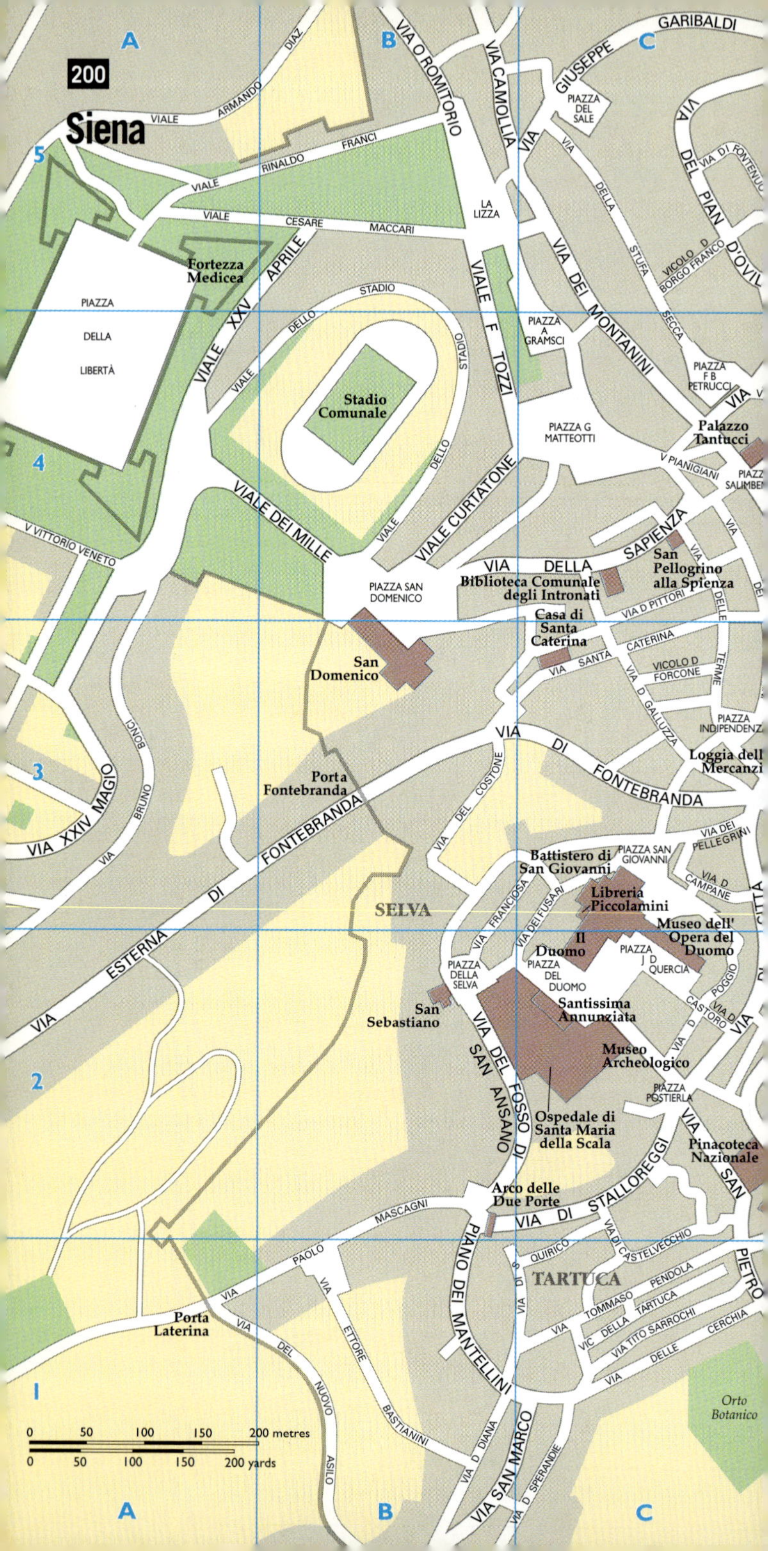

A
B
C
1
2
3
4
5
Fortezza Medicea
Piazza della Libertà
Stadio Comunale
Viale Armando Diaz
Viale Rinaldo Franci
Viale Cesare Maccari
Viale XXV Aprile
Viale dello Stadio
Viale dei Mille
Viale Curtatone
Viale F Tozzi
La Lizza
Via o Romitorio
Via Camollia
Via Giuseppe Garibaldi
Piazza del Sale
Via della Stufa Secca
Via dei Montanini
Via del Pian d'Ovile
Via di Fontenuova
Vicolo d Borgo Franco
Piazza a Gramsci
Piazza F B Petrucci
Piazza G Matteotti
Palazzo Tantucci
V Pianigiani
Piazza Salimbeni
V Vittorio Veneto
Piazza San Domenico
Via della Sapienza
Biblioteca Comunale degli Intronati
San Pellegrino alla Spienza
Via d Pittori
Via delle Terme
Casa di Santa Caterina
Via Santa Caterina
Vicolo d Forcone
Via d Galluzza
San Domenico
Piazza Indipendenza
Loggia dell Mercanzi
Via di Fontebranda
Porta Fontebranda
Via Esterna di Fontebranda
Via del Costone
Via XXIV Maggio
Via Bruno Bonci
Battistero di San Giovanni
Piazza San Giovanni
Via dei Pellegrini
Via d Campane
Libreria Piccolomini
Museo dell' Opera del Duomo
Il Duomo
Piazza J d Quercia
Piazza del Duomo
Via Franciosa
Via dei Fusari
Piazza della Selva
SELVA
San Sebastiano
Santissima Annunziata
Via d Castoro
Via d Poggio
Museo Archeologico
Via San Ansano
Via del Fosso di
Piazza Postierla
Ospedale di Santa Maria della Scala
Pinacoteca Nazionale
Via San Pietro
Arco delle Due Porte
Via di Stalloreggi
Via Paolo Mascagni
Via di Castelvecchio
Via di S Quirico
TARTUCA
Via Tommaso Pendola
Vic della Tartuca
Via Tito Sarrochi
Via delle Cerchia
Piano dei Mantellini
Porta Laterina
Via Ettore Bastianini
Via del Nuovo Asilo
Via d Diana
Via San Marco
Via d Sperandie
Orto Botanico
0 50 100 150 200 metres
0 50 100 150 200 yards

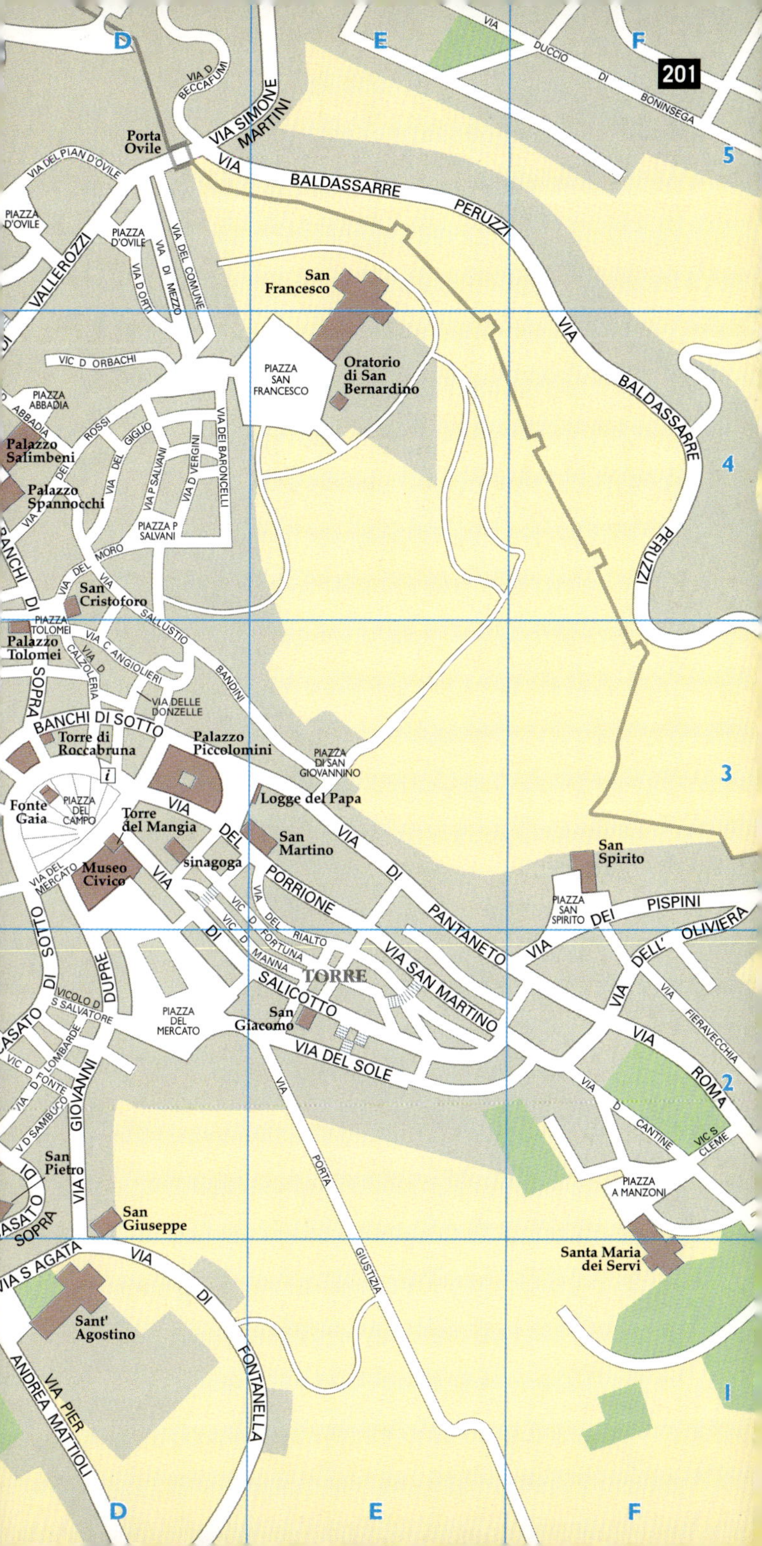
D
E
F
5
4
3
2
1
VIA DUCCIO DI BONINSEGA
VIA D. BECCAFUMI
VIA SIMONE MARTINI
Porta Ovile
VIA BALDASSARRE PERUZZI
VIA DEL PIAN D'OVILE
PIAZZA D'OVILE
PIAZZA D'OVILE
VIA VALLEROZZI
VIA DEL COMUNE
VIA DI MEZZO
VIA D'ORTI
San Francesco
PIAZZA SAN FRANCESCO
Oratorio di San Bernardino
VIC D ORBACHI
PIAZZA ABBADIA
ABBADIA
ROSSI
VIA DEL GIGLIO
VIA P SALVANI
VIA D VERGINI
VIA DEI BARONCELLI
Palazzo Salimbeni
Palazzo Spannocchi
VIA DEI ROSSI
PIAZZA P SALVANI
VIA DEL MORO
BANCHI DI SOPRA
San Cristoforo
VIA SALLUSTIO BANDINI
PIAZZA TOLOMEI
Palazzo Tolomei
VIA C ANGIOLIERI
VIA D CALZOLERIA
VIA DELLE DONZELLE
BANCHI DI SOTTO
Torre di Roccabruna
Palazzo Piccolomini
PIAZZA DI SAN GIOVANNINO
i
Fonte Gaia
PIAZZA DEL CAMPO
Torre del Mangia
Logge del Papa
VIA DI PANTANETO
San Martino
sinagoga
Museo Civico
VIA DEL MERCATO
VIA DEL PORRIONE
San Spirito
PIAZZA SAN SPIRITO
VIA DEI PISPINI
VIA DELL' OLIVIERA
VIA DEL RIALTO
VIC D FORTUNA
VIC D MANNA
TORRE
VIA SAN MARTINO
VIA DI SALICOTTO
VIA FIERAVECCHIA
VIA ROMA
CASATO DI SOTTO
VIA DUPRE
VICOLO D S SALVATORE
PIAZZA DEL MERCATO
San Giacomo
VIA DEL SOLE
VIA DI PORTA GIUSTIZIA
VIA D CANTINE
VIC S CLEME
PIAZZA A MANZONI
VIC D LOMBARDE
VIC D FONTE
VIA D SAMBUCO
VIA GIOVANNI
San Pietro
CASATO DI SOPRA
San Giuseppe
Santa Maria dei Servi
VIA S AGATA
VIA DI FONTANELLA
Sant' Agostino
VIA PIER ANDREA MATTIOLI

Lucca

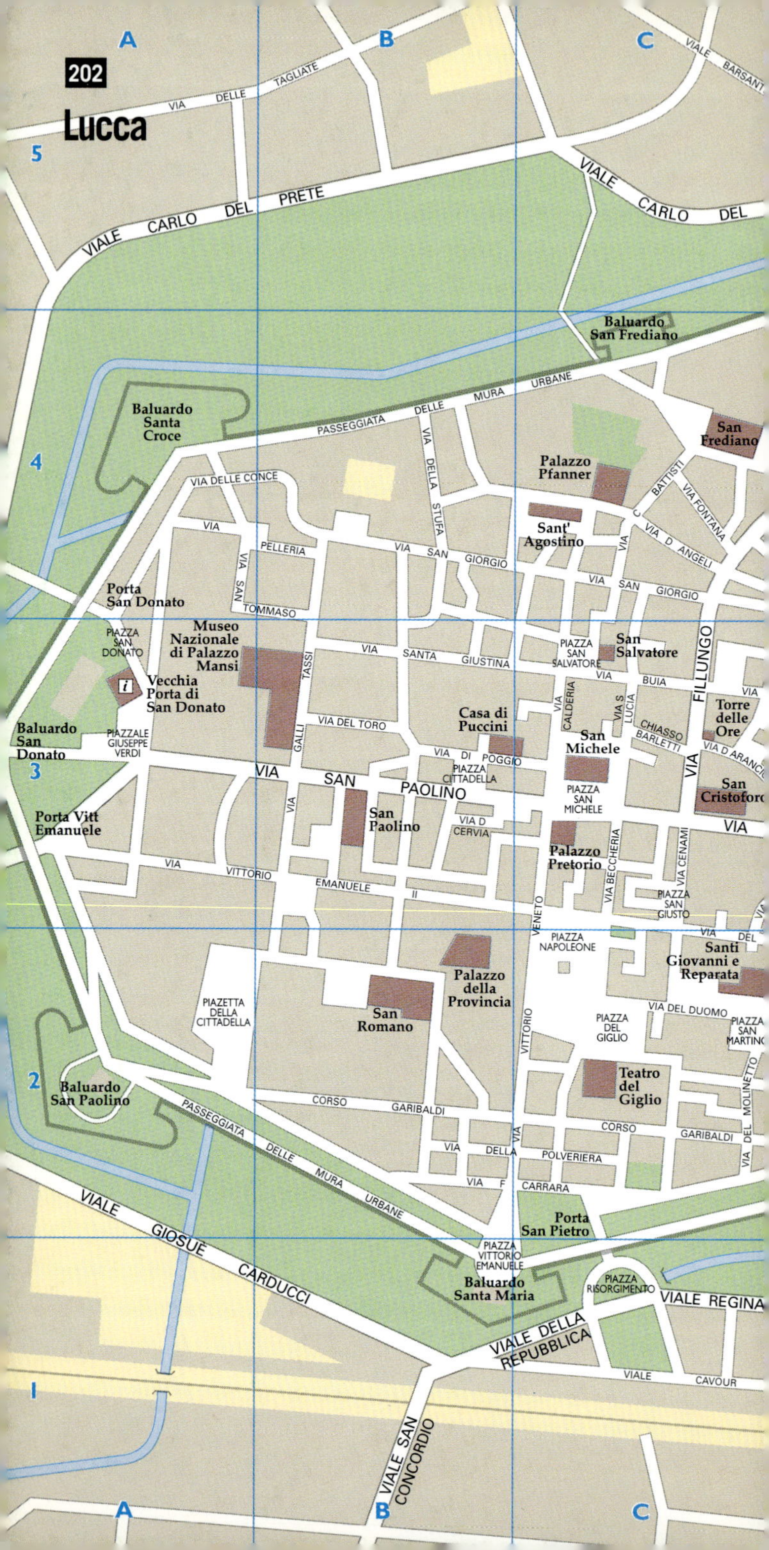
A
B
C
5
4
3
2
1
Viale delle Tagliate
Viale Barsanti
Viale Carlo del Prete
Viale Carlo del
Baluardo San Frediano
Baluardo Santa Croce
Passeggiata delle Mura Urbane
Via della Stufa
San Frediano
Palazzo Pfanner
Via delle Conce
Via Pelleria
Via San Tommaso
Via San Giorgio
Sant' Agostino
Via C. Battisti
Via Fontana
Via D. Angeli
Porta San Donato
Piazza San Donato
Museo Nazionale di Palazzo Mansi
Vecchia Porta di San Donato
Via Tassi
Via Santa Giustina
Piazza San Salvatore
San Salvatore
Via Fillungo
Via Buia
Via Calderia
Via S. Lucia
Via del Toro
Casa di Puccini
Torre delle Ore
Baluardo San Donato
Piazzale Giuseppe Verdi
Via Galli
Via di Poggio
Chiasso Barletti
San Michele
Via d'Arancio
Via San Paolino
Piazza Cittadella
San Cristoforo
Piazza San Michele
Porta Vitt Emanuele
San Paolino
Via d Cervia
Palazzo Pretorio
Via Beccheria
Via Cenami
Via Vittorio Emanuele II
Piazza San Giusto
Via Veneto
Piazza Napoleone
Via del
Santi Giovanni e Reparata
Palazzo della Provincia
Piazzetta della Cittadella
San Romano
Via del Duomo
Piazza del Giglio
Piazza San Martino
Via Vittorio
Teatro del Giglio
Via del Molinetto
Baluardo San Paolino
Corso Garibaldi
Via della Polveriera
Via F. Carrara
Porta San Pietro
Viale Giosuè Carducci
Piazza Vittorio Emanuele
Baluardo Santa Maria
Piazza Risorgimento
Viale Regina
Viale della Repubblica
Viale Cavour
Viale San Concordio

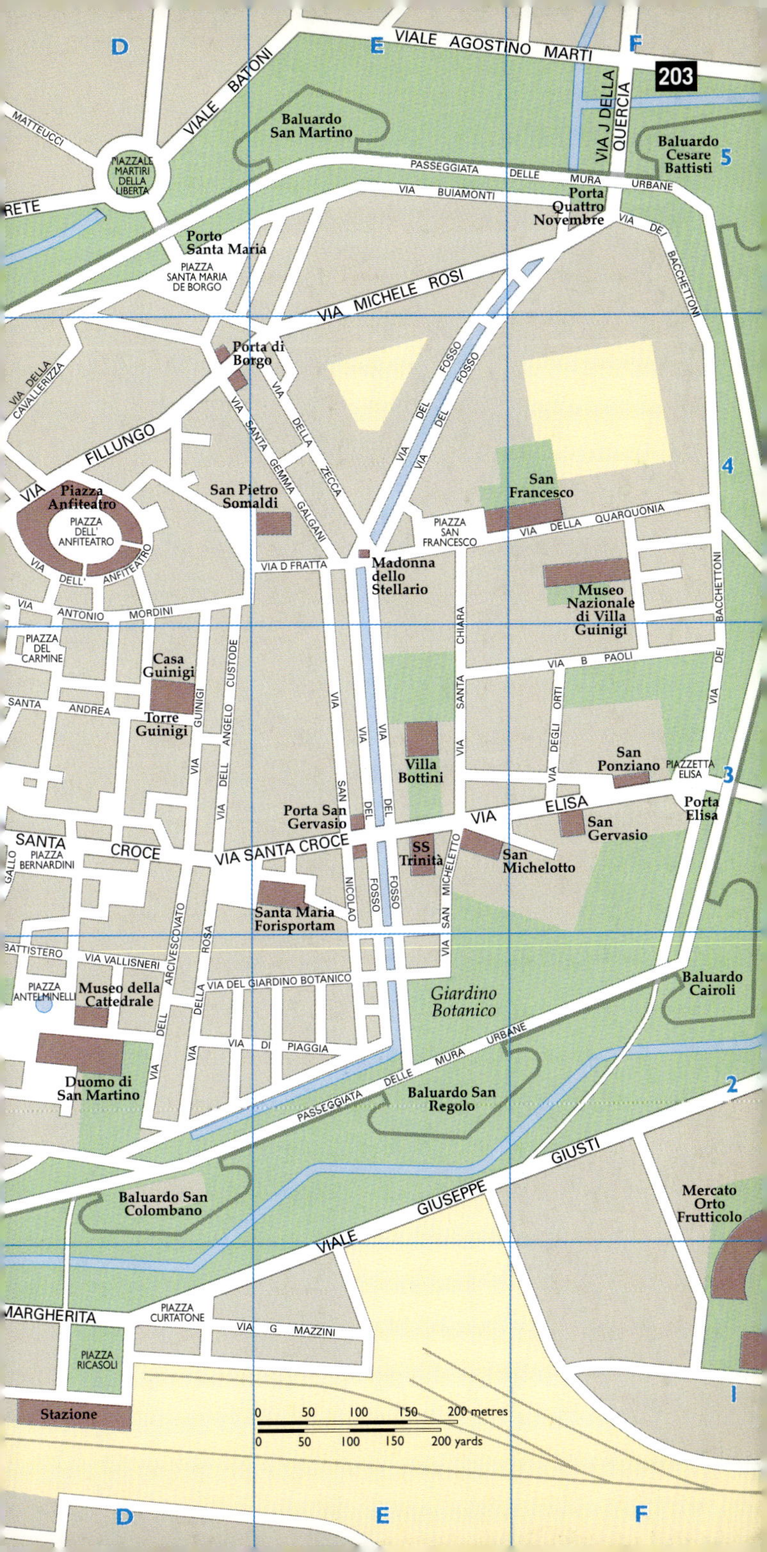
D
E
F
VIALE AGOSTINO MARTI
VIALE BATONI
MATTEUCCI
PIAZZALE MARTIRI DELLA LIBERTÀ
RETE
Baluardo San Martino
VIA J DELLA QUERCIA
Baluardo Cesare Battisti
5
PASSEGGIATA DELLE MURA URBANE
VIA BUIAMONTI
Porta Quattro Novembre
VIA DEI BACCHETTONI
Porto Santa Maria
PIAZZA SANTA MARIA DE BORGO
VIA MICHELE ROSI
Porta di Borgo
VIA DELLA CAVALLERIZZA
VIA DEL FOSSO
VIA DEL FOSSO
VIA SANTA GEMMA GALGANI
VIA DELLA ZECCA
VIA FILLUNGO
4
Piazza Anfiteatro
PIAZZA DELL' ANFITEATRO
VIA DELL' ANFITEATRO
San Pietro Somaldi
San Francesco
PIAZZA SAN FRANCESCO
VIA DELLA QUARQUONIA
VIA D FRATTA
Madonna dello Stellario
Museo Nazionale di Villa Guinigi
VIA ANTONIO MORDINI
PIAZZA DEL CARMINE
Casa Guinigi
VIA DEL CUSTODE
VIA SANTA CHIARA
VIA B PAOLI
VIA DEI BACCHETTONI
SANTA ANDREA
Torre Guinigi
VIA GUINIGI
VIA ANGELO
VIA DEGLI ORTI
Villa Bottini
San Ponziano
PIAZZETTA ELISA
3
VIA DELL
VIA SAN
VIA DEL
VIA DEL
Porta San Gervasio
VIA ELISA
Porta Elisa
San Gervasio
SANTA CROCE
VIA SANTA CROCE
PIAZZA BERNARDINI
GALLO
SS Trinità
San Michelotto
VIA SAN MICHELETTO
NICOLAO
FOSSO
FOSSO
Santa Maria Forisportam
VIA ARCIVESCOVATO
VIA DELLA ROSA
BATTISTERO
VIA VALLISNERI
VIA DEL GIARDINO BOTANICO
Giardino Botanico
Baluardo Cairoli
PIAZZA ANTELMINELLI
Museo della Cattedrale
VIA DELL
VIA DI PIAGGIA
PASSEGGIATA DELLE MURA URBANE
Duomo di San Martino
Baluardo San Regolo
2
VIALE GIUSEPPE GIUSTI
Baluardo San Colombano
Mercato Orto Frutticolo
MARGHERITA
PIAZZA CURTATONE
VIA G MAZZINI
PIAZZA RICASOLI
Stazione
0 50 100 150 200 metres
0 50 100 150 200 yards
1
D
E
F

San Gimignano

Accademia 54
Agriturismo 42
Alpi Apuane 6f, 153, 169, 171
Ansidonia 185
Arezzo 48, 88f, 108ff
Arnolfo di Cambio 66, 115
Asciano 184
Ausgehen 47f
Autofahren 38f

Badia a Coltibuono 182
Badia Fiorentina 63
Bagni di Lucca 170
Bagno San Filippo 186
Bagno Vignoni 28, 32, 143, 185
Banken 189, 190
Barga 170
Bargello 62f
Behinderte 192
Biblioteca Comunale degli Intronati 178
Boccaccio, Giovanni 11
Buonconvento 142, 184
Busse 40f

Camposanto 166, 167
Carrara 168f
Casa di Puccini 156f, 163
Casa Vasari 109, 110
Casa-Torre di Arnolfo di Cambio 115
Casentino 7
Castellina in Chianti 181, 182, 183
Castello di Brolio 183
Castelnuovo Berardegna 183
Castelnuovo di Garfagnana 170
Castiglione d'Orcia 185
Castiglione della Pescaia 32, 127
Chianti 7, 88
Chiantigiana 32, 181
Colle di Val d'Elsa 88, 114ff
Cortona 88f, 111ff

Dante Alighieri 10, 66, 105, 114

Elektrizität 191
Ermäßigungen 192
Etrusker 29, 112, 116, 117, 145

Fabbriche di Careggine 30
Feiertage 190
Festivals und Veranstaltungen 28, 48, 124, 150, 176
Fiesole 117
Florenz 34, 49ff
  Badia Fiorentina 63
  Bargello 62f
  Campanile 61
  Cappella Brancacci 14, 74
  Cappella dei Pazzi 67
  Cappelle Medicee 55f
  Corridoio Vasariano 70
  Duomo 34, 59f, 61
  Galleria dell'Accademia 54
  Galleria Palatina 75
  Giardino di Boboli 32, 74f
  Loggia dei Lanzi 65
  Mercato Centrale 32, 71f
  Museo degli Argenti 75
  Museo di Firenze com'era 72
  Museo dell'Opera del Duomo 28, 61, 72
  Museo dell'Opera di Santa Croce 67
  Museo di San Marco 71
  Museo Zoologico La Specola 30
  Orsanmichele 65, 72f
  Palazzo Medici Riccardi 14, 71
  Palazzo Pitti 75
  Palazzo Vecchio 65
  Piazza del Duomo 59ff
  Piazza della Signoria 64f
  Ponte Vecchio 73f
  San Lorenzo 56
  San Miniato al Monte 31, 75
  Santa Croce 14, 66f
  Santa Maria Novella 14, 57f
  Santa Trinità 73
  Taufbecken 34, 60f
  Uffizi 9, 68ff
  Vivoli 32, 81
Forte dei Marmi 168
Fra Angelico 71, 111, 117

Gaiole in Chianti 182f
Galileo Galilei 7, 34, 66
Garfagnana 153, 169ff
Gärten
  Boboli-Garten 32, 74f
  Botanischer Garten, Lucca 160, 163
  Horti Leonini 143
  Villa Bottini 160, 163
  Villa Mansi 171, 172
  Villa Reale 171
  Villa Torrigiani 171, 172
Giotto 15, 66f

Kleidergrößen 46
Klima und Jahreszeiten 188
Konsulate und Botschaften 192
Kreditkarten 47, 189

Leonardo da Vinci 7, 16, 69
Libreria Piccolomini 96, 98
Lucca 31, 48, 152, 156ff
  Casa Guinigi 161
  Casa di Puccini 156f, 163
  Duomo di San Martino 157ff, 163
  Giardino Botanico 160, 163
  Museo della Cattedrale 159, 163
  Museo Nazionale di Palazzo Mansi 162, 163
  Museo Nazionale di Villa Guinigi 160, 163
  Palazzo Pfanner 162, 163
  Palazzo della Provincia 157
  Piazza Anfiteatro 160, 161
  Piazza di San Michele in Foro 32, 156
  San Frediano 28, 161f
  San Giovanni e Reparata 159
  San Michele in Foro 156, 157, 163
  San Pietro Somaldi 160f
  Santa Maria Forisportam 160
  Torre Guinigi 29, 161
  Villa Bottini 160, 163

Machiavelli, Nicolò 11, 66
Marina di Alberese 32, 127
Märkte 32, 47, 71f
Medici-Kapellen 55f
Medici 7, 34, 55
Medikamente 192
Michelangelo 6, 7, 14, 34, 54, 55, 63, 66, 72, 96
Montalcino 126, 138f, 140, 184f
Montaperti 183
Monte Amiata 31, 126, 143f, 186
Monte Oliveto Maggiore 15, 31, 130f, 184
Montepulciano 28, 32, 48, 126, 135ff
Monteriggioni 88, 114
Monticchiello 185
Mugello 7

Notruf 191

Öffnungszeiten 47, 190
Olivenöl 24f
Orecchiella 7, 153, 169f, 171

Palio 26f
Pass 188
Petrarca 8, 10, 109
Pienza 31, 32, 126, 132ff
Pisa 48, 152, 164ff
  Campo dei Miracoli 32, 152, 165
  Camposanto 166, 167
  Duomo 165f, 167

Museo Nazionale di Palazzo Reale 166, 167
Museo Nazionale di San Matteo 166, 167
Museo dell'Opera del Duomo 166, 167
Piazza del Duomo 32
Santa Maria della Spina 167
Schiefer Turm 18f, 29f
Taufbecken 166, 167
Pistoia 34, 153, 172
Pitigliano 127, 145
Pius II., Papst 96, 132, 133, 143, 179
Polizei 191
Ponte Vecchio 73f
Pontormo, Jacopo 17
Pratomagno 7
Puccini, Giacomo 156f

Radda in Chianti 182, 183
Radicofani 186
Restaurant, Im 44ff

San Gimignano 9, 31, 88, 102ff
San Giusto in Salcio 182
San Gusme 183
San Michele in Foro 156, 157, 163
San Miniato al Monte 31
San Pellegrino in Alpe 170
San Quirico d'Orcia 142f, 185, 186
San Regolo 183
Santa Croce 34, 66f
Santa Maria Novella 57f
Sant'Anna in Camprena 134
Sant'Antimo 31, 139ff, 185
Schiefer Turm von Pisa 18f, 29f, 165
Siena 88, 92ff, 184
Sodoma 17, 99, 101, 130, 134
Sorano 145
Sovana 127, 144f, 192

Toiletten 192
Torre Guinigi 29, 161
Touristen-information 41, 188f
Trinkwasser 192
Übernachten 42ff
Uccello, Paolo 17, 60, 69
Uffizi 9, 68ff

Val d'Orcia 126
Vasari, Giorgio 109
Viareggio 32, 153, 168
Villa Bottini 160, 163
Villa Grabau 171, 172
Villa Mansi 171, 172
Villa Reale 171
Villa Torrigiani 171, 172
Volterra 116f

Währung 189
Wein und Alkoholika 22ff

Zahnärzte 192
Zollbestimmungen 192

Abbildungsnachweis

Die Automobile Association bedankt sich bei folgenden Fotografen und Agenturen für die freundliche Unterstützung bei der Realisierung dieses Buches.

Vorder- und Rückseite des Umschlags: (u), AA Photo Library/Clive Sawyer; (o), AA Photo Library/Ken Paterson; (m), AA Photo Library/Ken Paterson.

AKG, London 10o, 11o, 11u, 17o, 17u; THE ARTARCHIVE 2(i), 5, 15u, 26, 68/69; BRIDGEMAN ART LIBRARY, LONDON 13o, 14/15 u/g und 16 u/g) (Detail) Santa Croce, Florenz, Italien; 14o Palazzo Medici-Riccardi, Florenz, Italien; 14u Santa Croce, Florenz, Italien; 15o San Francesco, Arezzo, Italien; 53m Cappella Medici, Florenz, Italien; 56 Prinzenkapelle, San Lorenzo, Florenz, Italien; 58 Santa Maria Novella, Florenz, Italien; 63 Bargello, Florenz, Italien; 66/67 Santa Croce, Florenz, Italien; 90o (Detail) Museo dell'Opera del Duomo, Siena, Italien; 91u Museo Diocesano, Cortona, Italien; 94 Palazzo Pubblico, Siena, Italien; 98 Museo dell'Opera del Duomo, Siena, Italien; 100 Pinacoteca Nazionale, Siena, Italien, 106 Sant'Agostino, San Gimignano, Italien; 108/109 San Francesco, Arezzo, Italien; 159 Villa Guinigi, Lucca, Italien; MARY EVANS PICTURE LIBRARY 6, 7, 8, 9, 10u, 13u; EYE UBIQUITOUS 27; GETTYONE/STONE 115; RONALD GRANT ARCHIVE 12o; JOHN HESELTINE 129u, 133o; IMAGES COLOUR LIBRARY 20u, 22/23, 114; MARKA 28, 29u, 30o, 30u, 97, 99, 101; PICTURES COLOUR LIBRARY 26/27, 33, 89, 112; REX FEATURES LTD 12u; WORLD PICTURES LTD 3(iii), 91o, 162, 167, 168, 177.

Alle anderen Abbildungen stammen aus dem Archiv der Automobile Association (AA PHOTO LIBRARY) und wurden von SIMON MCBRIDE fotografiert mit folgenden Ausnahmen:
JERRY EDMANSON 93, 110, 154o, 155o, 160, 191ur; KEN PATERSON 23u, 25ul, 25ur, 29o, 34, 92/93u, 102/103, 143, 144, 145, 170, 181, 182; CLIVE SAWYER 2(iii), 2(iv), 3(i), 3(ii), 6/7, 16u, 19, 20o, 24, 49, 53u, 64, 65, 75, 87, 96, 105, 108, 111, 112/113, 116, 125, 126, 135, 137, 141, 151, 154u, 155m, 155u, 156, 157, 158o, 158u, 161o, 161u, 164/165, 165, 166, 169, 171, 172, 191o, 191ul.

spirallo REISEFÜHRER

Leserbefragung

Ihre Ratschläge, Urteile und Empfehlungen sind für uns sehr wichtig. Wir bemühen uns, unsere Reiseführer ständig zu verbessern. Wenn Sie sich ein paar Minuten Zeit nehmen, diesen kleinen Fragebogen auszufüllen, könnten Sie uns sehr dabei helfen.

Wenn Sie diese Seite nicht herausreißen möchten, können Sie uns auch eine Kopie schicken, oder Sie notieren Ihre Hinweise einfach auf einem separaten Blatt.

Bitte senden Sie Ihre Antwort an:

Spirallo Reiseführer, Falk Verlag, Postfach 31 51, D-73751 Ostfildern
E-Mail: spirallo@mairs.de

Über dieses Buch …
spirallo Reiseführer **TOSKANA**

Wo haben Sie das Buch gekauft? ______________________

Wann? Monat / Jahr

Warum haben Sie sich für einen Titel dieser Reihe entschieden? ______________________

Wie fanden Sie das Buch?

Hervorragend ☐ Genau richtig ☐ Weitgehend gelungen ☐ Enttäuschend ☐

Können Sie uns Gründe angeben?

Bitte umblättern …

Hat Ihnen etwas an diesem Führer ganz besonders gut gefallen?

____

____

____

____

____

Was hätten wir besser machen können?

____

____

____

____

____

____

Persönliche Angaben

Name ______________________________

Adresse ______________________________

____

____

Zu welcher Altersgruppe gehören Sie?

Unter 25 ☐ **25–34** ☐ **35–44** ☐ **45–54** ☐ **55–64** ☐ **Über 65** ☐

Wie oft im Jahr fahren Sie in Urlaub?

Seltener als einmal ☐ **Einmal** ☐ **Zweimal** ☐ **Dreimal oder öfter** ☐

Wie sind Sie verreist?

Allein ☐ **Mit Partner** ☐ **Mit Freunden** ☐ **Mit Familie** ☐

Wie alt sind Ihre Kinder? _____

Über Ihre Reise …

Wann haben Sie die Reise gebucht? Monat / Jahr

Wann sind Sie verreist? Monat / Jahr

Wie lange waren Sie verreist? ______________________________

War es eine Urlaubsreise oder ein beruflicher Aufenthalt? ______________________________

Haben Sie noch weitere Reiseführer gekauft? ☐ **Ja** ☐ **Nein**

Wenn ja, welche? ______________________________

____

Herzlichen Dank dafür, dass Sie sich die Zeit genommen haben, diesen Fragebogen auszufüllen.